Jürge

Visual Basic
für technische Anwendungen

T0280453

Aus dem Bereich IT erfolgreich lernen

Ohne C zu C++
von Peter P. Bothner und Michael Kähler

Grundkurs JAVA
von Dietmar Abts

Visual Basic Essentials
von Ekkehard Kaier

Delphi Essentials
von Ekkehard Kaier

Aufbaukurs Wirtschaftsinformatik
von Dietmar Abts und Wilhelm Mülder

Kompaktkurs Mikrocontroller
von Silvia Limbach

Von Pascal zu Assembler
von Peter Kammerer

Das PC Wissen für IT-Berufe:
Hardware, Betriebssysteme, Netzwerktechnik
von Rainer Egewardt

Datenbank-Engineering
von Alfred Moos und Gerhard Daues

Excel für Betriebswirte
von Robert Horvat und Kambiz Koochaki

Excel für Techniker und Ingenieure
von Hans Jürgen Holland und Uwe Bernhardt

Praktische Systemprogrammierung
von Helmut Weber

Online-Publishing für Studenten und Wissenschaftler
von Michael Beißwenger

Effektiv Programmieren in C und C++
von Dietmar Herrmann

SQL mit Oracle
von Wolf-Michael Kähler

Module, Klassen, Verträge
von Karlheinz Hug

Grundkurs Betriebswirtschaftslehre
von Notger Carl, Rudolf Fiedler, William Jórasz und Manfred Kiesel

Relationales und objektrelationales SQL
von Wolf-Michael Kähler

Lern- und Arbeitsbuch SAP R/3®
von André Maassen und Markus Schoenen

Kostenstellenrechnung mit SAP R/3®
von Franz Klenger und Ellen Falk-Kalms

Management von Geschäftsprozessen
von Andreas Gadatsch

Grundkurs Algorithmen und Datenstrukturen in JAVA
von Andreas Solymosi und Ulrich Grude

Grundkurs Wirtschaftsinformatik
von Dietmar Abts und Wilhelm Mülder

Prozessmodellierung mit ARIS®
von Heinrich Seidlmeier

Objektorientierte Programmierung in JAVA
von Otto Rauh

Anwendungsorientierte Wirtschaftsinformatik
von Paul Alpar, Heinz Lothar Grob, Peter Weimann und Robert Winter

Rechnerarchitektur
von Paul Herrmann

Controlling mit SAP R/3®
von Gunther Friedl, Christian Hilz und Burkhard Pedell

Grundkurs Relationale Datenbanken
von René Steiner

Grundkurs UNIX/Linux
von Wilhelm Schaffrath

Grundkurs MySQL und PHP
von Martin Pollakowski

Pascal
von Doug Cooper und Michael Clancy

Aufbaukurs JAVA
von Dietmar Abts

Grundkurs Informatik
von Hartmut Ernst

Kostenträgerrechnung mit SAP R/3®
von Franz Klenger und Ellen Falk-Kalms

Netze – Protokolle – Spezifikationen
von Alfred Olbrich

Grundlegende Algorithmen
von Volker Heun

Softwaretechnik mit Ada 95
von Manfred Nagl

Visual Basic für technische Anwendungen
von Jürgen Radel

www.vieweg-it.de

Jürgen Radel

Visual Basic für technische Anwendungen

Grundlagen, Beispiele und Projekte für Schule und Studium

3. Auflage

vieweg

Bibliografische Information Der Deutschen Bibliothek
Die Deutsche Bibliothek verzeichnet diese Publikation in der Deutschen Nationalbibliografie;
detaillierte bibliografische Daten sind im Internet über <http://dnb.ddb.de> abrufbar.

Additional material to this book can be downloaded from http://extras.springer.com

1. Auflage 1997
2. Auflage 2000
3. Auflage Juli 2003

Alle Rechte vorbehalten
© Springer Fachmedien Wiesbaden2003
Ursprünglich erschienen bei Friedr. Vieweg & Sohn Verlag/GWV
Fachverlage GmbH, Wiesbaden 2003
Der Vieweg Verlag ist ein Unternehmen der Fachverlagsgruppe BertelsmannSpringer.
www.vieweg-it.de

Umschlaggestaltung: Ulrike Weigel, www.CorporateDesignGroup.de

Gedruckt auf säurefreiem und chlorfrei gebleichtem Papier.

ISBN 978-3-528-25584-8   ISBN 978-3-322-80337-5 (eBook)
DOI 10.1007/978-3-322-80337-5

Vorwort

Dieses Buch ist aus Unterrichtserfahrungen am Berufskolleg Troisdorf hervorgegangen. Dort habe ich, als Leiter der Abteilung Fachschule für Technik (Fachrichtungen Kunststoff- und Maschinentechnik) tätig, die Programmiersprache *Visual Basic* in den technischen Unterricht der Fachschule eingeführt. Die im Buch vorgestellten Programme – etliche wurden von meinen Schülern entwickelt – sind in von mir durchgeführten Kursen mehrfach erprobt worden.

Für den Berufsalltag des Technikers, aus dem PC-Arbeitsplätze nicht mehr wegzudenken sind, steht mit *Visual Basic* ein leistungsfähiges Werkzeug zur Verfügung, das sich grundlegend von früheren Basicversionen (QBasic, QuickBasic) unterscheidet. Mit ihm lassen sich mathematisch-naturwissenschaftlich-technische Fragestellungen – und um die geht es schwerpunktmäßig in diesem Buch – hervorragend lösen.

Problemorientiert und *praxisbezogen* wird anhand anfangs einfacher Beispiele und Übungen in die Programmiersprache *Visual Basic 6.0* eingeführt. Hierbei werden alle bedeutsamen VB-Sprachelemente, die der Einsteiger beherrschen lernen muss, nach und nach erklärt. Man folgt dem Prinzip der *visuellen Programmierung* und lernt – fast nebenbei – mit Objekten und ihren Eigenschaften, Methoden und Ereignissen umzugehen. Besondere Betonung finden hierbei Lösungsalgorithmen, Diagramme und Darstellungen, die den sachlichen Hintergrund der bearbeiteten Projekte erhellen. Die Methode der strukturierten Programmierung, die bereits durch die Konzeption von *Visual Basic* stark gefördert wird, steht zusammen mit diesen Schwerpunkten im Mittelpunkt der Betrachtung.

Die Projekte – inzwischen etwa 250 Stück – sind in ihrem gesamten Quellcode auf der zum Buch gehörenden CD abgelegt. Hinweise zur Installation der CD finden Sie in Kap. 7.2.3. Achtung: Bei Installation auf der Festplatte, die ich empfehle, benötigen Sie erheblichen Speicherplatz! Beachten Sie hierzu unbedingt die Aussagen in der Info.htm, die Sie auf der CD finden. Dort erhalten Sie auch die Möglichkeit, da zu fast allen Projekten Bilder beigegeben sind, sich schnell einen Überblick über das Angebot zu machen. Auch ist zur Probe ein Start der Projekte – meist habe ich die EXE-Datei beigegeben – möglich.

Mit dem Projektangebot findet der Lernende – weit über den Rahmen des Buches hinausgehend – ein großes Feld für Analyse, Übung und Vertiefung, wodurch es ihm sicher bald gelingen wird, selbstständig eigene Windows-Programme zu entwickeln.

Kapitel 6 ist allgemein gehalten und greift mit seinen Inhalten über den Rahmen des Buches hinaus. Insbesondere hier sind etliche Erweiterungen möglich geworden und erfolgt. So sei an dieser Stelle besonders auf die Projekte zur *Einführung in die Programmierung von Klassen* und das Projekt *Analoguhr* hingewiesen.

Das Kapitel 7 am Schluss des Buches soll helfen, den Einsteiger schnell und mit wenig Aufwand arbeitsfähig zu machen (Einrichten des Rechners, Buch-CD...). Zusätzlich findet er hier in Kurzbeschreibung einige Hilfsprogramme, die das Arbeiten mit *Visual Basic* erleichtern (Kap. 7.4).

Das Buch ist *versionsaktuell* und – auf Grund seiner Anlage – auch weitgehend *versionsunabhängig*. Um letzteres zu verstärken, wird gezeigt, wie die Projekte, die für VB 6.0 eingerichtet sind, fast ohne Ausnahme in den Vorgängerversionen VB 5.0 und VB 4.0 zu nutzen sind. Direkt startfähig sind die Projekte in diesen Versionen nicht, da sich die .VBP-Dateien unterscheiden. Die Umstellung wird in Kap. 7.3 bzw. auf der CD erläutert.

Für die 3. Auflage ist das Buch in allen Bereichen durchgesehen worden. Kapitel 6 wurde stark erweitert. Viele Projekte fanden eine gründliche Überarbeitung. Ich hoffe, dass das Buch auch in Zukunft ein nützlicher Begleiter beim Lösen mathematisch-naturwissenschaftlich-technischer Fragestellungen und Probleme sein wird.

In der faszinierenden Welt der Windows-Programmierung wünsche ich allen VB-Anhängern viel Spaß. Für Anregungen und Verbesserungsvorschläge (meine Mailadresse lautet: juergenradel@aol.com) bin ich stets dankbar. Ab Sommer 2003 werden dem interessierten VB-User auf meiner Homepage (http://www.buch-radel.de) weitere Projekte zum Download bereitgestellt.

Köln, Mai 2003   Jürgen Radel

Inhaltsverzeichnis

1 Zu diesem Buch – Einführung

In diesem Kapitel finden Sie Informationen zu ...

- Besonderheiten des Buches,
- Symbole und Schreibweisen,
- Hinweise zum Einrichten Ihres Rechners: Installieren von *Visual Basic*, Verzeichnis für eigene Programme einrichten, Buch-CD installieren (Details im Anhang, Kap. 7).

1.1 Besonderheiten des Buches

Zielgruppe

- Dieses Buch ist für Einsteiger in die Programmiersprache *Visual Basic* geschrieben worden. Insbesondere wendet es sich an Schüler der Berufskollegs (Erstausbildung, Fachoberschule, Fachschule für Technik ...), aber auch an Schüler der allgemein Bildenden Schulen, Studenten und im Beruf stehende Techniker, Ingenieure und Lehrer.

Mathematisch-naturwissenschaftlich-technische Programme

- Die Buchprojekte stammen vorwiegend aus *mathematisch-naturwissenschaftlich-technischen* Bereichen. Allgemeine Fragestellungen finden jedoch angemessen Berücksichtigung (Kapitel 6 u. 7). Zum Buch gehören ca. 250 Projekte, die sich von der CD aus auf Ihren Rechner kopieren lassen.

Zentrale Bedeutung hat der Algorithmus.

- Der Einstieg in *Visual Basic* (im Buch häufig mit *VB* abgekürzt) erfolgt bewusst an einfachen Berechnungsbeispielen. Es wird von Anfang an *problembezogen* gearbeitet. Kernpunkt der Betrachtungen ist der *Algorithmus*. Hierunter versteht man – kurz umrissen – eine Folge von nacheinander auszuführenden Anweisungen zur Lösung eines Problems. Man führt den Begriff auf einen ägyptischen Mathematiker namens *Abu Kamil* (um 850), genannt *Algoritmi*, zurück.

Keine umfassende VB-Darstellung

- Eine ausführliche Vorstellung des Programms *Visual Basic* mit all seinen vielfältigen Möglichkeiten finden Sie – allein schon aus Raumgründen – in diesem Buch nicht. Hier wird auf die Handbücher zu *Visual Basic*, die Online-Hilfe und die auf dem Buchmarkt befindliche Standardliteratur verwiesen.

Üben angesagt

- Das Buch bietet verstärkt *Übungsaufgaben* an, zu denen Sie – fast ausnahmslos – die Lösungen auf der zum Buch gehörigen CD finden. Ein reines Abfragen von programmtechnischem Wissen unterbleibt. Es werden vor allem *Probleme* vorgestellt, die gelöst werden sollen. Zusätzlich sind fertige Projekte zu analysieren (Analyseübung).

Keine besonderen mathematischen Vorkenntnisse

• Besondere *Ansprüche an die mathematischen Kenntnisse* des Lesers werden nicht gestellt. Bei den meisten Problemlösungen kommt man mit Grundkenntnissen der technischen Mathematik (z.B. Pythagoras, Strahlensatz, Winkelfunktionen, Guldin ...) aus. Kurzerläuterungen – für den, der es vergessen hat – finden sich beim jeweiligen Programm. Darüberhinaus müsste Grundlagenliteratur nachgeschlagen werden.

Buch-CD:
• **Die Projektdateien befinden sich im QuellCode auf der beiliegenden CD**
• **und werden – wo erforderlich – in Informationsdateien erläutert** *(.TXT).*

• Die Programme auf der CD, sämtlich für VB 6.0 eingerichtet, sind in Verzeichnissen – entsprechend der Kapitelnummer – abgelegt (Trennpunkt durch _ ersetzt). Eine Übersicht über die Programme können Sie auf der CD finden. Nur die bedeutsamen Passagen des QuellCodes sind im Buch vorgestellt und erörtert, der Rest muss vom Leser zur *Analyse* in den VB-Editor eingelesen werden. Textdateien *(*.TXT)* – zuweilen beigegeben - stellen Zusatzinformationen bereit.

1.2 Symbole und Schreibweisen

Symbole

Nachstehend sind die Symbole, die im Buch häufiger Verwendung finden, gezeigt und in ihrer Bedeutung erklärt. Auch sie haben etwas mit *Visual Basic* zu tun, denn sie sind von mir mit dem *Image Editor*, der ab VB 5.0 auch der Einsteiger-Edition beigegeben ist, hergestellt worden (Bitmaps).

Das Achtungsymbol ...

soll Sie in Sonderfällen vor etwaigen voreiligen Handlungen warnen, die Sie womöglich – sollten Sie Programmier-Einsteiger sein – in ihrer Tragweite noch nicht immer voll einschätzen können. Vorsicht ist angesagt!

Das Merkesymbol ...

findet bei wichtigen Merkaussagen Verwendung. Diese sind in der Regel am Ende des jeweiligen Kapitels, innerhalb eines Rahmens, angeordnet.

Das Übesymbol ...

ist bei den im Buchverlauf vorgesehenen Übungen zu finden. Als Übungsaufgaben sind in der Regel Probleme beschrieben, für die eine programmtechnische Lösung gesucht ist. Eine mögliche Lösung für das Problem ist meistens auf der Buch-CD beigegeben, so dass Sie sich dort informieren können. Für das Lernen ist jedoch förderlich, dies erst *nach* eigenem aktivem Arbeiten an einer Lösung zu nutzen.

Das Programmsymbol ...

ist größeren abgedruckten Programmsequenzen vorgesetzt.

Das Tipp- und Hinweissymbol ...

verweist Sie auf andere Kapitel, auf ein beigegebenes Programm auf der CD o.a. Auch sind Anmerkungen, die zu einem Sachverhalt angeführt werden, durch dieses Symbol hervorgehoben.

Wichtige VB-Symbole ...

betonen besondere Befehlsschaltflächen von *Visual Basic.*

- ▶ Der StartButton für Ihr VB-Programm befindet sich in der Symbolleiste (Toolbar, vgl. Bild 2.01) der Visual Basic-Benutzeroberfläche.

- ■ Durch Anklicken des EndeButtons, er ist ebenfalls in der Symbolleiste angeordnet, beenden Sie Ihr VB-Programm.

- ✕ Diese Befehlsschaltfläche befindet sich rechts oben auf den von Windows gezeigten Fenstern. Sie schließt das Fenster bzw. beendet das Programm (SchließenButton).

Schreibweisen

Überblick zum Kapitelbeginn

In diesem Kapitel finden Sie Informationen zu ...

- Am Kapitelbeginn erhalten Sie einen Überblick über wichtige Inhalte des Kapitels. Die Betonung erfolgt durch Linien und Hintergrundraster.

Marginalspalte beachten

- Auf dem verbreiterten linken Rand der Buchseite, der sog. *Marginal-* oder *Randspalte*, finden Sie den Text betreffende wichtige Stichworte, Kurzkommentare, Merkaussagen, Arbeitsanweisungen oder Symbole.

Wichtige Begriffe *kursiv*

- Basic-*Schlüsselwörter* (sie beginnen immer mit einem Großbuchstaben) und andere wichtige Begriffe sind im Text *kursiv* geschrieben. Beispiel: *Print.*

Ausdruck der Programme

- Die *Programmlistings*, auch Ausschnitte derselben, sind eingerückt und – etwas verkleinert – in *nicht-proportionaler* Schrift gesetzt. Sie sind so abgedruckt, wie der Visual Basic-Editor sie anzeigt. Bei größeren Programmausschnitten sind das Programmsymbol (in der Marginalspalte) und die Programmbezeichnung mit Pfadangabe vorgesetzt.

Projekt XYZ: *(KP1_2\XYZ.VBP)*

```
Dim i As Integer
For i = 1 To 100
  [Anweisungen]
Next i
```

Tasten etc.

- *Tastenbezeichnungen* im Text sind durch einen abgerundeten Rahmen (F1), wichtige *Funktionsbutton* von *Visual Basic* als Symbol (▶) hervorgehoben.

Abbildungen

Bild 1.01:
Beispiel

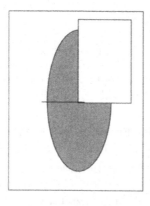

- Die *Benutzeroberflächen* der Programme werden im Buch als Ablichtungen des Bildschirms (Screenshots) dargestellt. Zusätzlich sind einige weitere *Zeichnungen bzw. Abbildungen,* mit Zeichenprogrammen (z.B. *Mspaint* u.a.) erstellt, eingefügt. Bildnummer und Bezeichnung finden Sie jeweils in der Marginalspalte (Bild **X.Y**: X→ Kapitel-Nr., Y→ Bild-Nr. im Kapitel, hier: **Bild 1.01**). Bei **Tabellen** wird analog verfahren.

Übungen

Übung X.Y: Übungsthema *(in KP1_2_Ue)*

- Übungsaufgaben werden durch Übesymbol und Balken (mit Rasterung hinterlegt) betont.

Merkwissen

- Merkwissen im Text erhält das Merkesymbol, zusammengefasstes Merkwissen ist durch Symbol und einen umgebenden Rahmen betont.

1.3   Vor dem Start – Rechner einrichten

- *Visual Basic* installieren
- Verzeichnis einrichten
- Buch-CD

Bevor Sie mit der Programmierarbeit beginnen können, müssen Sie sich Ihren Rechner vorbereiten. Hierzu gehören die Installation von *Visual Basic,* das Einrichten eines Verzeichnisses für Ihre Projekte, das Installieren der Buchprojekte u.a. Zum Vorgehen hierbei finden Sie ausführliche Angaben und Tipps im Anhang (**Kap. 7**), die Sie beachten sollten. *Hinweis:* Die zum Buch gehörenden Programme befinden sich sämtlich auf der Buch-CD, fast ausnahmslos im QuellCode. Zusätzlich sind Bilder und EXE-Dateien beigegeben, so dass Sie sich schnell einen Überblick über die vorhandenen Projekte verschaffen können. Updates, Infos, Links etc. finden Sie auf meiner Homepage (**http://www.buch-radel.de**).

2

Vom Problem zum Programm – oder

Der Prozess des Programmierens

In diesem Kapitel finden Sie Informationen zu ...

- Aus dem Problem, der Frage, der Aufgabe erwächst die Idee für ein Visual Basic-Programm.
- Ohne Planung geht nichts! Erst planen, dann handeln!
- Das Programm entsteht (Oberfläche, Eigenschaften, ProgrammCode).
- Testen und Optimieren – ein Kreisprozess.
- Oft vernachlässigt: Kommentieren u. Dokumentieren.
- Von *Visual Basic* unabhängig sein: EXE-Datei erzeugen.
- Ein InfoProgramm zum Thema (Laden eines VB-Programms, Starten, Programmieren als Prozess, erste Analyse-Ansätze erproben). Hierbei wird der Werdegang eines Programms erläutert und in einem Schema dargestellt. Die erforderlichen Programmierschritte werden besprochen.

2.1 Alles hat einen Anfang – Startpunkt

2.1.1 Problem, Frage, Aufgabe

Ausgangspunkt

In vielen Büchern zu *Visual Basic* ist es ganz einfach; es wird ausgesagt, das Programmieren finde in drei Schritten statt:

    a) *Oberflächenentwurf,*
    b) *Eigenschaftenänderung,*
    c) *ProgrammCode-Eingabe.*

Hierbei wird oft übersehen oder nicht deutlich gemacht, dass allein schon der Oberflächenentwurf, soll er Problembezug haben, etlicher Vorklärungen bedarf. Dennoch mag der genannte Ablauf für unkomplizierte Programme genügen, anspruchsvollere Fragestellungen dagegen lassen sich so einfach nicht bewältigen.

Welchen Sinn sollte es auch machen, eine Programmoberfläche zu gestalten, solange der notwendig zu lösende Algorithmus noch gar nicht „geknackt" ist. Gerade dieser Algorithmus aber macht dem Entwickler eines naturwissenschaftlich-technischen Programms zuweilen extrem zu schaffen.

Ausgangspunkt:
Problem, Frage,
Aufgabe

Meine Erfahrung: Zentraler Ausgangspunkt für die Entstehung eines Programms ist ein interessantes **Problem**, eine ungelöste **Frage** oder eine **Aufgabe**, die einem gestellt worden ist oder die man sich wählt.

Begünstigt wird der Prozess, wenn die Aufgabe einen wie auch immer gearteten Reiz zur Beschäftigung mit ihr ausübt. Es gibt Aufgabenstellungen, die faszinieren, packen und begeistern. Wenn hiervon etwas auf den Programmierer rüberkommt, dann lässt er nicht mehr locker, dann will er es wissen. – Und welch ein Erlebnis ist es, einen Algorithmus für ein schwieriges Problem *selbst* gefunden zu haben!

2.1.2   Eine Programmidee entsteht

Hat man sich eine Programmieraufgabe vorgenommen, dann ist auch Interesse an der Lösung vorhanden und man beschäftigt sich mit dem Problem. Nicht immer liegt die Lösung sofort klar auf der Hand. Meistens muss um sie gerungen werden. Oft kommt auch einfach keine **Lösungsidee**. Folge: Das Problem ruht, gerät zuweilen sogar in Vergessenheit.

Ideen brauchen
Zeit, Geduld
und Hingabe an
die Sache.

Dennoch, wen es einmal gepackt hat, den lässt es nicht ruhen. Im Unterbewusstsein arbeitet es weiter. Viele große Erfinder berichten in ihren Erinnerungen von diesen Zusammenhängen. Und irgendwann ist sie da, die Idee. Hier spielt Kreativität eine große Rolle, Hingabe an eine Sache, Geduld und – nicht zuletzt – die Fähigkeit, sich für etwas begeistern zu können.

Die Wirkung auf den Menschen hierbei hat *Otto Kraemer*, der Verfasser grundlegender Werke über Verbrennungsmotoren und Getriebelehre (s. Kap. 7.6), in einem Vortrag beschrieben. Er spricht von „echten Beglückungen des Erkennens, Gestaltens..." und umreißt: „Erkennen – Suchen nach neuem Wissen, neuen Einsichten, neuen Zusammenhängen, ... Nachsinnen, Grübeln, Probieren ... und plötzlich ... Erkenntnis."

„Heureka" (ich hab's), dieser Ausdruck für ein Glücksgefühl, das geistigem Erleben entsprungen ist – dem großen *Archimedes* (ca. 287 - 212 v. Chr.) zugeschrieben – ist zum Geflügelten Wort geworden.

Ist die Idee „geboren", die Motivation zur Lösung vorhanden, erst dann beginnt das eigentliche Arbeiten am Programm. Aber: Nicht sofort an den Rechner, sondern erst am Schreibtisch gewisse Vorarbeiten durchführen!

2.2   Der Programmierprozess beginnt – Planen

2.2.1   Erste Überlegungen – die Idee reift

Sich geeignete Fragen stellen! (Das Problem befragen)

Sehr oft stehen Fragen am Anfang wie ...

- Was soll das Programm leisten bzw. können? Programmzweck?
- Was muss ich dem Programm mitteilen? Eingabedaten?
- Welche Ausgabedaten erwarte ich? Zahlen, Tabellen, Grafiken...?
- Welche Fragen sind noch ungeklärt, für die ich Antworten suchen muss?
- Sind noch mathematisch-naturwissenschaftlich-technische Inhalte vorab zu erarbeiten? Oder ist die „Sache" klar?

Aber auch:

- Erinnere ich mich an andere Programme, die in der Struktur ähnlich waren? Oder in der Benutzeroberfläche? Wenn ja, dann lassen sich Teile verwenden.
- Wie könnte eine (erste) Benutzeroberfläche aussehen? Gestaltung, Art der Steuerelemente, Besonderheiten? ...

Programmideen in Hefte schreiben!

Mit all diesen Fragen (und weiteren, anderen) umkreist man das Problem. Ich empfehle, diese ersten *Arbeitsschritte am Schreibtisch* auszuführen und zu jedem Punkt, der einem bedeutsam erscheint, Skizzen bzw. Anmerkungen zu machen. Sehr anzuraten ist es, in Hefte – nicht auf lose Blätter – zu schreiben. So hat es schon der große deutsche Physiker und Philosoph *G.Chr.Lichtenberg* (1742-1799) mit seinen „Sudelbüchern" (handschriftlich geführten Merkheften) gehalten.

Auch gilt: Je klarer die Vorstellungen, desto schneller kommt man zu brauchbaren Ergebnissen. Nur: Die Erkenntnisse kommen nicht von selbst, sie müssen erarbeitet werden.

2.2.2   Planen erforderlich – möglichst konkret

Kernpunkte der Planung sind:

1. Skizzen...

von allen wesentlichen Bereichen anfertigen, die das Problem bzw. seine Lösung betreffen. Wenn die Hefte in kariertem Papier gehalten sind, hilft dies mit. Nicht zu klein skizzieren. Sorgfältig am Detail arbeiten. Mit wachsender Übung verringert sich die erforderliche Zeit. Außerdem wird die hier gebrauchte Zeit später am Rechner eingespart, denn man kann nach guter Vorplanung dort zügiger arbeiten.

Wichtige Skizzen können betreffen:

- Entwurf der *Formaufteilung* (Oberfläche mit Steuerelementen).
- Skizzen für *Bildfelder* (PictureBoxen). Wo auf der Form anordnen? Was sollen sie zeigen?
- *Diagramme* (für Grafikausgaben, manchmal in erster Vermutung, aber schon mit überlegt gewähltem Maßstab).
- Darstellungen, die mit Figuren und Linien (Shape, Line) auf die Form gezeichnet werden sollen, z.B. Programm-Informationen, und – besonders wichtig:
- *Hilfsskizzen für die Entwicklung des Lösungsalgorithmus'.*

Skizzen...
sind wichtig für
Lösungsansätze
und für das ei-
gene Denken.

2. Der Lösungsalgorithmus...

Ziel: Lösungs-
algorithmus
syntaxgerecht
entwickeln.

ist in seinen grundsätzlichen Zügen – so konkret wie möglich – zu entwickeln. Hier muss am Ende jede Zeile stimmen! Besonders wichtig ist es, sich den Lösungsalgorithmus an geeigneten Skizzen ganz klar zu machen. Danach gilt, bevor es an den Rechner geht, Zeile um Zeile der erforderlichen Prozeduren aufzuschreiben. Anfangs mit den Mitteln, die Sie bereits kennen, später – nachdem man vom Programmieren mehr weiß – schon syntaxgerecht und zunehmend öfter auch direkt am Rechner.

Für die Einsteiger:

Zum Begriff
Syntax

Die **Syntax** einer Programmiersprache ist so etwas wie die Grammatik einer allgemeinen Sprache, nur dass *Visual Basic* – was Fehler angeht – absolut unnachsichtig ist. Es ermahnt Sie während der Eingabe bei Fehlern fortwährend!

Geht man wie beschrieben vor, so treten Probleme, die man eigentlich nicht erwartet hat, bereits im Vorfeld auf, also nicht erst am Rechner. Man kann sie so in Ruhe durchdenken und überwinden.

Natürlich dürfen gewisse Fragen anfangs noch offen bleiben. Zuweilen hat man für untergeordnete Details noch keine genaue Lösung. Da das Projekt in Etappen fertig gestellt wird, kann man solche Bereiche zeitlich etwas zurückstellen. So reift das Werk und die Lösung kommt dann doch.

Jetzt erst, nach Abschluss der Vorplanung, geht's zur Realisierung des geplanten Vorhabens an den Rechner.

2.3 Das Programm entsteht – Ablauffolge

2.3.1 Nach dem Start – Die Benutzeroberfläche

Die wichtigen Bausteine von *Visual Basic*, die Sie nach dem Start des Programms (s. Anhang, Kap. 7.2.1) sehen, sind in **Bild 2.01** dargestellt. Gezeigt ist der Entwurfsmodus.

Wichtige Bausteine der Visual Basic–Benutzeroberfläche sind:

- *Titelleiste* [Erste Zeile, zeigt Projektnamen u. Modus an],
- *Menüleiste* [Zweite Zeile. Bereits am Anfang sind wichtig: Datei, Bearbeiten, Ansicht, Projekt und ?],
- *Symbolleiste* [= Toolbar. Dritte Zeile. Wichtig: Starten mit ▶, Beenden mit ■. Enthält u.a. Symbole für Projekt-Explorer, Eigenschaftenfenster und Werkzeugsammlung.],
- *Formular-Designer* [Anfangs als Form1 benannt und in einem Fenster (Projekt1) angeordnet. Er ist das Zentrum der Programmierarbeit! Hier wird Ihr Programm gestaltet.],
- *Werkzeugsammlung* [mit den Standard-Steuerelementen],
- *Projekt-Explorer* [rechts oben], *Eigenschaftenfenster* [unter Explorer] u. *Formular-Layout-Fenster* [rechts unten].

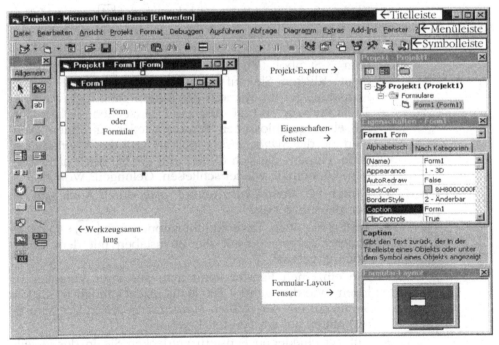

Bild 2.01: Die integrierte Entwicklungsumgebung von *Visual Basic* (hier Benutzeroberfläche von VB 6.0), wie sie von Windows präsentiert wird (durch erklärende Hinweise ergänzt)

Da **Bild 2.01** mit den eingetragenen Begriffen selbsterklärend ist, sollen hier keine weiteren Details erörtert werden. Stattdessen wird Ihnen eine erste **Übung** vorgeschlagen, in der Sie – selbst aktiv werdend – die VB-Benutzeroberfläche und deren Besonderheiten in grundlegend bedeutsamen Schritten näher erforschen können. Ihre Arbeitsergebnisse können Sie auf den Folgeseiten überprüfen.

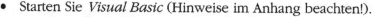

Übung 2.3.1: Erstes Kennenlernen von VB

- Starten Sie *Visual Basic* (Hinweise im Anhang beachten!).
- Streichen Sie mit dem Mauszeiger über die Symbole der Werkzeugsammlung (Toolbox). Suchen Sie die Button mit den Bezeichnungen „Label", „CommandButton", „TextBox", „Shape" und „Line". Diese Werkzeuge werden Ihnen in den nächsten Übungen häufiger begegnen. Symbole?
- Klicken Sie mit der *linken Maustaste* (= primäre Maustaste) auf den Button (Befehlsschaltfläche) Ihrer Wahl und drükken Sie danach die Funktionstaste F1 ,die sich in der oberen Reihe links auf Ihrer Tastatur befindet. Ergebnis?
- Klicken Sie auf die Form und danach auf F1 . Ergebnis?
- Die einzelnen Bausteine der Benutzeroberfläche haben auf ihrer Titelleiste rechts außen eine Befehlsschaltfläche mit dem X-Symbol (✖), die zum Schließen von Fenstern dient. Klicken Sie auf sämtliche dieser Button! Einzige Ausnahme sei im Moment der Button ganz rechts auf der Titelleiste von VB (vgl. Bild 2.01). Versuchen Sie hiernach, die eben geschlossenen Fenster wieder zu öffnen. Nehmen Sie die *Symbolleiste* (Toolbar) und die *Menüleiste* zu Hilfe. Fenster, die sich öffnen und die Sie noch nicht kennen, können Sie wieder schließen. Gelungen? Womit?
- Öffnen Sie *Menü Datei/Neues Projekt* durch Anklicken mit der Maus. Ergebnis?
- Testen Sie auch Tastenkombinationen wie Alt + D oder andere. Achten Sie auf die Buchstaben mit dem Unterstrich. Ergebnis?
- Die einzelnen Fenster kann man aus ihrer Verankerung lösen. Wie dies geht? – Die Maus macht's möglich! Klicken Sie hierzu mit der *rechten Maustaste* (= sekundäre Maustaste) mitten auf ein Fenster. Ergebnis?
- Auf verschiedenen Fenstern entdecken Sie in der jeweiligen Titelleiste außer dem X-Button noch andere (sie dienen zum *Minimieren* bzw. *Maximieren* des Fensters).

Die Begriffe *Form* und *Formular* werden synonym verwendet.

Klicken Sie auf den Minimieren-Button bei der Form (= Formular) und beim Formular-Designer (MinButton s. Bild 2.04). Was passiert? Machen Sie die jeweilige Änderung wieder rückgängig! Ergebnisse?

• Führen Sie die selbe Aktion mit den MaxButton durch!

• Klicken Sie jetzt – von links beginnend – nacheinander auf alle drei Button rechts außen auf der Titelleiste von VB. Welche Änderungen ergeben sich? Wie kann der ursprüngliche Zustand wieder hergestellt werden?

• Klicken Sie auf das Symbol ganz links auf der Titelleiste!

• Im Menü von VB befindet sich ganz rechts das Fragezeichen. Klicken Sie drauf und öffnen Sie dann im Menü den obersten Eintrag. Ergebnis?

Diese kleine *Schritt-für-Schritt-Übung* diente dazu, Sie etwas mit der Visual Basic–Entwicklungsumgebung vertraut zu machen. Wenn Sie die Übung durchgeführt haben, dann sind Sie u.a. zu folgenden **Ergebnissen** gelangt:

QuickInfos (Hotspots) zeigen die Bezeichnungen der Button.

1. *Visual Basic* hat Ihnen beim Ausfindigmachen der gesuchten Steuerelemente geholfen, denn wenn die Maus über die Toolbox geführt wird, werden *QuickInfos* (auch als *Hotspots* bezeichnet) eingeblendet. Ab VB 5.0 sind diese spielend leicht zu programmieren. Wir kommen darauf zurück.

2. Die gesuchten Button waren (**Bild 2.02**):

Bild 2.02:
Die „gefundenen" Steuerelemente

A	*Label* (das Bezeichnungsfeld)
▢	*CommandButton* (die Befehlsschaltfläche)
abl	*TextBox* (das Textfeld für Ein- u. Ausgabe)
⬡	*Shape* (das FigurenSteuerelement)
＼	*Line* (das LinienSteuerelement)

VB-Hilfe aufrufen mit [F1]

3. Mit [F1] rufen Sie das VB-Hilfesystem auf. Haben Sie vor Betätigen der Funktionstaste ein Objekt (eine Form, einen Button ...) angeklickt, dann erhalten Sie eine kontextbezogene, d.h. eine genau zum Thema passende Hilfe angezeigt. Dieses VB-Angebot sollten Sie möglichst oft nutzen.

4. Beim Öffnen der vorher mittels **X** geschlossenen Fenster (gemeint sind die komplexeren Objekte der VB-Entwicklungsumgebung wie Form, Toolbox, Projekt-Explorer...) halfen wiederum QuickInfos, diesmal diejenigen der Symbol-

leiste (Toolbar). So fanden Sie u.a. die Button für den Projekt-Explorer, das Eigenschaftenfenster, das Formular-Layout-Fenster (ab VB 5.0 verfügbar) und die Werkzeugsammlung. Die zugehörigen Symbole sind links in der Randspalte abgebildet. In **Bild 2.03** sehen Sie das *Menü Ansicht* geöffnet dargestellt. Auch hierüber können Sie die genannten Fenster öffnen. Weitere Symbole siehe Symbolleiste (Bild 2.01).

Wie Sie erkennen können, sind die Fenster zum Teil auch mittels Shortcuts (Tastenkombination rechts) aufrufbar. Wenn eintrainiert, ist der Aufruf so oft schneller.

Bild 2.03:
Das *Ansicht-Menü*
von *Visual Basic*

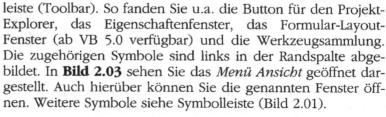

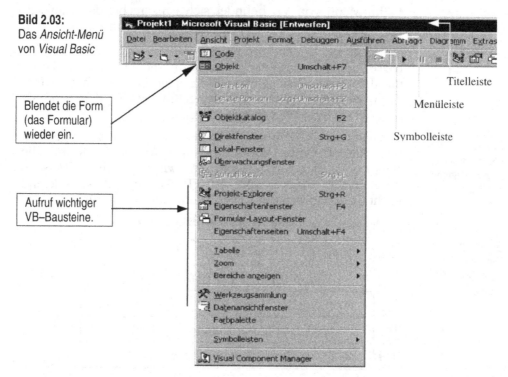

Blendet die Form
(das Formular)
wieder ein.

Aufruf wichtiger
VB–Bausteine.

Titelleiste

Menüleiste

Symbolleiste

Hinweis:
Soll die gewohnte VB-Oberfläche (s. Bild 2.01) wieder entstehen, muss vor erneutem „Verankern" der Formular-Designer (s. Punkt 9, S. 14) minimiert sein!!!

5. Wollen Sie die ausgeblendete Form wieder anzeigen, so geht dies auch über *Menü Ansicht*, nämlich durch Anklicken von **Objekt** (s. Bild 2.03). Ein anderer Weg ist der über den *Projekt-Explorer*, den Sie sich hierzu – aus der Verankerung gelöst – etwas genauer ansehen sollten (**Bild 2.04**). In diesem Zusammenhang soll direkt mitgeklärt werden, wie Sie ein Fenster aus seiner Verankerung lösen. Sie gehen mit dem Mauszeiger mitten auf das Fenster und klicken die *rechte* Maustaste. Ein *Popup-Menü* (= Kontextmenü) öffnet. Hier auf „Verankern" klicken (2. Menüpunkt von unten)!

12

Bild 2.04:
Projekt-Explorer

Öffnet das
Codefenster

Zeigt Formular
(Objekt) an

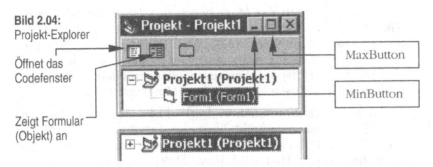

MaxButton

MinButton

Manchmal erscheint vor der Bezeichnung nur ein „+" (s. Bild 2.04, unten)! Durch einen Klick darauf erhalten Sie die im selben Bild oben dargestellte Anordnung. Nach Markieren von Form1 ist Anzeigen der Form möglich. Klicken Sie jedoch auf das Ordnersymbol, so erhalten Sie nachstehendes **Bild 2.05**.

Bild 2.05:
Explorer sortiert
nach Objektarten

6. Beim Versuch, über das *Menü Datei/Neues Projekt* die Oberfläche neu aufzubauen, blendet VB eine Abfrage bezüglich Sicherung des Projektes ein. Verneinen Sie die Abfrage, so erhalten Sie in der Professional-Edition von VB nachstehendes Fenster (**Bild 2.06**, unten etwas gekürzt). Das Symbol

Bild 2.06:
Neues Projekt
(Professional-
Edition)

Standard.EXE ist bereits invertiert und wird mit OK bestätigt. Auf die weiteren gegebenen Wahlmöglichkeiten von VB wird in diesem Buch nicht eingegangen.

7. Versuchen Sie, *Visual Basic* mittels ✕ (ganz rechts auf der Titelleiste) zu beenden, kommt wiederum eine Sicherungsabfrage, das Speichern betreffend. Durch die Wahl von *Abbrechen* können Sie zu Ihrem Programm zurück.

8. Klicken Sie den Minimieren-Button in der VB-Titelleiste an, so wird der Bildschirm von VB ausgeblendet und das VB-Symbol in der Task-Leiste von Windows abgelegt (Wartestand). Betätigen Sie den mittleren Button in der Titelleiste, so ist das VB-Fenster entweder auf dem Desktop verriegelt oder – nach Greifen der Titelleiste – verschiebbar.

Wieder her-
stellen mit:

Menü öffnen mit
den Tasten Alt
+ unterstriche-
nem Buchstaben
(z.B. HotKey D)

9. Wichtig ist noch das Maximieren des *Formular-Designers.* Klicken Sie den MaxButton (Titelleiste Projekt1, vgl. Bild 2.01) an, so sind unmittelbar unter den Button der VB-Titelleiste drei weitere Button erschienen. Der mittlere mit den zwei Rechtecken (Hotspot: „Fenster wiederherstellen") stellt den ursprünglichen Zustand wieder her (Minimieren).

10. Mittels Tastenkombination Alt + D , die einen Shortcut darstellt, greifen Sie direkt über die Tastatur auf das Menü von VB zu. Die einzugebenden Buchstaben sind im Menü unterstrichen (D). Hier wird *Menü Datei* aufgeklappt.

11. Durch Anklicken des Symbols ganz links auf der Titelleiste öffnen Sie das *Systemmenü.* Hiermit können Sie das Programm über den Menüpunkt „Schließen" beenden. Möglich ist auch der *Shortcut* Alt + F4 .

12. Nach Öffnen des *?-Menüs* haben Sie Zugang zum Hilfeangebot von VB. Der oberste Menüpunkt (bei VB 6.0 „Inhalt...") ruft „MSDN Library Visual Studio 6.0" auf, wo Sie suchen können. Der 2. Menüpunkt im *?-Menü* ist *Index.* Die Eingabe des gesuchten Begriffs (oder von Teilen desselben) öffnet die Liste. Den Rest kann man scrollen. Hilfe-CD's bereithalten!

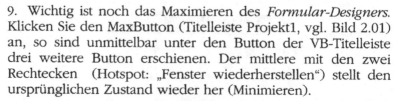

- Wichtige Objekte der Visual Basic-Oberfläche sind Form (= Formular), Werkzeugsammlung, Eigenschaftenfenster und Projekt-Explorer. Zusammen mit der Menü- u. Symbolleiste stellen sie eine wirkungsvolle Programmierumgebung dar.

- Eine nicht sichtbare Form wird über den *Projekt-Explorer* bzw. das *Menü Ansicht* eingeblendet.

- Für das *Eigenschaftenfenster* u. den *Projekt-Explorer* sind CommandButton in der Symbolleiste angeordnet. (Ein Einblenden ist auch über die Shortcuts F4 beziehungsweise Strg + R oder über das Menü möglich.) Die Werkzeugsammlung hat ebenfalls einen CommandButton.

- Die Tastenkombination Alt + Buchstabe ermöglicht über die Tastatur den Direktzugriff auf das VB-Menü. Hierbei ist Buchstabe der im jeweiligen Menütitel unterstrichene Buchstabe (Datei → D).

- Mit dem Button ✕ , rechts oben auf jedem Windows-Fenster, wird das Fenster geschlossen bzw. das Programm beendet (auch *Visual Basic*).

- Mit F1 wird die VB-Hilfe aufgerufen. Auch *kontextbezogen* möglich: Objekt aktivieren + F1 .

2.3.2

Die Oberfläche selbst ist schnell erstellt, aber...

Sinnvolle Teilaufgaben suchen und diese komplett lösen.

Formoberfläche gestalten – Technik

Nachdem die Vorarbeiten abgeschlossen sind, geht es an die eigentliche Programmierarbeit. Diese fängt bei *Visual Basic* – wie könnte es anders sein – mit der *visuellen* Gestaltung der Formoberfläche an. Gegenüber früherem Programmieren zeigt sich bereits hier eine der Stärken des Programms. Wo man damals 50 und mehr Prozent der Entwicklungszeit für die Oberflächengestaltung aufwenden musste, benötigt man heute einen Bruchteil dessen. Mit wenigen gezielten Aktionen ist die äußere Gestalt, also die Programmoberfläche, in den Grundzügen schnell erstellt.

Anzustreben ist es hier, die Programmierarbeit in sinnvolle *Teilaufgaben* zu zerlegen. Bei diesen Arbeiten kann dann eine Mischung aus *Zeichnen* (Entwicklung der Formoberfläche), *Eigenschaften festlegen*, *Codieren* (Eingeben des ProgrammCodes) und *Testen* (Programmfunktionen prüfen) herauskommen, was sich beim Programmieren als abwechslungsreich und wirkungsvoll zeigt. Man konzentriert sich auf die Teilaufgabe und behält so eine bessere Übersicht.

Die *Form*, die das *Zentrum der Programmierarbeit* ist, wird von VB nach dem Start in einer bestimmten Standardgröße bereitgestellt. Sehr oft müssen Sie die Formgröße danach verändern (meistens vergrößern). Wie dies und anderes gemacht wird, zeigen die nächsten Seiten.

Sie sollten während der Lektüre dieser Seiten – sozusagen parallel – die verschiedenen Gestaltungstechniken am Rechner ausprobieren! Je sicherer man sie beherrscht, desto zügiger kann man arbeiten.

- **Formulargröße festlegen bzw. verändern**

Hierzu gehen Sie mit dem Mauszeiger auf eine Kante oder an eine Ecke der Form. Der Cursor ändert dabei sein Aussehen, es entsteht ein Doppelpfeil (**Bild 2.07**). Drücken Sie jetzt die linke Maustaste, so können Sie durch Bewegen des Mauszei-

Bild 2.07:
Formgröße
verändern

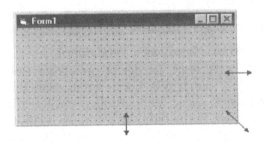

gers – Taste dabei gedrückt halten(!) – die Form verkleinern oder vergrößern. Diese Vorgehensweise ist übrigens bei fast allen anderen Fenstern der VB-Benutzeroberfläche auch anwendbar, ebenso wie bei den meisten Steuerelementen.

- **Steuerelement auf die Form „zeichnen"**

Ein laut Vorplanung vorgesehenes Steuerelement wird mittels Mausklick aus der Werkzeugsammlung (Toolbox) ausgewählt. Um es auf die Form zu bringen, gibt es zwei Wege:

a) *Doppelklick auf das Steuerelement*

Hierdurch wird das Objekt (im Beispiel **Bild 2.08** eine Befehlsschaltfläche → Command1) ohne Ihr weiteres Zutun von *Visual Basic* mitten auf der Form platziert.

b) *Klick auf das Steuerelement*

Zur Entwurfszeit ist auf der Form ein **Raster** eingeblendet. Es erleichtert das Positionieren.

Der Button senkt sich wie ein Schalter. Gehen Sie danach mit dem Mauszeiger auf die Form, so nimmt er die Gestalt eines Pluszeichens (+) an. Jetzt können Sie die Lage für das Steuerelement bestimmen. Sie setzen den Cursor (das + ist in unserer Darstellung die linke obere Ecke der späteren Objektposition) auf der Form an die gewünschte Stelle (Raster beachten), drücken die linke Maustaste und ziehen in Pfeilrichtung (s. Bild 2.08) – bei gedrückt gehaltener Maustaste – einen Rechteckrahmen auf. Hat dieser die gewünschte Größe erreicht, so lassen Sie die Maustaste los. VB erzeugt das Steuerelement selbsttätig auf der Form. Fertig!

Bild 2.08:
Steuerelement auf die Form bringen:
a) Doppelklick auf Steuerelement oder
b) Klick und dann Zeichnen.

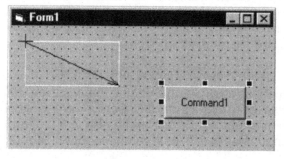

- **Steuerelement verändern, verschieben, löschen**

a) *Markieren, Vergrößern, Verkleinern*

Wie Bild 2.08 zeigt, ist der „Doppelklick-Button" nach dem Einzeichnen durch VB noch durch Markierungspunkte gekennzeichnet. Diese Markierungen entstehen auch, wenn Sie ein auf einer Form befindliches nicht markiertes Objekt mit

Markieren
Vergrößern
Verkleinern
Verschieben
Löschen

der Maus kurz anklicken (*„Markieren des Objekts"*). Diese „Anfasser", „Ziehpunkte", „Greifpunkte" können Sie mit der Maus packen und dann – wie oben bei der Form beschrieben – die Größe des Steuerelements verändern. Es entstehen wieder die Doppelpfeile, d.h. beide Richtungen zur Veränderung (Vergrößern o. Verkleinern) sind möglich.

b) *Verschieben*
Sie klicken mit der linken Maustaste auf das bereits positionierte Steuerelement, halten die Maustaste gedrückt und bewegen das Element auf der Form. Nach Erreichen der gewünschten neuen Lage lassen Sie den Mausbutton los.

c) *Löschen*
Objekt *markieren* und die Entf - Taste betätigen.

- ● **Mehrere Steuerelemente gemeinsam verschieben**

Auch dies ist zuweilen hilfreich, zumal dann, wenn man aus Versehen den falschen Randabstand gewählt hat, die Elemente untereinander aber bereits gut ausgerichtet sind.

Vorgehen:

1. Möglichkeit: Man klickt auf die Form und zieht – bei gedrückter linker Maustaste – einen Rahmen in der Weise auf, dass er die zu verschiebenden Objekte zumindest teilweise überspannt. Lässt man jetzt die Maustaste los, so werden alle im Rahmen befindlichen Elemente gemeinsam markiert (**Bild 2.09**). Der gesamte Block kann jetzt mit der Maus gegriffen und verschoben werden. Aber *Achtung*: Sie müssen ein Objekt – stellvertretend für alle – greifen! Klicken Sie daneben, ist die Markierung aller Elemente weg.

Bild 2.09:
Objekte gemeinsam verschieben

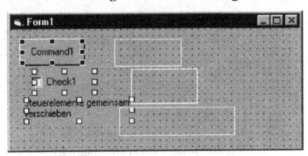

2. Möglichkeit: Sie halten die Strg - Taste (oder die Shift - Taste) gedrückt und klicken ein gewünschtes Objekt nach dem anderen an. So sind am Ende auch mehrere Elemente markiert. Nur können sie auf der Form verteilt sein. Weiter geht's wie oben beschrieben.

Gemeinsam markierte Objekte kann man gemeinsam bearbeiten. So lassen sich bestimmte Eigenschaften der selektierten Objekte gemeinsam verändern. Möglich ist Vergrößern, Verschieben, Löschen usw. Setzen Sie beim Experimentieren die Strg - und die Shift - Taste ein!

• Steuerelement pixelgenau ausrichten

Nicht immer gelingt es, eine gewünschte Lage eines Objekts auf der Form zu erzielen. Dies liegt dann daran, dass für Ihre Form eine Einstellung „Am Raster ausrichten" vorgenommen worden ist. Diese Einstellung kann man ändern (*Menü Extras/Optionen,* in Registerkarte *Allgemein* CheckBox deaktivieren, vgl. **Bild 2.10**). Jetzt geht es besser, aber – es bei mehreren gleichen Elementen ganz genau hinzubekommen, ist ein Geduldsspiel.

Bild 2.10:
Am Raster ausrichten (über *Menü Extras/ Optionen* einstellbar)

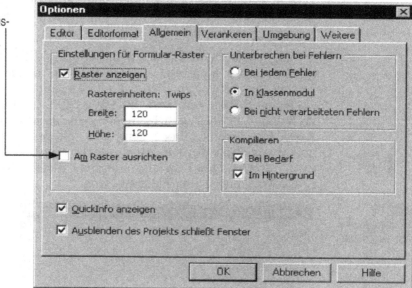

Objekt pixelgenau ausrichten

Doch auch dies ist kein Problem. VB ermöglicht ein „pixelgenaues Ausrichten", und dies geht so:

1. Objekt(e) markieren (Mausklick).
2. Strg - Taste drücken (und gedrückt halten).
3. Mit der Pfeiltaste die Position des Objekts/ der Objekte verändern.

Etwas Geduld ist erforderlich, aber dafür wird es genau.

Übrigens können Sie so auch die *Größe* des Steuerelementes verändern. Nur müssen Sie an Stelle von [Strg] die [Shift]-Taste gedrückt halten. Sie sollten beides testen, denn man kann es immer wieder gut nutzen.

• Steuerelemente sperren

Dies ist immer dann zu empfehlen, wenn viele Objekte auf der Form platziert sind und die Lage langsam unübersichtlich wird. Sperren (Verriegeln) ist denkbar einfach. Sie klicken mit der rechten Maustaste auf die Form. Ein Kontextmenü (**Bild 2.11**) öffnet, in welchem Sie den Menüpunkt „Steuerelemente sperren", dem das Schloss-Symbol (s. links) vorangestellt ist, anklicken. Das Symbol senkt sich, die Elemente sind gesperrt.

Bild 2.11:
Kontextmenü
(Popup-Menü)

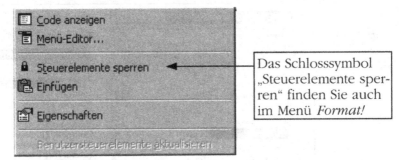

Das Schlosssymbol „Steuerelemente sperren" finden Sie auch im Menü *Format!*

Markieren Sie jetzt ein Objekt auf der Form, dann sind die „Anfasser" zu weißen Punkten geworden (**Bild 2.12**). Ein einfaches Verschieben mit der Maus ist nicht mehr möglich. Pixelgenaues Ausrichten (s. oben) geht jedoch weiterhin.

Bild 2.12:
Steuerelemente
gesperrt

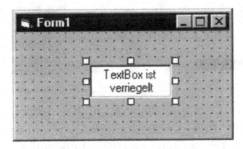

2.3.3 Eigenschaften festlegen

Die Eigenschaften werden im Entwurfsmodus grundsätzlich in der Weise festgelegt, dass zuerst das entsprechende *Eigenschaftenfenster* (für Form oder jeweiliges Steuerelement, vgl. **Bild 2.13**) geöffnet wird. Dies geschieht – wie bereits erwähnt – auf folgende Weise:

- Anklicken des Objekts (Markieren) und – falls notwendig – Klick auf den Button der Toolbar (s. links) oder
- Anklicken des Objekts und Betätigen der Funktionstaste [F4] oder
- über das *Menü Ansicht/Eigenschaftenfenster* (s. Bild 2.03); vorher Objekt anklicken.

Danach verändert man nur die Eigenschaften, bei denen man mit den Vorbelegungen von VB nicht einverstanden ist.

Wichtige Eigenschaften der **Form** sind z.B. *Name* (Bezeichnung der Form), *Caption* (Überschrift bzw. Titelzeilentext), *BorderStyle* (Randgestaltung), *MaxButton* → True oder False(?), *Icon* in Titelleiste und Farben, Schriftgröße...

Bild 2.13:
Das Eigenschaftenfenster (Begriffe, Besonderheiten, Einstellmöglichkeiten)

Ab VB 5.0 sind Registerkarten zur Einstellung der ListBox vorhanden.

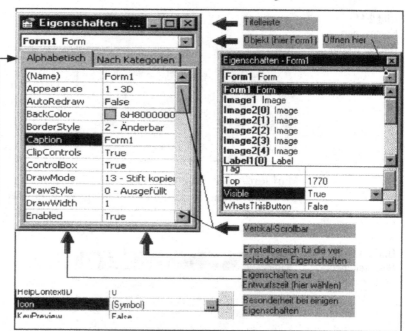

Auch den *Steuerelementen* werden – Ihrer Vorplanung entsprechend – Eigenschaften zugewiesen. Zuweilen gibt es für Steuerelemente weitere Eigenschaften, auf die aber erst zur *Laufzeit* zugegriffen werden kann. Hierzu finden Sie Informationen in der Online bzw. den Handbüchern.

Testen Sie zur Übung und zum besseren Kennenlernen von VB verschiedene Eigenschaften bei der Form u. den Steuerelementen am Rechner!

**Eigenschaf-
tenfenster:**
Titelleiste
ComboBox
ListBox

**ComboBox
öffnen mit:**

Wie Sie dem Bild 2.13 entnehmen können, zeigt die *Titelleiste* des Fensters den Namen des Objekts an, für das die Eigenschaften geändert werden sollen. Direkt unter dieser Leiste ist eine *ComboBox* (sie hat rechts einen Pfeil-Button) angeordnet, die ebenfalls das gewählte Objekt mit seinem Namen (Form1) anzeigt. Da man die Namen jedoch ändern kann, ist neben dem Namen angegeben, um welche Art Objekt es sich hier handelt. Dies können Sie auch nicht verändern. Vergleichen Sie hierzu den rechten Teil von Bild 2.13, in dem Sie die ComboBox geöffnet sehen (nach Anklicken des Pfeils). Dort können Sie übrigens mit einfachem Klick direkt zu anderen Objekten der Form umschalten.

Die zum Objekt gehörenden Eigenschaften, die Sie während der Entwurfszeit verändern können, befinden sich in der unter der ComboBox befindlichen *ListBox*. Sie hat, wenn mehr Einträge vorliegen, als die Boxhöhe anzeigen kann, eine Vertikal-ScrollBar (s. Bild 2.13). Durch Verschieben lassen sich so sämtliche Listeneinträge erreichen.

Die ListBox besteht aus zwei Spalten. Links stehen die Namen der Eigenschaften des Objekts, alphabetisch geordnet. Ausgenommen ist die *Name-Eigenschaft* des Objekts selbst, die ab VB 5.0 – außerhalb der alphabetischen Reihenfolge – am Anfang der Liste eingegeben ist. Von der Fülle und den zum Teil englischen Ausdrücken sollten Sie sich nicht abschrecken lassen! Keinesfalls müssen Sie jetzt schon sämtliche Einträge verstehen. Ich erkläre sie an dieser Stelle auch nicht. Und im Übrigen gilt, dass man häufig benötigte Eigenschaften später sicher kennt. Bei den anderen muss man nur wissen, dass es sie gibt bzw. wo man sie findet.

Die rechte Spalte enthält die von VB für dieses Objekt standardmäßig vorgegebenen Einstellungen. Dort können Sie wählen bzw. ändern. Die Anordnung der Eigenschaften innerhalb der Liste lässt sich, ebenfalls erst ab VB 5.0, auch „Nach Kategorien" (s. Registerkarte, Bild 2.13) vornehmen.

• Eingabe erforderlich

Eigenschaften
festlegen...

Bestimmte Eigenschaften (*Caption = Bezeichnung,* eigentlich *Überschrift,* sei als Beispiel gewählt) erfordern *Einträge über die Tastatur.* Vorgehensweise:

• Eigenschaft anklicken (linke Spalte), Cursor in rechte Spalte setzen und – wie bei Schreibprogrammen – die Änderung vornehmen. Übliche Tasten wie Backspace, Pos1 u.a. sind verwendbar. Markieren und löschen geht auch.

- Doppelklick auf Eigenschaftsnamen (linke Spalte) markiert gleichzeitig den Eintrag in der rechten Spalte (invertiert dargestellt). Beginnen Sie direkt danach mit der Eingabe, so wird der alte Eintrag gelöscht.

Durch gezielte Verwendung der Leertaste können Sie die Position der Bezeichnung auf dem Objekt beeinflussen! Führen Sie für Form und CommandButton Tests durch.

Visible (Sichtbarkeit): *True* oder *False*

● Vorgabegröße ändern

Bei bestimmten Eigenschaften können Sie nur eine Wahl zwischen vorgegebenen Größen vornehmen (*Visible* = Sichtbarkeit des Objekts sei als Beispiel gewählt). Es gibt nur zwei Möglichkeiten: Sichtbar → *True* (Voreinstellung) oder unsichtbar → *False*. Die Umstellung erfolgt durch Öffnen der kleinen ComboBox (Pfeil) oder durch Doppelklick auf den Eigenschaftennamen (s. Bild 2.13, rechts).

● Auswahl tätigen

Befindet sich in der rechten Spalte der ListBox ein Eintrag in Klammern, Beispiel: (Symbol) bei Eigenschaft *Icon*, dann haben Sie eine Wahlmöglichkeit. Sie können von den Icon-Dateien, die sich auf Ihrer Festplatte tummeln (eine größere Anzahl liefert Ihnen VB mit), eines auswählen und in Ihr Programm integrieren. Klicken Sie rechts auf den Button mit den drei Punkten, so öffnet sich der *Windows-Standarddialog* „Symbol laden" und Sie können die Wahl vornehmen. Nach der Wahl erscheint das Icon in der Titelleiste der Form. *Visual Basic* greift oft auf die *Standarddialoge* von Windows zurück, so z.B. zur Einstellung von Farben → *BackColor...*, Schriftgrößen → *Font* u.a. Wie wir die Standarddialoge in eigenen Programmen nutzen können, lernen Sie in **Kap. 6**.

Mit F1 kontextbezogene Hilfe aufrufen!

Dem Eigenschaftenfenster kommt bei der Programmierung eine besondere Bedeutung zu. Um dieses wichtige Fenster gut kennen zu lernen, sollten Sie intensiv auf Erkundungsfahrt gehen. Beachten Sie auch, dass Sie über die verschiedenen Eigenschaften mittels Funktionstaste **F1** kontextbezogene Hilfe bekommen können. Vorher aber Eigenschaft in linker Spalte des Fensters anklicken und danach die Funktionstaste betätigen! Probieren ist angesagt!

2.3.4   ProgrammCode eingeben

Das ProgrammCode-Fenster (**Bild 2.14**) einer Form können Sie über das *Menü Ansicht* oder einfacher aus dem Projekt-

Explorer heraus (vgl. Bild 2.04) öffnen. Dort finden Sie in der Symbolleiste drei CommandButton (von links: „Code anzeigen", „Objekt anzeigen" und „Ordner umschalten"). Mit einem Klick öffnen Sie jetzt das Codefenster der Form.

Eine andere Art des Zugriffs ist nachfolgend beschrieben:

Mit Doppelklick ins Codefenster

Sie *doppelklicken* auf das Objekt (Form oder Steuerelement), für welches Sie ProgrammCode vorbereitet haben. Hierbei wird das jeweils richtige Fenster mit einer von Visual Basic bereitgestellten so genannten *Standardprozedur* (in Form einer unvollkommenen Rumpfprozedur) geöffnet, in die Sie den vorgeplanten ProgrammCode eingeben müssen. Wo genau, zeigt Bild 2.14. Andere Details siehe daselbst.

Bild 2.14:
Das Codefenster

Vollständige
Modulansicht

Prozeduransicht

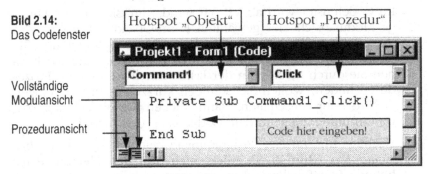

Begriff Prozedur

Die Prozedur, die Sie sich als eigenständige Funktionseinheit innerhalb eines Projekts vorstellen können, hat in der ersten Zeile die Benennung **Sub** (= Unterprogramm) und davor *Private* (betrifft den Gültigkeitsbereich). Der ProgrammCode für diese Prozedur wird zwischen den Zeilen *Private Sub...* und *End Sub* eingefügt.

Den Steuerelementen wurden Standardereignisse zugewiesen.

Erzeugt wurde die Rumpfprozedur durch Doppelklick auf eine Befehlsschaltfläche. Diesem CommandButton ist von den Visual Basic-Entwicklern als *Standard* das *Klickereignis* zugewiesen worden. Man spricht in unserem Beispiel vereinfacht von der „Command-Klick". Andere Objekte haben z.T. andere Standardereignisse (Beispiele: Form → *Load*, TextBox → *Change*, Zeitgeber → *Timer* ...).

Das Codefenster enthält:
• Titelleiste
• ComboBoxen
• Eingabebereich für den Code

Jetzt noch ein Blick auf andere Bereiche des Codefensters:

An der Titelleiste des Codefensters (Bild 2.14) erkennt man, dass es zur Form1 gehört. Dies ist der von VB standardmäßig vergebene *Name* der Form. Da ich diesen nicht geändert hatte, wird er angezeigt. Eine Änderung ist zuweilen dringend

**Konventionen
für Eigenschaft
Name**
- Beginnt mit einem Buchstaben
- keine Sonderzeichen zulässig
- keine Leerzeichen
- kein Schlüsselwort verwenden
- Name muss eindeutig sein

anzuraten, bei meinem Beispiel aber nicht nötig gewesen. Geändert wird im Eigenschaftenfenster der Form die Eigenschaft *Name*. Hierbei *Konventionen* beachten (s. links).

Direkt unter der Titelleiste (Bild 2.14) befinden sich zwei ComboBoxen, links für die Objekte und rechts für Prozeduren. Über die *Objekt-ComboBox* können Sie mittels eines Klicks sofort zu anderen Objekten der Form1 wechseln. Dies ist ähnlich wie im Eigenschaftenfenster. Allerdings werden hier nicht sämtliche Steuerelemente – wie dort – aufgeführt. *Grund:* Gewisse Objekte (z.B. das Line-Objekt) können auf Ereignisse nicht reagieren. Demzufolge hat *Line* hier im Codefenster nichts verloren.

Im Codefenster wird ab VB 5.0 standardmäßig die vollständige Modulansicht des gewählten Form-Objekts angezeigt. Ändern können Sie dies über das *Menü Extras/Optionen* und die Registerkarte Editor, sollten es aber nicht tun. Denn so können Sie durch Scrollen in der Liste schnell zu anderen Prozeduren finden. Wollen Sie dennoch kurzzeitig auf eine einzelne Prozedur umschalten, dann klicken Sie einfach auf den Button unten links auf dem Codefenster (vgl. Bild 2.14).

Wichtig für unsere Programmierarbeit ist die *Prozedur-ComboBox* (**Bild 2.15**). Klickt man dort den kleinen rechts befindlichen Pfeilbutton an, so öffnet sich ein Fenster, das – je nach Objekt – ganz verschiedenartige weitere Prozeduren anbietet. Dies sind die dem jeweiligen Objekt zugewiesenen *Ereignisprozeduren.* Hier können Sie mit einfachem Klick einen weiteren Prozedurrumpf erzeugen und mit Spezialaufgaben versehen. So wäre z.B. möglich, dass Sie, um bei unserem CommandButton zu bleiben, eine *MouseMove-Prozedur* für den Button einrichten möchten. Wann könnte so etwas Sinn machen? Und was versteht man überhaupt darunter? – Wir wollen dieser Frage kurz nachgehen.

Weitere
**Ereignis-
prozeduren**
einrichten

Schauen wir uns aber zuerst an, was sich nach Anklicken des Pfeilbuttons der Prozedur-ComboBox zeigt (Bild 2.15, rechts).

Im heruntergeklappten Fenster sehen Sie die möglichen Ereignisprozeduren für das Objekt Command1. Bereits eingerichtete Prozeduren, z.B. KeyPress, erscheinen in Fettdruck. Da nicht alle möglichen Prozeduren angezeigt werden können, befindet sich seitlich am Fenster wieder eine *Vertikal-ScrollBar.* Von mir markiert ist bereits das *MouseMove-Ereignis.* Ein Klick hierauf lässt die zugehörige Rumpfprozedur im Codefenster erscheinen (**Bild 2.16**).

Bild 2.15:
Fenster der Pro-
zedur-ComboBox
geöffnet

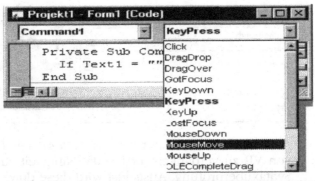

Bild 2.16:
Die MouseMove-
Rumpfprozedur

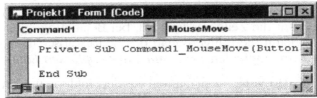

Jetzt zu unseren Fragen zurück: Üblicherweise werden CommandButton durch Mausklick betätigt (Klickereignis). Zuweilen macht es aber Sinn, weitere Aufgaben, die den Button
betreffen, zuzuweisen. So könnte z.B. geeigneter ProgrammCode, in die *MouseMove-Prozedur* eingegeben, einer
TextBox oder einem Label einen ausführlichen Hinweis zuordnen, der die Funktion des CommandButtons näher erklärt.
Zur Laufzeit des Programms können Sie dann diese Info lesen
und darauf reagieren. Für TextBoxen wird sehr oft die *Key-
Press-Prozedur* verwendet, da mit ihr leicht ein Abfangen un-
erwünschter Eingaben oder ein Ändern derselben möglich ist.
Ich komme später hierauf zurück.

Die noch vorhandene ursprünglich bereitgestellte Standardprozedur, die Sie womöglich gar nicht verwendet haben,
brauchen Sie in der Regel nicht zu entfernen. Denn sofern Sie
keinen Eintrag vorgenommen haben, wird VB diese Prozedur
nach dem ersten Programmstart aus dem Listing löschen.

Der „intelligente"
Editor reagiert
auf Syntaxfehler.

Werden vom Programmierer während der Codeeingabe syn-
taktische Fehler (Syntaxfehler) gemacht, so wird von VB häufig direkt Protest eingelegt (Fehlermeldung). Ein Beispiel zeigt
Bild 2.17 (links). Die in der Zeile „R =..." vergessene Schluss-
klammer verletzte die Syntaxregeln des Editors. Hilfsbereit,
kurz, aber bestimmt wird auf die fehlende Klammer hingewiesen (MessageBox im Bild 2.17, rechts). Gleichzeitig erscheint die fehlerhafte Zeile im ProgrammCode in Rotschrift.

Bild 2.17:
Syntaxfehler
führt zu einer
Fehlermeldung
(Bild rechts). Im
Listing vom Edi-
tor in roter Schrift
markiert (links).

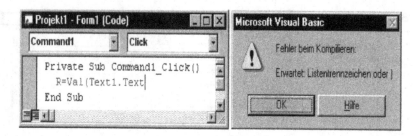

Dieses „Verhalten" haben Sie dem sog. „intelligenten Editor"
von VB zu verdanken. Er hat die Fähigkeit zu einer direkten
Syntaxüberprüfung. Ausgelöst wird diese durch Betätigen von
Return (am Ende der Codezeile) oder dadurch, dass der Cursor die Zeile verlässt, z.B. bei Betätigung einer Pfeiltaste. Man
kann diese Eigenschaft des Editors abschalten, was aber nicht
zu empfehlen ist *(Menü Extras/Optionen/Editor)*.

Syntaxüberprü-
fung abschaltbar

Hinweis: Nicht immer werden fehlerhafte Eingaben von VB
direkt korrigiert, sondern manchmal erst zur Laufzeit.

Bild 2.18:
VB konnte eine
Prozedur nicht
finden.

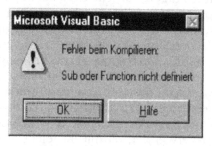

Grund ist oft, dass ein von
Ihnen falsch geschriebenes
Schlüsselwort (zum Beispiel:
pront statt *Print*) von VB als
Prozeduraufruf verstanden
wird. Zur Laufzeit findet VB
dann die Prozedur nicht
und es kommt zur Fehler-
meldung (**Bild 2.18**).

Dies vermeiden Sie, wenn Sie bei der Eingabe *Schlüsselwörter
grundsätzlich klein schreiben*. VB korrigiert, sofern Sie syntaxgerecht geschrieben haben, Ihren Text selbsttätig! Aus
„*print*" wird „*Print*"! Ihr Eintrag war also syntaxgerecht. Beobachten Sie die Änderung der Schreibweise im Editorfenster.

Zum Abschluss dieser Betrachtung noch eine weitere Anmerkung, die Ihnen die Programmierarbeit erleichtert:

Codefenster
teilen

Zuweilen wäre es hilfreich, wenn man verschiedene Codeab-
schnitte direkt miteinander vergleichen und bearbeiten könnte (z.B. zum Kopieren ...). In VB kein Problem. Man teilt dabei das CodeFenster in zwei Bereiche. Der Vorgang hierbei
ist, s. **Bild 2.19**, als eingetragener Kommentar beschrieben.
Die Trennung in zwei Fenster können Sie rückgängig machen, indem Sie den Trennbalken der Fenster mit der Maus
fassen und bis zu den ComboBoxen hochschieben.

Bild 2.19:
Das CodeFen-
ster in zwei Be-
reiche aufteilen.

Hier wird be-
schrieben, wie
es geht!

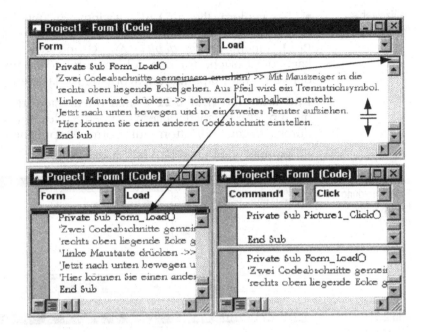

Links →
Vor der Teilung
rechts →
nachher

2.3.5   Testen und Optimieren – ein Kreisprozess

Hat man auf die beschriebene Weise eine erste Teilaufgabe des Programms fertig gestellt (kleinere Probleme kann man natürlich komplett lösen), so sind *Zwischentests* einzulegen.

Hierzu ist erforderlich:

Testschritte:
- Programmstart
- Testwerte eingeben
- Sämtliche Wege durchs Programm ausführen
- Fehler beseitigen
- Programm beenden

- Starten des Programms mit [▶].

- Eingabe von Testwerten über die Tastatur oder durch *Zuweisung* im ProgrammCode. Letzteres ist immer dann sinnvoll, wenn der Eingabeaufwand für verschiedene Variablen zu groß wird. Die Testphase wird so vereinfacht. *Beispiel*: Sie schreiben in die Rechenprozedur: A = 120 'Fläche usw. und ersparen sich so beim Test dauernd die Eingabe der Flächengröße. Nach Fertigstellung des Programms kann man dann diese Zeilen im Listing entfernen und die Eingabe über eine TextBox vornehmen.

- Auch ungewöhnliche Testwerte (keinen, Null...) eingeben.

- Anklicken der für den Programmlauf vorgesehenen CommandButton (Befehlsschaltflächen).

- Sämtliche Prozeduren des Programms sollten bei den Tests auch aufgerufen worden sein. Also, alle Wege durch das Programm durchlaufen!

Laufzeitfehler (Runtime-Error)

- Bei Fehlern, die zur Laufzeit eintreten, unterbricht VB den Programmlauf. Es kommt zu einer Fehleranzeige (Message-Box), einem *Laufzeitfehler*. Auf Grund der Fehlermeldung kann die Ursache für den Fehler verfolgt und abgestellt werden. Ein erster Optimierungsvorgang ist dann erfolgt.

Bild 2.20 und **Bild 2.21** zeigen für mathematische Programme typische Beispiele. Diese können Sie leicht nachvollziehen durch: CommandButton auf Form, Doppelklick hierauf u. Programmzeilen eingeben (s. Kästen in Bildern), dann ▶.

Bild 2.20:
Fehlermeldung bei Division durch Null

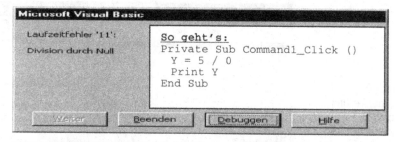

Bild 2.21:
Fehlermeldung bei Überschreitung der größtmöglichen Zahl des Rechners

- Sind die Tests abgeschlossen, so wird der Programmlauf beendet. Möglichkeiten hierzu sind, wie Sie wissen:

Das Visual Basic-Programm beenden

a) Betätigen des ToolbarButtons ■ von VB.

b) Anklicken des Buttons rechts oben auf der Form ✕. Dieser Befehl ist nicht verfügbar, wenn Sie eine Form *ohne* Titelleiste verwendet haben (*BorderStyle = 0-Kein*).

c) *Menü Ausführen/Beenden* wählen.

d) Betätigen der Tastenkombination Alt + F4 (sonst wie b).

e) Öffnen des Form-Systemmenüs (links oben auf Formtitelleiste, dort **Schließen** wählen). Sofern sich dort kein Iconsymbol befindet, können Sie diesen Befehl nicht ausführen, z.B. bei *BorderStyle 4*. Die Tastenkombination Alt + F4 funktioniert aber immer noch.

f) Betätigen eines BeendenButtons, den der Programmierer allerdings auf der Form richtig eingerichtet haben muss.

2.4   **Vorläufiger Abschluss – Erreichtes sichern**

Die hier behandelten Inhalte schließen den Prozess des Programmierens ab. „Vorläufig" steht im Titel, weil eine spätere Bearbeitung des Projekts jederzeit möglich ist. Wichtige erste Bedingung dazu ist aber, dass Sie die erstellten Projektdateien (*.VBP und *.FRM) in ihrem momentanen Zustand sichern! Dies sollten Sie grundsätzlich über *Menü Datei* machen, also „Projekt speichern" oder besser „Projekt speichern unter...", da Sie hierbei den Pfad mit unter Kontrolle halten. In gleicher Weise ist die Form zu speichern. Ein Sichern über den Button der Symbolleiste speichert die *.VBP, aber nicht immer die *.FRM. Letztere ist aber für das Projekt die bedeutsamere. Ist nämlich die *.VBP verloren gegangen, so kann das Projekt auch über die *.FRM gestartet werden. Die *VBP wird von VB in diesem Fall neu erzeugt!

2.4.1   **Kommentieren und Dokumentieren**

• **Kommentieren**

Begriff
Kommentar

Kommentare sind Anmerkungen innerhalb des Programms, die vom Programmierer in den ProgrammCode geschrieben worden sind. Sie haben den Zweck, Programmbesonderheiten näher zu erklären. Hierdurch wird – insbesondere bei komplizierterem Algorithmus – das Programm auch für andere verstehbar. Bei späterer Bearbeitung versteht man den Code sofort. Eine erneute Einarbeitung (Aufwand, Kosten...) entfällt.

Kommentare erklären wichtige Programmdetails.

Nun ist bekannt, dass nach der *heißen Phase* des eigentlichen Programmierens vielfach „die Luft raus" ist. Wem würde dies nicht ebenso gehen. Dennoch! Dem Programmierneuling rate ich zu *detaillierter* Kommentierung seiner Programme, insbesondere in der ersten Lernphase. Dies zwingt zum Überdenken eingeschlagener Wege, zur Überprüfung der Algorithmen, zur kritischen Betrachtung (bei einer gewissen Distanz zu seinem Werk). Und dies ist für Lernen bedeutsam! Auch gilt: Der Aufwand ist relativ gering, wenn man die Kommentare jeweils nach der Testphase für den soeben bearbeiteten Teilbereich eingibt. Jetzt weiß man auch noch alle Details ganz genau!

Wie macht man das, Kommentieren?

Wie wird kommentiert?

Dies sei am Beispiel einer doppelten For...Next-Schleife aus einem Programm zur näherungsweisen Bestimmung der Kreiszahl π (im ProgrammCode mit *PI* bezeichnet) erklärt. Es enthält die wesentlichen Informationen in Kommentarform. Den ProgrammCode selbst brauchen Sie zu diesem Zeitpunkt nicht zu verstehen, er dient hier nur als Mittel zum Zweck.

Beispiel: Einfügen von Kommentaren

Kommentare einfügen mit Hochkomma oder *Rem*

```
'Diese Zeile ist ein von mir eingefügter Kommentar. Da-
'mit VB sie nicht als ProgrammCode versteht, muss am An-
'fang der Zeile ein Hochkomma (Apostroph) stehen! Stößt
'VB auf so gekennzeichnete Zeilen, dann überspringt es
'diese bei der Programmausführung. Jede Kommentarzeile
'benötigt ihr eigenes Apostroph! Der VB-Editor zeigt
'Kommentare in grüner Farbe an (Standard). Dies hier
'sind reine Kommentarzeilen! Es gibt aber auch Kommen-
'tare, die an ProgrammCode angehängt sind. Auch hier
'ist ein Hochkomma erforderlich. Es trennt Code und
'Kommentar. Nachstehender Programmauszug zeigt Beispie-
'le. Achten Sie auf das Hochkomma!!!
```

```
                                               Kommentarbeginn

    R = 1                              'Feste Radienvorgabe
    For i = 1 To N Step 1
      dy = R / i                       'Schichtdicke R:i
      AI = 0: A = 0: AK = 0: PI = 0
      For Z = 1 To i
        AI = 2 * Sqr(R ^ 2 - ((Z - 0.5) * dy) ^ 2) * dy
        A = A + AI
      Next
      AK = 2 * A                       'Kreisfläche
      PI = AK / R ^ 2
      Print Tab(7);i,Tab(30); PI, Tab(PI * 37 - 50); "*"
    Next
```

Schlüsselwort *Rem* möglich, aber unüblich.

An Stelle des Hochkommas können Sie auch das Schlüsselwort *Rem* (Remark = Bemerkung) verwenden. Beispiel:

```
Rem Dies ist ein Kommentar. Nachstehend sehen Sie
Rem einen Auszug aus obigem Listing (mit <Rem>)
dy = R / i    :Rem Schichtdicke = Quotient aus R und i
Rem Beachten Sie den Doppelpunkt vor dem Rem!
```

Block auskommentieren (s. auch Kap. 7.2.4)

Über *Menü Ansicht/Symbolleiste/Anpassen* können Sie die VB-Oberfläche so erweitern, dass auch mehrere Zeilen gemeinsam auskommentiert werden können (Block auskommentieren). Hierzu können Sie Button auf die Symbolleiste bringen.

• Dokumentieren

Als Dokumentieren soll hier jede Art von *Sicherung* der Projektdateien verstanden werden.

Möglichkeiten, die Sie nutzen sollten:

Wie kann man dokumentieren?

• Speichern aller zum Projekt gehörenden Dateien in einem eigenen Verzeichnis. Dies ist oben erklärt.

Screenshots

- Ausdruck des Listings (teilweise oder komplett) vornehmen. Hierzu die Druckoptionen von VB nutzen! Öffnen Sie hierzu das *Menü Datei/Drucken...* , so können Sie zwischen den Möglichkeiten *Formansicht, Form als Text, Code* wählen. Zusätzlich ist der Bereich (Projekt...) einstellbar.

- Bilder des Formaufbaus erstellen [zur Entwicklungszeit, verschiedene Programmieretappen, **Screenshots** = Abbildung des Bildschirms mit [Alt] + [Druck] (aktives Fenster) bzw. mit [Druck] (ganzer Bildschirm)]. So lassen sich auch Bilder zur Laufzeit erstellen Es erfolgt eine Speicherung in der Windows-Zwischenablage (Clipboard), wodurch eine Weiterverarbeitung (z.B. in Mspaint) möglich wird.

- Ergebnisse, die das Programm zur Laufzeit liefert (z.B. Tabellen, Listen, Diagramme, Grafiken...), ausdrucken.

2.4.2

EXE-Datei erstellen

Vorweg ein Hinweis: Früher war es unkompliziert. Man nahm den Quellcode, der in der Regel aus nur einer Datei bestand (einer *.BAS), lud diesen in einen Compiler, der EXE-Dateien erstellen konnte (z.B. Quick-Basic) und erzeugte die EXE.

Merkmale dieser EXE waren:

- Es war wieder nur **eine** Datei,

- sie benötigte die ursprüngliche Programmierumgebung (→ Quick-Basic) nicht mehr, und

- sie war in der Regel ohne jegliche Zutaten lauffähig.

Heute, in den Zeiten der visuellen Programmierung, ist dies leider nicht mehr ganz so. Zwar gilt auch hier, dass die Programmierumgebung (also VB) nicht für den Betrieb der EXE benötigt wird, beide anderen Punkte gelten aber nicht mehr.

Verpackungs- und Weitergabe-Assistent

Um die EXE-Datei unabhängig von VB lauffähig zu bekommen, werden jede Menge Hilfsdateien und DLL's benötigt. Weil dies ein einzelner Programmierer gar nicht mehr überblicken kann, liefert Microsoft mit *Visual Basic* einen *Verpackungs- und Weitergabe-Assistenten* (in VB 5.0 hieß er Installationsassistent) aus, der beim Lauffähigmachen hilft. Dies ist für Rechner gedacht, auf denen VB nicht vorhanden ist.

Weitere Informationen hierzu s. Handbücher bzw. Online.

Wer kommerzielle Anwender-Programme entwickeln will, muss sich mit derlei Fragen intensiv auseinander setzen. Das Ziel dieses Buches liegt woanders. Ich gehe deshalb auf diesen Komplex nicht weiter ein.

31

a) Datei öffnen
b) EXE erstellen

Wie erzeugt man mit Visual Basic eine EXE-Datei?

Dies ist ganz einfach!

- Sie starten VB und laden das Projekt über *Menü Datei/Projekt öffnen...* oder den *Öffnen-Button* der Toolbar (Symbol s. Randspalte).
- Danach *Menü Datei/Projektname.exe erstellen...* anklicken.

Das ist alles. Den Rest erledigt VB für Sie. Standardmäßig wird der Name der *.VBP* auch für die *.EXE* vorgeschlagen und im *Menü Datei* bereits angezeigt. Ändern Sie nichts, so erfolgt die Ablage der *.EXE* im Verzeichnis der *.VBP*. Natürlich können Sie auch einen andern Ablageort bestimmen.

Hinweis: Achten Sie genau auf den eingestellten Pfad. Sonst müssten Sie womöglich Ihre EXE später suchen!

2.5   Das Ganze noch einmal – InfoProgramm

Im Schlussabschnitt dieses Kapitels wird ein Lernprogramm zu unserem Thema vorgestellt. Es ist – ursprünglich in VB 4.0 geschrieben – als erste *Analyseübung* gedacht. Angemerkt sei, dass es in seinen Bildern nicht dem Stand von VB 6.0 entspricht; eine Anpassung wird Ihnen anheim gestellt. Insoweit gehört es zu den *Hilfs- und Lernprogrammen* dieses Buches. Weitere Beispiele dieser Art, die Sie verändern können, finden Sie in Kapitel 7.4. Einige dieser Programme können, als EXE kompiliert, Ihre Programmierarbeit erleichtern.

2.5.1   Öffnen von INFOPROG.VBP

Das Programm *INFOPROG.VBP* finden Sie im Verzeichnis *KAP2*.

Erstmalig im Verlauf dieses Buches sollen Sie ein fertiges VB -Projekt zur Analyse in den Editor laden. Bevor Sie dies tun können, sollten Sie die Programme der Buch-CD auf Ihren Rechner kopiert haben. Die *INFOPROG.VBP* finden Sie dann im Verzeichnis *KAP2*. Selbstverständlich können Sie das Programm auch direkt von der CD aus starten. Sie finden es dort in *VBPROGS\KAP2*.

• Projekt laden erfolgt über...

Menü Datei/Projekt öffnen... oder durch Betätigen des *Öffnen-Symbols* in der Toolbar (s. oben). Es erscheint der in **Bild 2.22** gezeigte *Windows-Standarddialog* „Projekt öffnen".
Voreingestellt ist hier der Ordner, in dem sich die *VB.EXE* befindet. Sie stellen den Ordner auf *VBPROGS* um und wählen dort das Unterverzeichnis *KAP2* an, in dem sich die gesuchte Datei *INFOPROG.VBP* befindet.

Bild 2.22:
Standarddialog
zum Öffnen ei-
nes Projekts

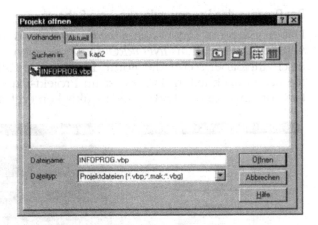

Die Datei *INFOPROG.VBP* (die Bezeichnung zielt auf *Infor-mation zur Programm-Entwicklung)* ist, wenn ihr Name in der ListBox erscheint, anzuklicken und mit *Öffnen* zu laden. Die andern Dateien, die noch zum Projekt gehören (.FRM u. .FRX) und sich ebenfalls im Verzeichnis befinden, werden Ih-nen nicht angezeigt. Grund: Im von VB aufgerufenen Stan-darddialog ist als **Dateityp** *Projektdateien (*.VBP; *.MAK; *.VBG)* voreingestellt (Bild 2.22, ComboBox unten, mit Pfeil).

Hierzu drei Bemerkungen:

*.MAK bis Visual
Basic 3.0
*.VBP ab Visual
Basic 4.0
*.VBG ab Visual
Basic 5.0

● Die *Dateienerweiterung „.MAK"* (von „make") war bis zur VB-Version 3.0 die Standarderweiterung der Projektdateien. Ab VB 4.0 heißt die Erweiterung „.*VBP"* (**V**isual **B**asic **P**ro-jekt). Da *Visual Basic* bis zu gewissem Grade abwärtskompa-tibel ist, können Sie Programme aus früheren VB-Versionen, nimmt man gewisse Einschränkungen in Kauf, weiter ver-wenden. Sonst ist Anpassen erforderlich (s. Kap. 7.3).

● Zum Sichten aller Dateien eines Projekts müssen Sie das Pfeilsymbol der ComboBox *Dateityp* (s. Bild 2.22) anklicken und dann *Alle Dateien (*.*)* wählen.

● Die Erweiterung „.*VBG"* (Das „G" steht für Gruppe) wird ab VB 5.0 verwendet, wenn mehrere Projekte gemeinsam – dies kann VB auch(!) – geladen und gespeichert wurden. Dies ist z.B. bei der Entwicklung von eigenen ActiveX-Steuerelementen bedeutsam.

Nach Anklicken von *Öffnen* wird der Standarddialog ausge-blendet und das Projekt geladen. Da *INFOPROG.VBP* infolge vieler PictureBoxen und zeichnerischer Darstellungen sehr groß ist, müssen Sie – je nach Geschwindigkeit Ihres Rech-ners – etwas Geduld aufbringen.

2.5.2   **Der Prozess des Programmierens – ein Schema**

Haben Sie den Ladevorgang ordnungsgemäß vollzogen, so wird das Programm *INFOPROG.VBP* geladen. Nicht immer erscheint dabei sofort die Form. Ist dies der Fall, so müssen Sie etwas nachhelfen. Hierzu ist im Projekt-Explorer der Button zur Anzeige des Formulars anzuklicken (vgl. Bild 2.04).

Bild 2.23:
Schema des
Programmier-
prozesses
(Bild aus *INFO-
PROG.VBP*)

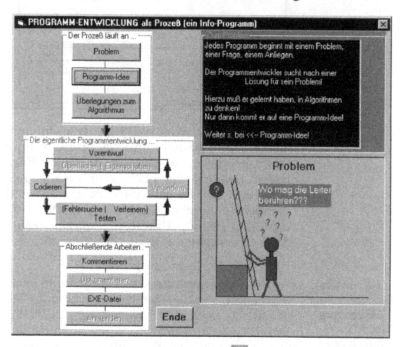

Nach Start des *Lernprogramms* mit ▶ können Sie die in diesem Kapitel dargelegten Zusammenhänge zum *Programmieren als Prozess* durchgehen. Dies ist als geraffte Wiederholung und als Analyseübung gedacht, mit der Ihr Wissen um diese Fragen gefestigt werden soll. Gleichzeitig soll Ihnen „Appetit auf kommendes Werken und Wirken" gemacht werden, denn Programme dieser Art können Sie in Kürze selbst erstellen.

Die einzelnen Etappen des „*Prozesses*" sind auf der linken Hälfte der Form (**Bild 2.23**) durch CommandButton dargestellt worden, die in der Art eines Blockschemas angeordnet sind. Fast allen Befehlsschaltflächen wurden Funktionen zugewiesen. Gestartet wird das Lernprogramm mit einem Klick auf den CommandButton „Problem". Dieser hat nach dem Start des Programms als Merkmal einen *gestrichelten Rahmen* (Zeichen für den *Fokus*) um seine Bezeichnung herum.

Im Visual Basic-Sprachgebrauch sagt man:
Der CommandButton mit der Aufschrift „Problem" hat den

**Für den Pro-
grammverlauf
wichtig:
Der *Fokus***

Fokus. Zusätzlich blinkt ein Label „Start". Nach dem Klick sehen Sie, dass der *Fokus* an den nächsten Button übergeben
worden ist (so die Darstellung in Bild 2.23). Dieser wartet
jetzt auf Ihren Mausklick oder auf die Betätigung der Return-
Taste. Auf diese Weise werden Sie durch das Programm ge-
leitet. Informationstexte und -bilder erscheinen jeweils auf der
rechten Seite des Formulars.

**Eigenschaft
*Enabled***

Einige Button können Sie nicht betätigen (Merkmal: Blassere
Schrift). Sie haben in *INFOPROG.VBP* keine hinterlegte Funktion. Programmtechnisch gesehen wurden sie „totgelegt".
Hierzu stellt man die Eigenschaft *Enabled* des CommandButtons auf *False* (die Standardeinstellung ist *True*).

Übung 2.5: INFOPROG – Erste Analyse *(in \KAP2)*

Eine erste Analyse des Programms, das im Quellcode vorliegt,
kann in nachstehend beschriebenen Schritten, die ich hier mit
Ihnen gemeinsam gehen will, erfolgen:

1. Den Formaufbau sichten (Steuerelemente...).
2. Verwendete Steuerelemente auflisten und deren einge-
   stellte Eigenschaften ermitteln.
3. Wesentliche Teile des ProgrammCodes ergründen.
4. Besonderheiten des Programms feststellen, z.B. Startbildschirm, Programmfunktionen, Bilddarstellungen, Sach-
   aussagen, Informationsbildschirme usw.

Zu 1: Das für die Form festgelegte *Caption* ist in diesem Fall
direkt als Eintrag in der Titelleiste erkennbar. Weitere Eigenschaften zeigt das Eigenschaftenfenster. Wichtig bei Formen
ist immer die *BorderStyle-Eigenschaft*, die hier mit *3-Fester
Dialog* eingestellt ist.

Zu 2: Direkt erkennbar sind die CommandButton, die für den
Aufbau des Schemas verwendet wurden. Sie entdecken aber
auch neue, bisher nicht erwähnte Steuerelemente.

**Frame:
Kann als Con-
tainer verwendet
werden**

• So wurden zur Betonung der Phasen im Schema drei
Rahmen (**Frames**) vorgesehen. Das Steuerelemente-Symbol
sehen Sie links in der Randspalte. Ein Frame ist geeignet, andere Steuerelemente aufzunehmen und zu einer Einheit zu
verbinden (sog. *Containerfunktion*). Diese Fähigkeit haben
außer Frames nur noch Formen und PictureBoxen.

Wenn Sie ein Frame anklicken (markieren) und etwas verschieben ([Strg] + Pfeiltasten), dann sehen Sie, dass die im Frame vorhandenen Objekte sich mitbewegen. Dieses Verbinden von Objekten zu einer funktionalen oder – wie hier – rein optischen Einheit wird oft verwendet.

• Innerhalb des mittleren Frames, in dem der „Kreisprozess" symbolisch dargestellt ist, sehen Sie Pfeile zur Betonung. Für die Pfeildarstellungen sind **Icons** (Arrows) integriert worden, die Sie mit VB mitgeliefert bekommen haben. Sie finden sie im VB-Verzeichnis *Graphics\Icons\Arrows*. Zu beachten ist, dass Grafiken nicht einfach an beliebiger Stelle auf der Form oder in Frames positioniert werden können. Hierzu benötigt man spezielle Steuerelemente. Eines ist das **Image** (eine Art *Anzeigefeld* für Grafiken), das andere die PictureBox. Mögliche Grafikarten und das Image-Symbol s. Randspalte.

Image:
• Kann folgende Grafiken aufnehmen: **.bmp**, **.ico**, **.wmf**, **.jpg** und **.gif**
• Hat *Stretch*-Eigenschaft

Ein Image hat als besondere Eigenschaft die Möglichkeit, Grafiken der Steuerelementgröße anzupassen (*Stretch = True*). Da das Image-Control gegenüber einer PictureBox weniger Ressourcen verbraucht, sollte man es – so weit möglich – letzterer vorziehen. Für komplexere Bilddarstellungen, wie wir sie hier benötigen, kommt aber nur die PictureBox mit ihren sehr vielgestaltigen Eigenschaften in Frage.

PictureBox:
Ähnlich wie Image, nur vielseitiger

• Auf der rechten Formhälfte unten ist eine **PictureBox** (*Bildfeld*) zu sehen. Zum Verständnis: Man kann einer einzelnen PictureBox diverse verschiedenartige Objekte (z.B. Steuerelemente, Bilddarstellungen – auch zur Laufzeit gezeichnete –, usw.) zuordnen, so dass sehr komplexe Bilder entstehen. Das Programm zeigt etliche Beispiele. Da sich auf der Form mehrere Boxen an derselben Position befinden – sie sind überlagert angeordnet, was erst zur Laufzeit erkennbar wird – muss der Programmierer dafür sorgen, dass die jeweils gewünschte Box sichtbar, alle anderen aber unsichtbar sind. Die

Visible macht sichtbar (True) oder unsichtbar (False).

Eigenschaft **Visible** ermöglicht dies. *Visible = False* ist für alle Boxen eingestellt (Standard ist True!). In der jeweiligen Ereignisprozedur Command_Click wird entschieden, welche Box gerade sichtbar gesetzt wird (*Visible = True*). Die danach aufgerufene *Allgemeine Prozedur* **Neu** setzt dann diese Entscheidung wieder zurück. Der nächste CommandButton zeigt nach seiner Betätigung die neue PictureBox an.

TextBoxen sind für Eingabe und Ausgabe wichtig.

Zum Abschluss dieses Punktes jetzt noch ein Blick auf die **TextBoxen** rechts oben. Auch hier sind mehrere überlagert worden. Das Prinzip ist genau wie bei den PictureBoxen.

Im Programm ist jeder einzelnen TextBox eigener Text zugewiesen worden. Hier hätte man anders programmieren können, nämlich so, dass einer einzigen TextBox zur Laufzeit des Programms unterschiedlicher Text zugewiesen wird.
Wie diese Textzuweisung erfolgt, erkennen Sie nach Klick auf die oberste Box und Betätigen von F4 (Eigenschaftenfenster). Die Eigenschaft *Text* zeigt rechts einen Pfeilbutton. Ein Klick hierauf öffnet ein Fenster mit den eingegebenen Textzeilen (**Bild 2.24**).

Bild 2.24:
Inhalte in Text-
Box eingeben
(*MultiLine=True*)

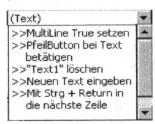

Die Eingabe von Text in eine Text-Box wird mit Return abgeschlossen. Die gleiche Wirkung erzielen Sie, wenn Sie im Eigenschaftenfenster einfach eine andere Eigenschaft mit der Maus anwählen (ohne Betätigung von Return).

Zu 3: Ein erster Blick in das ProgrammCode-Fenster soll dieses Kapitel beschließen.

*   Zur Analyse sollten Sie zuerst die Form *doppelt* anklikken. Das sich öffnende Codefenster gibt wichtige Informationen. Sie sehen, dass hier die *Standardprozedur* der Form (**Form_Load**) als Rumpfprozedur angezeigt wird, aber keinen ProgrammCode enthält; es ging ohne.

*   Jetzt wäre noch der CommandButton mit Caption „Problem" doppelt anzuklicken.

Hinweis: Sichten Sie die von mir „auskommentierten" Prozeduren des Programms. Hier sehen Sie, wie die Picture- und TextBoxen syntaxgerecht angesprochen werden. Auch sind erste Hinweise auf andere Programmierbausteine (Schleifen und Steuerelementefelder) zu finden. Hierzu später mehr.
Auf weitere Details soll an dieser Stelle noch nicht eingegangen werden. Sollten Sie kontextbezogene Online-Hilfe benötigen, Sie wissen ja, wie: Klick auf das Steuerelement bzw. die Eigenschaft im Eigenschaftenfenster und danach F1.

Zu 4: Das Programm zur Laufzeit sollten Sie selbst untersuchen! Achten Sie auf den *Fokus* und die Abläufe.
Zur Ergründung Sie interessierender programmtechnischer Fragen können Sie die entsprechenden Command_Click-Prozeduren durchforschen. Viele Details der Programmierung lassen sich so bereits jetzt ausmachen, nur, für das Durcharbeiten des erst mit Kapitel 3 beginnenden eigentlichen Lehrgangs ist dies alles jetzt noch nicht erforderlich.

Wichtige Techniken (Oberfläche gestalten, Kommentieren u.a.)	
Was?	**Wie?**
Codefenster	Öffnen durch Doppelklick auf Objekt.
Eigenschaften-fenster öffnen	Objekt markieren und F4 betätigen, oder Toolbar-Button anklicken.
Elemente sperren	Schlosssymbol anklicken, Kontextmenü.
Kommentieren	Kommentarzeilen beginnen mit Hoch-komma (') oder Schlüsselwort *Rem.*
Formgröße ver-ändern	Mit Mauszeiger auf Formrand oder Ecke gehen. Doppelpfeil. Größe durch Ziehen ändern (Maustaste gedrückt halten).
Objekt pixelge-nau ausrichten	Objekt markieren und dann Strg - Ta-ste drücken. Pfeiltasten zum Bewegen.
Steuerelement auf Form platzieren	Gewünschtes Steuerelement aus Werk-zeugsammlung wählen und danach: a) *Doppelklick* auf Steuerelement erzeugt Objekt. Objekt dann verschieben. b) *Einfachklick* auf Steuerelement. Mit Mauszeiger auf Form. Wird „+". Linke Maustaste drücken, gedrückt halten und Größe des Objekts aufziehen.
Steuerelement markieren	Ein Mausklick auf das Objekt markiert es. „Anfasser" werden sichtbar.
Steuerelemente (mehrere) ge-meinsam markie-ren	a) Rahmen über mehrere Elemente hin-weg mit der Maus aufziehen. b) Strg Taste gedrückt halten und ein-zelne Objekte anklicken.
Steuerelement vergrößern, ver-kleinern oder verschieben	a) Vergrößern und verkleinern wie bei der Form beschrieben. b) Element anklicken und bei gedrückt gehaltener linker Maustaste bewegen.
Steuerelement lö-schen	Objekt markieren (durch Mausklick) und dann Entf - Taste drücken.
Steuerelemente gemeinsam bear-beiten	a) Löschen mit Entf - Taste. b) Verschieben mit Maus oder Strg + Pfeiltasten. c) Größe ändern mit Shift + Pfeiltaste.

3

Die Basis erarbeiten – Grundlagen

> ## In diesem Kapitel finden Sie Informationen zu ...
> - Unser erstes Programm – Kreisfläche I.
> - Variable und Konstante.
> - Datentypen, Deklaration und Operatoren.
> - Eigenschaften und ProgrammCode.
> - Analyse – Das Besondere an *Visual Basic.*
> - Programm-Varianten (u.a. Verzweigung mit If-Then-Else, Select Case, Change-Ereignis,...).
> - Einführung in die Grafikprogrammierung (Hier: Koordinatensystem, Achsen zeichnen, Hintergrund mit Linien oder Raster, For...Next → die Zählschleife).

3.1

Lösung in:
*KP3_1_1\
KREIS_A.VBP*

**Projekt
Kreisfläche**

Unser erstes Programm – Kreisfläche I

Die Einführung in die konkrete Programmierarbeit erfolgt am Beispiel einer einfachen Kreisflächenberechnung. Dieser Sachinhalt bietet einige Vorteile, die kurz genannt seien:

- Das Beispiel ermöglicht es, deutlich zu machen, wie Programmierer denken, um eine Lösung zu entwickeln.
- Wegen des simplen Sachanspruchs tauchen keine besonderen Probleme mit dem Lösungsalgorithmus auf, so dass die Gedanken frei sind für programmtechnisch Grundlegendes. Dies ist für Programmier-Einsteiger wichtig.
- Dennoch müssen sämtliche Teilaspekte, die für das Programmieren wesentlich sind, betrachtet und bearbeitet werden. Dies ist am gewählten Beispiel möglich.

Bedeutsame Teilaspekte sind...

1. Variable Größen
Der Radius **R** und die Fläche **A** sind als Eingabe- bzw. Ausgabegröße zu verarbeiten.

2. Konstante
Die Kreiszahl π – als Konstante im Programm *PI* genannt – ist einzuarbeiten und zu berücksichtigen.

3. Formoberfläche

EVA-Prinzip

Die notwendigen Operationen müssen – entsprechend dem *EVA-Prinzip* (**E**ingabe, **V**erarbeitung, **A**usgabe) – ermöglicht werden. Hierzu ist die Formoberfläche zu entwerfen und aus Steuerelementen aufzubauen. Die notwendig zu verwendenden Objekte sind Label, TextBox und CommandButton, die Sie bereits aus Kapitel 2 kennen.

4. Codierung

Ein erster einfacher Lösungsalgorithmus ist einzugeben und zu testen. Hierbei lernen Sie die Eingabe und Verarbeitung von Zahlenwerten kennen.

5. Besonderheiten

Einige erste programmtechnische Besonderheiten (neue Rechnung ermöglichen, Programm aus der Benutzeroberfläche heraus beenden) können verdeutlicht werden.

3.1.1   **Oberfläche vorbereiten**

Für ein Programm zur Berechnung beliebiger Kreisflächen ist die Oberfläche der Form zu entwickeln. Die Vorgaben, die berücksichtigt werden sollen, sind nachstehend aufgelistet.

• Als *Eingabegröße* wird der *Radius* **R** des Kreises in <mm> gewählt. Die Eingabe des Zahlenwertes für **R** erfolgt in einer *TextBox.*

• Mit der Variablen **R** soll das Programm die *Kreisfläche* **A** in <mm^2>, ebenfalls eine Variable, berechnen. Zur *Ausgabe* des Rechenergebnisses ist eine zweite TextBox vorzusehen.

• Der Form-Oberflächen-Entwurf, der im Programm verwirklicht werden soll, sei vorgegeben (**Bild 3.01**). Bei Ihren Projekten wird dies am Anfang der Programmentwicklung eine Skizze sein, die Sie entworfen haben.

Bild 3.01:
Projekt
Kreisfläche (I),
Oberfläche

Hochzahl (^{2}) ➔
wird mit den Tasten [AltGr]+[2]
erzeugt.

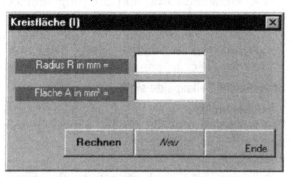

Ziel ist es, die Inhalte von Kapitel 2 (Vorbereiten einer Programmoberfläche durch Integrieren und Anpassen von Steuerelementen) anzuwenden, zu trainieren und zu sichern. Deshalb hier ein weiteres *Übungsangebot.*

Arbeitsschritte

Übung 3.1.1: Form für KREIS_A.VBP realisieren

1. Starten Sie VB und entwickeln Sie nach Vorgabe (Bild 3.01) die Oberfläche der Form. Verdoppeln Sie die Maße der Darstellung im Buch und legen Sie diese der Formgröße zu Grunde. Beginnen Sie bei der Positionierung der Steuerelemente auf der Form mit den CommandButton!

2. Zur Entwurfszeit soll der vorgegebene Formaufbau (s. Bild 3.01) entstehen. Zur Laufzeit s. Punkt 9.

3. Verändern Sie insbesondere auch die *BorderStyle*-Eigenschaft der Form. Welches BorderStyle wurde bei der Form vorgesehen? Welche Auswirkungen hat dies bezüglich der Programmbeendigung? Test.

4. Nutzen Sie bei der Programmvorbereitung die in Kapitel 2 gegebenen Hinweise zur Oberflächengestaltung (für Form und Steuerelemente).

5. Als *Objekte* sind auf der Form zu platzieren (**Tab. 3.01**):

Tab. 3.01:
Zu verwendende
Objekte

Objekt	Symbol	Zweck	Hinweise
Bezeich-nungsfeld (*Label*)	A	Anzeige von Text auf der Form („Radius R in <mm> = " ...)	Eigenschaft Caption (festlegen)
Textfeld (*TextBox*)	abl	Aufnahme und Ausgabe von Werten für Radius „R" bzw. Flächengröße „A"	Eigenschaft Text (Vorgabe löschen)
Befehls-schaltfläche (*Command-Button*)	☐	Auslösen von Programmaktionen (Berechnen, Neue Rechnung, Programmende)	Eigenschaft Caption (festlegen)

Oft gebraucht:
BackColor,
ForeColor,
BorderStyle
und *Font*

6. Experimentieren Sie bei Form und Steuerelementen mit den Eigenschaften Farbe, Stil, Schriftart, Schriftgröße, Schriftposition u.a. (im Eigenschaftenfenster sind dies → *BackColor, ForeColor, BorderStyle, Font, Alignment*...).

7. Welche Formelzusammenhänge gelten bei unserer Aufgabe? Erinnern Sie sich noch? Was hat die Formel mit dem Programm zu tun?

8. Welche *konkreten* Aufgaben sollten nach Ihrer Sicht die drei Befehlsschaltflächen (CommandButton) übernehmen?

9. Starten Sie nach Fertigstellung der Oberfläche das Programm mit ▶ (bzw. mit F5)! Was fällt gegenüber Bild 3.01 auf? Sie merken: Ohne ProgrammCode läuft nichts. Dennoch: Klicken Sie überall mal auf die Objekte. Feststellungen?

10. Für Tüftler: Kann man den Ende-Button (Bild 3.01) wirklich *so* erzeugen? Wenn ja, wie? – Oder habe ich mit Taschenspielertricks gearbeitet?

Bei Fragen, die noch nicht behandelt wurden, gibt es verschiedene Wege:

• Probieren (Learning by Doing).	Prima!
• Online-Hilfe zu Rate ziehen, z.B. bei der TextBox.	Sehr gut!
• Im Buch „nach vorne blättern" und suchen.	Auch gut!
• Lösung auf Buch-CD sichten *(KP3_1_1\KREIS_A.VBP)*.	Für Eilige!
Wenn Sie mich fragen:	Alles ist erlaubt!

Basiswissen des Programmierers

Hinweis:
Nachdem Sie die Form vorbereitet haben, geht es an die nächsten Programmierschritte. Zuvor soll jedoch wichtiges *Basiswissen* des Programmierers erarbeitet werden. Hierzu sind die Abschnitte 3.1.2 und 3.1.3 vorgesehen. Dort geht es um programmtechnisch bedeutsame Begriffe wie *Variable*, *Konstante*, *Datentyp*, *Deklaration* und *Operator*. Wer bereits Programmierkenntnisse mitbringt, kann sich mit einem Überfliegen dieser Bereiche begnügen.

Den Einsteigern jedenfalls sei geraten, sich mit diesem Exkurs gründlich auseinander zu setzen.

3.1.2 Variable und Konstante

• Variable

Aus den vorstehenden Ausführungen ist zu entnehmen, dass wir unserem Programm bestimmte Daten übergeben müssen (Eingabe). Wir haben als Eingabegröße den *Radius* gewählt. Beim Radius eines Kreises (= Halbmesser) handelt es sich um eine physikalische Größe der Länge. Innerhalb unseres Programmes stellt er eine so genannte *Variable* dar, auf die über einen zugewiesenen Namen (wir wählen hierfür das übliche Formelzeichen **R**) zugegriffen werden kann.

Begriff Variable

Programmtechnisch gesehen ist eine *Variable* ein *Bezeichner* für einen veränderlichen Wert. Dieser Bezeichner erhält von *Visual Basic* einen Speicherplatz zugewiesen, auf dem VB den jeweils geltenden Wert der Variablen ablegt und von dem es den Wert bei Anforderung auch wieder abruft. Dieses *Reservieren* von notwendigem Speicherplatz erfolgt durch VB automatisch. Maßstab für die Größe des reservierten Speicherplatzes ist der *Datentyp*, den Sie der Variablen in einer Deklaration zugewiesen haben (hierzu s. Kap 3.1.3).

Aus Gründen der Verständlichkeit (→ für den Nutzer bedeutsam) und der *eindeutigen* Identifizierungsmöglichkeit (→ für das Programm wichtig) sind bei der Vergabe von *Variablennamen* bestimmte Richtlinien einzuhalten.

Regeln für die Benennung von Variablen

Es gelten in *Visual Basic* folgende *Konventionen* (Regeln, Vorgaben, Richtlinien) für die Benennung von Variablen:

- Der Name muss mit einem *Buchstaben* beginnen.
- VB-*Schlüsselwörter* sind geschützt und dürfen nicht verwendet werden. So ist z.B. „Print" als Variablenname *nicht* zulässig und würde bereits im Entwurfsmodus die Fehlermeldung „Erwartet: Anweisungsende" hervorrufen.
- Es dürfen *keine Leer-, Satz- oder Sonderzeichen* verwendet werden. So ist z.B. nicht erlaubt, Umlaute (ä, ü, ö) oder Satzzeichen (. , ; : etc.) zu verwenden. Auch das „ß" ist nicht zulässig. Erlaubt dagegen ist der Unterstrich (_).
- Variablennamen dürfen – doch niemand wird es nutzen – maximal *255* Zeichen lang sein.

In unserem Fall genügt es ohne weiteres, dass wir für den Radius als Variablenbezeichnung das Formelzeichen **R** und für die Fläche **A** wählen. Beide Benennungen sind in der Technik gebräuchlich. Alternativ wäre auch *Radius* bzw. *Flaeche* möglich, nur werden die Formeln unhandlich, weshalb wir darauf verzichten wollen.

Bei Variablen: Kein Unterschied zwischen Groß- u. Kleinschreibung!

Hinweis: *Visual Basic* unterscheidet nicht zwischen Groß- und Kleinbuchstaben. *A* ist für VB gleich *a*. Sollten Sie im Algorithmus an späterer Stelle aus Versehen statt eines *A* ein *a* schreiben, so korrigiert VB selbsttätig sämtliche Benennungen im ProgrammCode, so dass in jedem Fall Eindeutigkeit vorliegt. Testen Sie dies im Programm.

• Konstante

Konstante Größen, wie z.B. die Kreiszahl π oder die *Eulersche* Zahl **e** (= Basis des natürlichen Logarithmus = 2,7182818..), sind in VB nicht automatisch aufrufbar, also nicht implementiert. Der Programmierer muss seinem Programm diese Konstanten explizit bekannt machen, also eingeben, zuweisen oder berechnen lassen.

Die Kreiszahl π (= 3,14159265358979...) ist eine irrationale Zahl, die Sie – von der Stellenzahl nach dem Komma her gesehen – irgendwann abbrechen müssen. Eine gute Näherung erhält man durch die Berechnungsformel **π = 4 * Atn(1)**.

Bei der **Zuweisung** müssen Sie folgendes beachten:

Kreiszahl π (PI), in der Technik sehr wichtig

- Als Konstantenbezeichnung dürfen Sie keine griechischen Buchstaben verwenden! Für „π" setzen wir „*PI*".

- Der Rechner kann maximal Zahlen bis zu 16 Stellen (Dezimalpunkt und eine Stelle vor dem Komma mitgerechnet) verarbeiten. Es macht also keinen Sinn, mehr Stellen einzugeben. Zudem sollten Sie bedenken, dass „Nur so genau wie nötig!" für den Techniker eine Grundregel darstellt.

- Bei der Zuweisung von π dürfen Sie keinesfalls schreiben: PI = 3,14159265358979 (also *mit* Komma!). **Wichtig:** Ersetzen Sie das Komma durch einen Punkt! Sollten Sie dies vergessen, so wird VB Sie bereits während der Eingabe mit der Fehlermeldung „Erwartet: Anweisungsende" wachrütteln. Test!

3.1.3 Datentypen, Deklaration und Operatoren

• Datentypen

Visual Basic stellt dem Programmierer eine große Zahl verschiedener *Datentypen* zur Verfügung. In diesem Buch werden nur die für mathematisch-naturwissenschaftliche Fragestellungen bedeutsamen Datentypen angeführt (**Tab. 3.02**).

Tab. 3.02:
Datentypen (Zeichen* → bedeutet **Typkennzeichen**)

Wichtige Datentypen (Auswahl)			
Typ-name	**Zei-chen***	**Speicher-bedarf**	**Erklärung**
Boolean		2 Bytes	Für Ja/Nein-Informationen
Double	#	8 Bytes	Bis 14 Nachkommastellen
Integer	%	2 Bytes	Kleine Ganzzahl
Single	!	4 Bytes	Bis 6 Nachkommastellen
String	$	1 Byte je Zeichen	Zeichenkettenfolge mit fester oder variabler Länge
Variant		16 Bytes + 1 Byte je Zeichen	Universeller Datentyp (Standard-Datentyp)

Nur erwähnt *Byte, Long...*

Die nicht näher betrachteten Datentypen heißen *Byte* (Ganzzahl von 0 bis 255), *Long* (lange Ganzzahl = Long Integer), *Currency* (für Währungen, bis 4 Stellen nach dem Dezimalpunkt, keine Rundungsfehler), *Date* (Datumstyp) und *Object* (für Verweise auf Objekte). S. Online bzw. Handbücher.

Variant = Standard-Datentyp, nur dort verwenden, wo unbedingt nötig!

Visual Basic verwendet, wenn Sie Ihren Variablen keinen speziellen Datentyp zuweisen, standardmäßig den Datentyp *Variant* (neuer Standard-Datentyp). Dieser ist universell einsetzbar, kann also Zeichenketten, Zahlentypen aller Art u.a. verarbeiten. *Typumwandlungen* (**Str$** bzw. **Str, Val**, s. Kap. 3.1.4 unter ProgrammCode) sind überflüssig. Dies hört sich durchweg positiv an, aber schon der Blick auf den erforderlichen Speicherbedarf lässt Grenzen erahnen. Microsoft selbst betont in den Handbüchern, dass der Programmierer, will er Speicherplatz sparen und einen schnell ausführbaren ProgrammCode erstellen, andere Datentypen – soweit sinnvoll und möglich – verwenden sollte.

Beispiel: In Schleifendurchläufen, in denen eine ganz bestimmte Durchlaufzahl eingehalten werden soll, ist der Datentyp *Integer* (Ganzzahl) der bestgeeignete. Auch wäre zu bedenken, ob Sie immer so genau wie möglich (*Double*) rechnen müssen. In jedem Fall sollten Sie sich Gedanken über die Wahl des jeweiligen Datentyps machen, ehe Sie entscheiden. Dies erleichtert es auch, etwaige Fehler zu finden.

Wertebereich beachten!

Hinweis zum *Wertebereich* eines Datentyps:

Hierunter versteht man den Zahlenbereich, innerhalb dessen der jeweilige Datentyp verwendet werden kann. Für einen *Integer*-Wert ist das – um ein Beispiel zu geben – der Zahlenbereich von -32.768 bis 32.767 (s. Online-Hilfe). Nimmt die als *Integer* deklarierte Variable während der Programmausführung Werte außerhalb dieses Bereichs an, so bricht Visual Basic mit der Fehlermeldung *„Laufzeitfehler '6': Überlauf“* ab (s. hierzu auch Kapitel 2, Bild 2.21).

• Deklaration

Zum Begriff Deklaration

Variable bzw. Konstante müssen in *Visual Basic* dem Programm bekannt gemacht werden. Geschieht dies mit vorgegebenen Schlüsselwörtern (*Dim, Const*), so nennt man es *deklarieren*. Durch die Deklaration wird der *Gültigkeitsbereich* der Variablen bzw. Konstanten auf Programmebene festgelegt und gleichzeitig von VB der notwendige Speicherbedarf reserviert. Bedeutsam ist hierbei, an welche Stelle im Programm die Deklarationszeilen geschrieben werden.

Jedoch – man kann Variable in VB auch *ohne* Deklaration einführen, was bei kleinen, überschaubaren Programmen durchaus möglich ist. Bei größeren Projekten dagegen sollte, da man sonst leicht den Überblick über seine Variablen verliert, der klarere Weg der Deklaration gewählt werden.

Wo deklarieren? *Visual Basic* lässt für die Deklaration von Konstanten bzw. Variablen verschiedene Möglichkeiten zu:

- Auf Prozedurebene (= niederste Ebene),
- auf Modulebene (z.B. in einem Formmodul) oder
- in einem BAS-Modul (global gültig für alle Projekt-Module).

Wir werden alle drei Möglichkeiten konkret in Kürze anwenden. Nur so viel sei jetzt schon gesagt:

Eine in einer Prozedur deklarierte Variable oder Konstante ist auch nur dort bekannt. In anderen Prozeduren kann man also nicht auf sie zurückgreifen. VB setzt sie, tut man es dennoch, standardmäßig auf Null bzw. bei Zeichenketten-Variablen (*String-Variablen*) auf einen Leerstring (""). Dies bedeutet aber gleichzeitig, dass Sie in anderen Prozeduren Variable *gleichen* Namens verwenden dürfen, ohne dass es zu Problemen führen muss.

Wie auf Prozedurebene deklarieren? Mit *Dim* u. *Const!* Die Bekanntmachung auf *Prozedurebene* geschieht einfach in der Weise, dass die Deklarationszeilen an den Anfang der Prozedur gesetzt werden. Für Variable verwendet man das Schlüsselwort **Dim**. Bei Konstanten wird die Zahlengröße dem Konstantennamen, dem das Schlüsselwort **Const** vorgesetzt wird, zugewiesen (durch =, Zuweisungsoperator). Lässt man *Const* weg, so kann der Wert der Größe während der Programmausführung verändert werden, was für eine echte Konstante natürlich unzulässig ist. Haben Sie z.B. eine Konstante *ZahlY* mit *Const ZahlY = 1000* deklariert und versuchen, im Verlauf der Projektausführung *ZahlY* mit einem anderen Wert zu belegen (etwa durch die Zuweisung *ZahlY = 400*), so reagiert VB mit folgender Meldung (**Bild 3.02**):

Bild 3.02:
Kompilierfehler

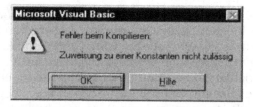

Hieran erkennen Sie, dass VB eine mit *Const* festgelegte Konstante auch so erhält. *ZahlY* als Bezeichnung ist geschützt und Sie müssen für die neu einzuführende Konstante (bzw. Variable) einen anderen Namen festlegen!

**Single (!),
Double (#),
Integer (%)
[s.a. Tab. 3.02]**

Die Deklaration der Variablen **R** auf Prozedurebene erfolgt mit dem Datentyp *Single* (= Gleitkommazahl mit einfacher Genauigkeit), der bis zu 8 Ziffern einer Zahl (Dezimalpunkt mitgezählt) anzeigt. Wird die Zahl mit mehr als 8 Ziffern übergeben, so wird abgeschnitten und gerundet. Diese Genauigkeit genügt für Radien vollauf, so dass der Datentyp *Double* (doppelt genaue Gleitkommazahl, die 16 Ziffern ermöglicht) nicht notwendig wird. Datentyp *Integer* (Ganzzahl) ist hier nicht sinnvoll. Die Deklaration von **R** lautet:

**Deklaration von
Radius R**

```
Dim R As Single          'oder
Dim R!                   'mit Typkennzeichen
```

Der Zahlenwert der Kreiszahl π (= 3.14...) wird dem Namen *PI* zugewiesen! Der *Zuweisungsoperator* ist in VB standardmäßig das Gleichheitszeichen. Die Deklarationszeile lautet:

**Zuweisungs-
operator** ist bei
VB das Gleich-
heitszeichen!

```
Const PI = 3.14159265358979323
```

Die Stellenzahl von PI ist hier zu groß gewählt. VB kürzt automatisch auf 16 Stellen (14 Nachkommastellen). Da kein Datentyp zugewiesen wurde, nimmt VB den Standard-Datentyp *Variant* an (entspricht stellenzahlmäßig dem *Double*-Typ). Würde man einen Datentyp zuweisen, z.B. *Single* (!) oder *Double* (#), dann würde ebenfalls gekürzt. Bei Single würde mit PI = 3.141593 (letzte Stelle aufgerundet) gerechnet.

Static sichert bei
Verlassen einer
Prozedur den
momentanen
Variablenwert.

Noch ein anderer Aspekt: Zu beachten ist, dass die in einer Prozedur deklarierten Variablen beim Verlassen der Prozedur ihren Wert verlieren, also zu *Null* gesetzt werden. Will man dies nicht, so muss das Schlüsselwort **Static** bei der Deklaration vorgesetzt werden. *Beispiel:*

```
Static Zaehler As Integer
```

Hat die Variable *Zaehler* innerhalb der Prozedur einen bestimmten Wert angenommen, so merkt VB sich diesen Wert und verwendet ihn bei erneutem Aufruf der Prozedur weiter.

Deklarieren auf
Modulebene
(Formmodul)

In einem **Formmodul** wird zur Deklaration einer Variablen eine Zeile wie im Beispiel oben geschrieben. Jedoch muss hierzu im Code-Fenster der Form die Rubrik *Allgemein/(Deklarationen)* geöffnet werden (vgl. **Bild 3.03**). Die Deklaration der Konstanten wird ebenfalls hierhin geschrieben, allerdings – um die Übersicht zu behalten – in eine neue Zeile. Weiter ist zu beachten, dass man dem Bezeichner das Schlüsselwort *Const* voranstellen *muss!* Tun Sie es nicht, meldet VB den Fehler: „Außerhalb einer Prozedur ungültig". Test!

Option Explicit

Wenn Sie den Ausdruck *Option Explicit* in den Deklarationsabschnitt schreiben, achtet VB darauf, dass Sie sämtliche Variablen auch deklarieren. Dies erleichtert die Fehlersuche und kann fest eingerichtet werden. Hierzu *Menü Extras/Optionen*, Registerkarte Editor öffnen und CheckBox „Variablendeklaration erforderlich" anklicken, so dass ein Häkchen erscheint.

Bild 3.03:
Deklarationsabschnitt in einem Formmodul
(s.a. Bild 4.15)

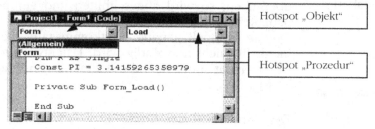

Hotspot „Objekt"

Hotspot „Prozedur"

Wie Sie Bild 3.03 entnehmen können, trennt VB die Deklarationszeilen durch einen Querstrich vom eigentlichen ProgrammCode, durch die Form_Load-Prozedur angedeutet, ab.

Global deklarieren mit **Public** oder **Global**.

Die Deklaration *globaler* Variablen oder Konstanten (sie erfolgt in einem BAS-Modul) wird erst bei fortgeschrittenem Programmierkönnen bedeutsam. Schlüsselwörter sind **Public** bzw. **Global** (wird weiter unterstützt). Spezielle Informationen können der Online-Hilfe entnommen werden. Zum Abschluß noch einige *Deklarationsbeispiele*:

Deklarationsbeispiele

```
Dim i, j As Integer 'Mehrere Variable in einer Zeile
Dim i%, j%            'sind zulässig. Mit Komma trennen.
'Die Zeilen sind jedoch nicht gleichwertig (i=Variant)
Dim Flag As Boolean, Zahl As Double
Dim a%, b!, c#        'Variablen verschiedenen Datentyps
Const Pi# = 3.1415... 'Typkennzeichen zulässig.
```

• Operatoren

In *Visual Basic* unterscheidet man arithmetische Operatoren, Vergleichsoperatoren und logische Operatoren. Die erstgenannten sind in **Tab. 3.03** zusammengefasst.

Tab. 3.03:
Operatoren

Arithmetische Operatoren	Erklärung des Operators	Vergleichsoperatoren	Erklärung des Operators
( )	Klammer	=	gleich
^	Potenzieren	<	kleiner als
		>	größer als
-	neg. Vorzeichen	<>	ungleich
*	Multiplikation,	<=	kleiner oder
/	Division		gleich
+	Addition	>=	größer oder
-	Subtraktion		gleich

**Weitere Operato-
ren (logische..):
Not, And, Or...**

Weitere Operatoren, die in VB verwendet werden dürfen, sei-
en genannt, aber nicht näher erklärt: *Integer-Division (\),
Mod.* Die *logischen* Operatoren *And, Eqv, Imp, Not, Or, Xor*
sind in diesem Buch nicht systematisch behandelt. Sie finden
sie vereinzelt im Verlauf des Buches (z.B. bei den Verzweigungen) bzw. in verschiedenen Programmen.

Im Übrigen muss auch hier auf die Online-Hilfe und die
Handbücher verwiesen werden.

Hierarchie
(Rangordnung)
der Rechen-
operationen

Zur *Reihenfolge der Rechenoperationen,* wie sie vom Visual
Basic-Compiler abgearbeitet werden, lässt sich sagen:

* Zuerst werden Operationen innerhalb von Klammern bearbeitet. VB beginnt mit den inneren Klammern.
* Danach werden Potenzierungen ausgeführt,
* dann Punktrechnung (Multiplikation, Division)
* und zuletzt Strichrechnung (Addition, Subtraktion).

Folgen einander gleichartige Rechenoperationen im jeweiligen Ausdruck, so wird von links nach rechts abgearbeitet.

Sehr wichtig ist, dass der Programmierer Sicherheit darin er-
langt, beliebige mathematische Ausdrücke als ProgrammCode
syntaxgerecht einzugeben. Die Überprüfung der Rechnungen
erfolgt in der Testphase mit dem Taschenrechner.

Unbedingt zu beachten ist außerdem, dass Sie bei der Eingabe von Rechenanweisungen die einzelnen Operatoren sämtlich hinschreiben müssen. Dies ist besonders bei der Multiplikation (*) zu beachten, da das Malzeichen in der Mathematik
im Allgemeinen entbehrlich ist und man es deshalb oft nicht
hinschreibt. Also nicht **A = lb**, sondern **A = l * b.** Günstig ist
dabei, Eingaben dieser Art – Sie erinnern sich – ohne Lücken
einzutippen. VB rückt die Zeile, sofern sie syntaxgerecht geschrieben wurde, zurecht und gibt Ihnen somit ein Signal für
die richtige Schreibweise.

**Syntaxfehler,
logische Fehler**

In der nachstehenden Tabelle (**Tab. 3.04**) sind *Beispiele* für
die syntaxgerechte Eingabe einiger typischer mathematischer
Ausdrücke zusammengestellt. Sie dient dazu, insbesondere
dem Programmierneuling Sicherheit darin zu geben, wie Eingaben richtig zu erfolgen haben. *Syntaxfehler* werden vom
Compiler gemeldet, *logische Fehler* dagegen nicht. Letztere
muss der Programmierer selbst vermeiden und dabei hilft nur
gediegene Sachkenntnis und solide Aufarbeitung des Problems. Auf sachgerechten Lösungsalgorithmus und richtige
Formelumstellung ist zu achten.

Tab. 3.04:
Beispiele zur
Verwendung von
Operatoren
(durch Abdecken
der rechten Ta-
bellenhälfte als
Übung nutzbar)

Ausdruck in arithmetischer Schreibweise	Syntaxgerechte Schreibweise(n) in *Visual Basic*
lb	l * b
$\dfrac{gh}{2}$	g * h / 2 oder (g / 2) * h, aber auch g / 2 * h (!)
x^2	x ^ 2 oder x * x
$\dfrac{d^2\,\pi}{4}$	d ^ 2 * PI / 4 oder d * d * PI / 4 oder d * d / 4 * PI (!)
$\dfrac{a^2}{bc}$	a ^ 2 / b / c oder a * a / b / c oder a * a / (b * c) oder a / b * a / c
$\dfrac{x-3\,y}{z}$	(x - 3 * y) / z oder x / z – 3 * y / z oder x / z – 3 / z * y
$(a + b^2)^3$	(a + b ^ 2) ^ 3 oder (a + b * b) ^ 3
$(c : 3b)^2$	(c / (3 * b)) ^ 2 oder (c / 3 / b) ^ 2
$\dfrac{(g_1 + g_2)h}{2}$	(g1 + g2) * h / 2, aber auch (g1 + g2) /2 * h (!)

3.1.4   Eigenschaften und ProgrammCode

• Eigenschaften

Wenn Sie die Übung 3.1.1 bearbeitet haben, dann sind Ihnen sicher verschiedene Dinge klarer geworden. Um Ihnen auch jetzt eine gewisse Bestätigung zu geben, werden die Kernpunkte der Antworten zu den Fragen nachstehend zusammengefasst.

Sie hatten verschiedene Steuerelemente auf einer Form zu platzieren (2 Label, 2 TextBoxen und 3 CommandButton). Hierfür und für die Form sind die Eigenschaften, die einzustellen waren, nachstehend aufgelistet **(Tab. 3.05)**. Links in der Tabelle ist das jeweilige Control genannt, in der mittleren Spalte finden Sie die einzustellende Eigenschaft und rechts wird die Art der Einstellung dargelegt. Zu beachten ist: *Caption* und *Text* sind Zeichenketten (Stringausdrücke), werden aber im Eingabefenster nicht in Anführungsstriche gesetzt. Die Leerzeichen bei Command3 sind bedeutsam! Sie bewirken ein Verschieben des eingegebenen Textes auf dem Steuerelement. Hochzahlen (bis Exponent 3) werden im Editor mit [Alt Gr] und Taste 2 bzw. 3 eingegeben.

Hochzahlen
schreiben

Andere Eigenschaften sind durch die Wahl der Formgröße bzw. die Position der Form auf dem Bildschirm festgelegt. Dies ist leicht überprüfbar.

Tab. 3.05:
Eigenschaften
für Form und
Controls

Form bzw. Control	Eigenschaft	Eintragung
Form1	Caption	Kreisfläche (I)
	BorderStyle	3-Fester Dialog
Label1	Caption	Radius R in mm =
Label2	Caption	Fläche A in mm^2 =
Label1/Label2	BackColor	Dunkles Grau
	Alignment	2-Zentriert
Text1	Text	(leer)
Text2	Text	(leer)
Command1	Caption	Rechnen
	Font	fett
Command2	Caption	Neu
	Font	kursiv
Command3	Caption	Ende

Left, Top...
durch Position
und Größe des
Steuerelements
bestimmt

Öffnen Sie z.B. das Eigenschaftenfenster eines auf einer Form befindlichen Steuerelements, so können Sie dieses Fenster so einstellen, dass Sie gleichzeitig die Eigenschaften **Left** und **Top** des Steuerelements sehen können. Bei den Vorgabewerten in der rechten Spalte, an denen Sie bewusst ja nichts getan haben, sind irgendwelche Zahlenwerte zu sehen (Beispiel: 2055 bzw. 1380). Die genannten Eigenschaften beschreiben die Lage der oberen linken Ecke des Objekts in Bezug auf den umgebenden Container, hier die Form. Verschieben Sie das Steuerelement auf der Form, so sehen Sie, dass die beiden Zahlenwerte sich ändern. Sie können, wenn Sie weit genug mit dem Element nach links oder oben gehen, auch *negative* Werte erreichen. Verschieben Sie ein Control durch Tastenbewegung (Strg + Pfeiltasten), so können Sie es scheinbar auch ganz verschwinden lassen. Testen Sie dies!

Eingestellt ist als Standard **ScaleMode = 1 – Twip**.

**Neue Maßeinheit
in VB → Twip**

Twip ist die Maßeinheit, auf die wir später bei den Koordinatensystemen noch zurückkommen werden.

In gleicher Weise können **Height** und **Width** (Höhe und Breite) des Controls verändert werden.

Für Formulare gilt dies nur eingeschränkt. So sind hier (ab VB 5.0) die Eigenschaften *Left* und *Top* während der Entwurfsphase gleich Null gesetzt, denn die Form ist auf dem Projektträger links oben verankert. Die Lage zur Laufzeit bestimmen Sie anders, z.B. über *StartUpPosition* der Form.

StartUpPosition

Weshalb erkläre ich dies? – Ihnen soll bewusst werden, dass sich bei jeder Verschiebung oder Größenänderung einer

Form oder eines Steuerelementes automatisch lagebeschreibende Maße (Top, Left) oder größenbeschreibende (Height, Width) mit verändern bzw. verändern können.

Jetzt noch kurz zu einigen Erkenntnissen, die Sie aus der Übung gewinnen konnten:

- Wenn Sie – wie von mir angeregt – mit der Platzierung der CommandButton auf der Form begonnen haben, dann werden Sie nach dem Starten des Programms entdeckt haben, dass der Command1-Button (Caption „Rechnen") jetzt – zur Laufzeit – einen *gestrichelten* Rahmen erhalten hat. Sie kennen das schon, Command1 hat den *Fokus*. Dies ist einzig durch die Reihenfolge, in der Sie die Steuerelemente platziert haben, erfolgt. Bei einem Label (Bezeichnungsfeld) gibt es keine Kennzeichnung, weil es den Fokus nicht erhalten kann.

Label, Line... können den Fokus nicht erhalten!

Kontrolle: Sichten Sie im Eigenschaftenfenster des Command1-Buttons die Eigenschaft **TabIndex**. Sie werden erkennen, dass dieser Wert *Null (0)* ist. VB fängt beim ersten platzierten Control an, das über die *TabIndex*-Eigenschaft verfügt, einen *TabIndex* – beginnend bei 0 – zu vergeben. Untersuchen Sie dies. Das erste Control in der Reihe, welches den Fokus nach Programmstart erhalten *kann*, erhält ihn auch! Hätten Sie zuerst die Bezeichnungsfelder (Label) gesetzt, dann wären die Nummern 0 und 1 vergeben, das Control mit TabIndex 2 erhielte den Fokus. Günstig wäre es, wenn der Fokus direkt in TextBox1 erscheinen würde (Aufforderung zur Eingabe). Nichts leichter als das: Ändern Sie für diese TextBox den Wert für *TabIndex* auf 0 und schon ist's erledigt. *Visual Basic* wechselt den Wert einfach aus und reiht die Indices nach internen Regeln neu.

TabIndex bestimmt mit über den Fokus...

...und darf einfach geändert werden.

- Die Frage für Tüftler (Nr. 10) war kein Taschenspielertrick. Eine Verschiebung der Benennung erreichen Sie dadurch, dass im Eigenschaftenfenster bei Caption vor der Benennung „Ende" etliche Leertastenanschläge getätigt werden (vgl. Tab. 3.05). Allerdings ist in Windows 3.xx nur ein waagerechtes Verschieben möglich. Experimentieren Sie hiermit.

Text-Eigenschaft

Die TextBoxen zeigen nach der Platzierung auf der Form „Text1" bzw. „Text2" an. Eigenschaft **Text** aufsuchen und den Eintrag *Text1...* dort löschen, macht das Ein- bzw. Ausgabefeld leer (Eigenschaft Text = "", Leerstring, also Nichts). Dies ist in unserem Fall notwendige Bedingung. *Achtung:* Die Anführungszeichen nicht im Eigenschaftenfenster eingeben! Sie sind nur bei Zuweisungen zur Laufzeit erforderlich!

Die restlichen Fragen werden im Folgeabschnitt besprochen.

• ProgrammCode

Ab VB 5.0 wird standardmäßig die Einstellung der Pro-
grammCode-Anzeige so vorgenommen, dass Sie sämtliche
Prozeduren Ihres Programms – mittels VScrollBar kann man
die Liste rollen – im Überblick sichten können. Ändern ist im
geöffneten Code-Fenster leicht möglich (s. Bild 2.14, die
Button links unten!). Die *Tab-Schrittweite* ist standardmäßig
auf „4" eingestellt. Man braucht sie zum Einrücken bestimmter
Teile des ProgrammCodes, um eine übersichtlichere Struktur
des Listings zu erzielen. Es genügt aber eine Einstellung auf
„2" (Umstellen über *Menü Extras/Optionen/Editor*).

Befassen wir uns jetzt mit dem ProgrammCode.

Ein mögliches Listing zu *KREIS_A.VBP* besteht aus drei Com-
mand_Click-Prozeduren mit nur wenigen Programmzeilen.
Erläuterungen zu den Zeilen finden Sie als Kommentare
rechts neben der jeweiligen Programmzeile.

Tab-Schrittweite

*Einrücken schafft
Übersichtlichkeit!*

EVA-Prinzip

Kreisfläche I: *(KP3_1_1\KREIS_A.VBP)*

```
Private Sub Command1_Click()            'Rechen-Prozedur
    Dim R!, A!                      'Deklaration von Radius
    Const PI = 3.141593             'und Fläche als Single
    R = Val(Text1.Text)             'Eingabe →Radius
    A = R ^ 2 * PI                  'Verarbeitung →Fläche A
    Text2.Text = Str$(A)            'Ausgabe →Ergebnis in Text2
    Command2.SetFocus               'Fokus an Command2 übergeben
End Sub
Private Sub Command2_Click()            'Neu
    Text1.Text = ""                 'Leerstring ohne Lücke bewirkt
    Text2.Text = ""                 'Überschreiben des Boxeninhalts
    Text1.SetFocus                  'Fokus an Text1 übergeben
End Sub
Private Sub Command3_Click()            'Ende
    End                             'Beendet Programm
End Sub
```

Cursor auf Schlüsselwort setzen und ⌨F1 betätigen bringt –
meistens – kontextbezogene Hilfe (Testen Sie dies mit *Const*
aus dem oben stehenden Listing).

Command1: Das Objekt mit Namen „Text1" (= TextBox1,
die Eingabebox) liefert über die Eigenschaft *Text* (steht hinter
dem Punkt!) den *Eingabe*wert. Durch das vor die Klammer
gesetzte **Val** (= Value, Wert) wird aus der gelesenen Zeichen-
kette der TextBox (String), die als Zahlenwert interpretierbar
sein muss, infolge Umwandlung ein Zahlenwert gebildet, mit
dem gerechnet werden kann. Dieser Wert wird der Variablen
R zugewiesen! Der *Zuweisungsoperator* ist – wie erwähnt –
das Gleichheitszeichen. Mit dem Radius wird dann nach der

*Die VB – Funk-
tion **Val** wandelt
Strings in Zah-
lenwerte um
(Val → Zahl).*

**SetFocus-
Methode**

bekannten Formel **A = R²π**, die syntaxgerecht geschrieben werden muss (A = R ∧ 2 * PI oder A = R * R * PI), die Variable **A** (Fläche) bestimmt (*Verarbeitung*). Durch Umwandlung – es wird die VB-Funktion **Str** (bzw. **Str$**) verwendet (steht für String = Zeichenkette) – entsteht wieder ein Zeichenkettenausdruck, der der TextBox2 (*Text2*) zugewiesen wird. Dort erfolgt also die *Ausgabe* des Rechenergebnisssses. In der letzten Zeile wird die **SetFocus-Methode** angewendet, um den Fokus an den Command2 (Caption „Neu") zu übergeben!

EVA-Prinzip

Diese wenigen Zeilen beinhalten den gesamten Lösungsalgorithmus mit **E**ingabe, **V**erarbeitung und **A**usgabe!

Command2: Die ersten beiden Zeilen der Command2_Click wirken auf die TextBoxen. Und zwar wird ihnen über ihre Texteigenschaft jeweils ein *Leerstring* („"), den Sie ohne Leerzeichen schreiben sollten, übergeben. Dieser überschreibt den vorhandenen Eintrag und löscht damit den Boxeninhalt, so dass die neue Eingabe erfolgen kann. Die 3. Zeile übergibt den Fokus an Objekt **Text1** (für die neue Eingabe).

**Anweisung End
beendet das
Programm.**

Command3: Die Command3_Click hat nur eine Zeile mit dem Basic-*Schlüsselwort* „**End**". Hierbei handelt es sich um eine **Anweisung**, mit der das Programm beendet wird!

Alte Basic-Programmierer könnten jetzt fragen, wo Befehle wie *Input*, *Print* und *Cls* (Clear Screen) geblieben sind. Kurz geantwortet: Der Input-Befehl hat seine Bedeutung verloren. Er ist durch eine InputBox ersetzt worden. Die Eingabe erfolgt aber meist – wie auch in unserem Programm – über TextBoxen. *Cls* und *Print* sind in VB sog. *Methoden* geworden! Wir kommen später hierauf zurück. **Hinweis:** Mit *Cls* können Sie TextBoxen-Inhalte *nicht* entfernen!

3.1.5   Analyse – Das Besondere an VB

Bei *Visual Basic* gibt es, vergleicht man das Programm mit Basic-Versionen der guten alten DOS-Zeiten (QuickBasic, QBasic), markante Unterschiede zu verzeichnen. In jedem Windows-Programm, also auch bereits in unserem Kreisflächen-Programm, sind sie feststellbar:

*Visual Basic:
Unterschiede zu
DOS-
Programmen*

• VB kennt kein eigentliches Hauptprogramm mehr, in dem alle Anweisungen „der Reihe nach" abgearbeitet werden.

• Der Sprachumfang von VB ist im Vergleich zu den DOS-Versionen erheblich erweitert worden. Mehrere hundert Anweisungen stehen dem Programmierer zur Verfügung, um anspruchsvolle Windows-Programme zu erstellen.

- DOS-Programme belegten den gesamten Bildschirm, Windows-Programme laufen in einem Fenster (o. in mehreren).

- In DOS-Programmen musste man, sollten Grafiken erzeugt werden, innerhalb des Programms auf den so genannten Grafikmodus „umschalten". Windows-Programme dagegen sind in sämtlichen Details „Grafik pur". Dies bringt z.B. den Vorteil, dass vorhandene Schriftarten – die von Windows als Grafiken gesehen werden – skalierbar sind und auf der Form ausgegeben werden können (große Schriften).

VB-Programme sind objekt- u. ereignisorientiert.

- Die bedeutsamste Besonderheit aber ist, wie ein Blick auf den typischen Arbeitsplatz eines Programmierers (**Bild 3.04**) bereits andeutet, dass VB-Programme **objekt- und ereignisorientiert** sind.

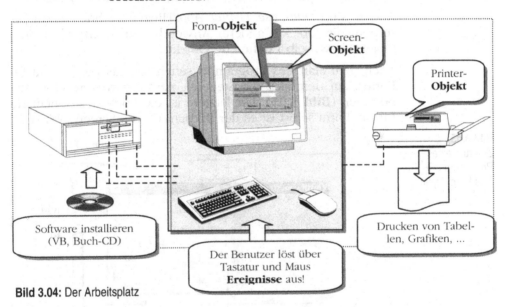

Bild 3.04: Der Arbeitsplatz

Was hat man hierunter zu verstehen? Was sind überhaupt **Objekte**?

Zum Begriff *Objekt*

Im Microsoft-Handbuch wird der Begriff *Objekt* sinngemäß als eine „Kombination von Code und Daten" beschrieben, die eine Einheit bilden und die der Programmierer selbst nicht schreiben muss, m.a.W. sämtliche Elemente der Windows-Oberfläche sind als Objekte anzusehen. Der Begriff ist aber umfassender, so dass wir wie folgt einteilen können:

Einteilung der
Objekte

1. *Objekte*, die VB dem Programmierer zur Verfügung stellt und die er in Programmen verwenden kann. Beispiele sind:
- Das *Form*-Objekt (die Form),
- die *Steuerelement*-Objekte der Toolbox,
- das *Menü*-Objekt u.a.

2. *Objekte*, die – von Fremdanbietern oder von Ihnen selbst (ActiveX-Steuerelemente) erstellt – in VB-Programmen verwendet werden können (so genannte *Zusatzsteuerelemente*).

3. *Objekte* der Windows-Programmierumgebung, auf die über ihre Namen von VB-Programmen aus zugegriffen werden kann. Hier seien insbesondere genannt:
- Das *Screen*-Objekt (der Bildschirm bzw. Desktop),
- das *Printer*-Objekt (der Drucker) und
- das *Clipboard*-Objekt (die Windows-Zwischenablage).

Andere sind *Database, Debug, App.* Hinzuzurechnen sind ausserdem die Objekte anderer Anwendungen (Beispiel: *Word*-Objekt) bzw. selbst definierte Objekte.

Nach dem Start des Programms sehen Sie das Formobjekt (= Form), auf dem sich die Steuerelemente (= weitere Objekte) befinden (**Bild 3.05**). Für letztere ist die Form der Container, für die Form selbst ist es der Bildschirm (das Screen-Objekt).

Bild 3.05:
Zentrum eines
Programms →
Das Formobjekt

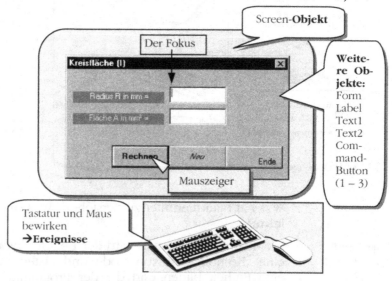

Objekte haben in der VB-Programmierung eine zentrale Bedeutung. Sie unterscheiden sich durch ihre speziellen **Eigenschaften**, **Ereignisse** und **Methoden**.

Den grundsätzlichen Zusammenhang zwischen diesen Begriffen soll **Bild 3.06** verdeutlichen.

Bild 3.06:
VB-Objekt-
Besonderheiten

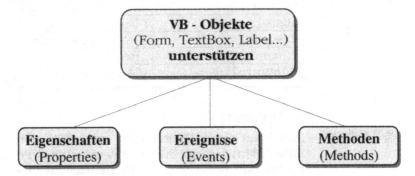

● **Eigenschaften**

Hierunter versteht man *Daten* (Einstellungen o. Attribute) eines Objekts, die der Programmierer festlegt oder abruft.
Allerdings kann er nur auf diejenigen Eigenschaften Einfluss
nehmen, die die VB-Entwickler diesem Objekt zugewiesen
haben. Zu beachten ist ferner, dass zur Entwurfszeit und zur
Laufzeit für das jeweilige Objekt in der Regel auf unterschiedlich viele verschiedene Eigenschaften Einfluss genommen werden kann. Die in *KREIS_A.VBP* gesetzten Eigenschaften sind in Tab. 3.05 (s. S. 51) zusammengestellt. Für das
Setzen einer Eigenschaft zur Laufzeit lautet die **Syntax**:

```
Objekt.Eigenschaft = (Angabe)
```

Beachten Sie, dass eine reguläre Zuweisung von (Angabe) mit
dem Zuweisungsoperator (=) erfolgen muss!
Beispiel:
```
Label1.Caption = "Radius R in <mm> ="    'Stringausdruck
```

● **Ereignisse**

Hierunter sind Aktionen zu verstehen, die – einmal ausgelöst
(Klick, Tastendruck...) – vom Objekt erkannt werden und
worauf der Code in einer *Ereignisprozedur* reagiert. Diese
Prozeduren werden von VB standardmäßig bereitgestellt. Sie
können durch *allgemeine* Prozeduren, die der Programmierer
selbst anlegen kann, ergänzt werden. Im Kreisflächenpro-
gramm wurde nur das Klick-Ereignis verwendet.
Anderes Beispiel: Durch Betätigen einer Taste der Tastatur
wird ein Tastatur-Ereignis ausgelöst, z.B. *KeyPress*. Die hierdurch aufgerufene Prozedur wird dann abgearbeitet. Weitere
Beispiele für Ereignisse sind in **Tab. 3.06** zusammengestellt.

57

Tab. 3.06:
Beispiele für
Ereignisse

Ereignis-Kategorie	Beispiel(e)
Daten-Ereignis	Change...
Fokus-Ereignis	Activate, GotFocus, LostFocus...
Maus-Ereignis	Click, MouseDown, MouseMove...
Tastatur-Ereignis	KeyDown, KeyPress, KeyUp
Timer-Ereignis	Timer
Windows-Ereignis	Close, Load, UnLoad...

• Methoden

Begriff *Methode*

Man kann sich darunter ganz spezielle, intern von den VB-Entwicklern eingerichtete Anweisungen, Prozeduren oder Funktionen vorstellen, die den einzelnen Objekten zugewiesen worden sind. Sie stellen Operationen dar, die ausgeführt werden sollen. Werden sie syntaxgerecht innerhalb von Prozeduren vorgesehen, so wirken sie nach ihrem Aufruf wie für spezielle Aufgaben entwickelte Werkzeuge. **Aufruf:**

```
[Objekt.]Methode [Argumente]    'Beispiel: Picture1.Cls
```
Beispiele für weitere Methoden s. **Tab. 3.07**.

Tab. 3.07:
Objekte
unterstützen
Methoden

		Objekte				
		Form	**Picture-Box**	**ListBox**	**Printer**	**Clip-board**
Methoden	*Circle*	X	X		X	
	Clear			X		X
	Cls	X	X			
	Print	X	X		X	
	SetFocus	X	X	X		
	Show	X				

Anmerkung: Für einige Objekte (*Screen, App*..) sind Methoden und Ereignisse nicht vorgesehen. Sie besitzen nur Eigenschaften, die der Programmierer abfragen kann. Weitere Informationen über einzelne dieser Objekte s. Online-Hilfe...

Übung 3.1: Auf Umfang erweitern *(in \KP3_1_Ue)*

1. Gestalten Sie das Programm *KREIS_A.VBP* in der Weise um, dass außer **A** auch der Umfang **U** des Kreises mit berechnet wird. Erforderliche Steuerelemente auf der Form zu platzieren und der ProgrammCode anpassen. Die Lösung finden Sie im Verzeichnis *KP3_1_Ue* als *KREIS_U.VBP*.
2. Welche Schwachstellen weist das Programm *KREIS_A.VBP* zurzeit noch auf? (Analyse, als Vorbereitung auf Kap. 3.2).

Begriff	Bedeutung
Datentypen	Boolean, Integer, Single, Double, String, Variant u.a. (s. Tab. 3.02 und Online).
Deklaration	Ist das Bekanntmachen von Variablen bzw. Konstanten. Erfolgt mit den Schlüsselwörtern **Dim, Const, Static, Public**... Erfolgt auf Prozedur-, Form- oder Modulebene (BAS-Modul).
End	VB-Anweisung (beendet Programm).
EVA-Prinzip	**E**ingabe, **V**erarbeitung, **A**usgabe. Sämtliche drei Komplexe sind im Programm nötig!
Fokus	Kennzeichnet aktives Objekt, das Maus- oder Tastatureingaben annehmen kann.
Konstante	Müssen dem Programm explizit bekannt gemacht werden. Setzt man der Bezeichnung das Schlüsselwort **Const** vor, dann sichert VB den Wert gegen Änderung.
Leerstring	Zeichenkettenfolge ohne Inhalt ("").
Operatoren	VB kennt arithmetische [**( )**,^,*,/,+,-], Vergleichs- [=,<,>,<>,<=,>=] und logische Operatoren [**And, Not, Or**...]. Das Gleichheitszeichen dient als Zuweisungsoperator!
Option Explicit	Wird in den Deklarationsabschnitt einer Form eingefügt. Zwingt zum Deklarieren!
SetFocus-Methode	*Syntax*: Objekt.SetFocus (Übergibt Fokus an bezeichnetes Objekt).
Typkennzeichen	Kennzeichnet Datentypen (Double → **#**, Integer → **%**, Single → **!**, String → **$**). Auch bei Konstanten möglich. Beispiel: PI! =...
Überlauf	Fehler: Der für den Datentyp zulässige Zahlenbereich wurde überschritten.
Variable	Name beginnt mit Buchstabe. Leer-, Satz- o. Sonderzeichen nicht zugelassen. Auch keine VB-Schlüsselwörter. Die gewählten Namen sollten den Begriff deutlich charakterisieren (nicht Var1, Var2...) und eindeutig sein.
VB-Objekte	Unterstützen **Eigenschaften**, **Ereignisse** und **Methoden**.

3.2   Programm-Varianten entwickeln – Kreisfläche II

Die Schwächen des Programms *KREIS_A.VBP* haben Sie sicher entdeckt. Wir wollen sie in den Varianten dieses Kapitels gezielt abbauen. Gleichzeitig sollen Ihnen am konkreten Beispiel, von *KREIS_U.VBP* ausgehend, weitere Programmiergrundlagen vorgestellt werden.

3.2.1   Variante 1 – Enabled, Locked, Icon, Bild u.a.

• Eingabe in Text2 verhindern

Lösung in:
*KP3_2_1\
KREIS_V1.VBP*

Auch wenn der Fokus nach Programmstart richtig in Text-Box1 zur Eingabe auffordert, kann ein Benutzer ihn mittels Maus nach *Text2* bzw. *Text3* setzen und hier eine – unerwünschte – Eingabe vornehmen.

Enabled und *Locked* verhindern Eingaben.

Dies zu verhindern ist einfach. Sie öffnen z.B. das Eigenschaftenfenster von *Text2* und setzen dort die Eigenschaft *Enabled* auf *False* (VB-Vorgabe ist *True*). Folge: Zur Laufzeit können Sie den Fokus nicht mehr nach *Text2* bringen(!), eine Eingabe dort ist also verhindert. Das Rechenergebnis wird dennoch angezeigt, wenn auch in *blasserer Schrift*. Wen dies stört, der kann statt *Enabled* auf *False* die *Locked-Eigenschaft* der TextBox von *False* (= Voreinstellung) auf *True* umstellen. Jetzt kann man zwar den Mauszeiger noch setzen, aber keine Eingabe mehr vornehmen. Testen Sie beide Möglichkeiten!

• Label statt TextBox verwenden

Eine weitere Möglichkeit besteht darin, die TextBox2 (für die Ausgabe von **A**) durch ein Label (Bezeichnungsfeld) zu ersetzen. Eine Eingabe wie bei TextBoxen ist hier nicht möglich, Ausgaben lassen sich aber realisieren. Und das geht so:

Label ersetzt
TextBox

a) Zuerst ersetzen Sie die TextBox (z.B. Text2, → markieren und löschen) durch ein Label. Da Sie bereits drei Label auf der Form von *KREIS_U.VBP* haben, erhält dieses von VB den Namen *Label4*. Dies könnten Sie über die *Name*-Eigenschaft ändern, nur müssen Sie dann die *Namenskonventionen*, die hier gelten (z.B. keine Doppelbezeichnungen...), beachten.

BorderStyle und
BackColor anpassen!

b) *Label4*, dessen *Caption* wir löschen, ändern wir jetzt im Aussehen so ab, dass es wie eine TextBox aussieht. In seinem Eigenschaftenfenster ändern Sie die Eigenschaft *BorderStyle* (Standard ist *0-Kein*) in *1-Fest Einfach*. Zusätzlich wird *BackColor* auf Weiß gesetzt und die Größe des Labels der von TextBox1 angeglichen. Hiernach unterscheiden sich die Steuerelemente zur Laufzeit rein optisch nicht mehr.

c) Die Ausgabe des Ergebnisses für **A** erfolgt durch:

```
Label4.Caption = Str(A) 'oder Str$(A)>> Stringausdruck.
```

Diese Zeile kommt an Stelle der Zeile für Text2.Text in die Command1_Click. Zu beachten ist, dass das Argument (hier der Rechenwert für **A**) in Klammern zu setzen ist!

Visible-Eigenschaft, SetFocus-Methode

- **Visible-Eigenschaft bzw. SetFocus-Methode nutzen**

Visible

Eine Eingabe in TextBox2 kann verhindert werden, indem die zusammengehörenden Objekte Text2 und Label2 während der Eingabe ausgeblendet werden. Dies erreicht man über die *Visible*-Eigenschaft der beiden Steuerelemente. Man setzt sie im Eigenschaftenfenster auf *False* (Standard = *True*). Über die Command1_Click wird *Visible* dann zurück auf *True* gesetzt. Die erforderlichen ProgrammCode-Zeilen lauten:

```
Text2.Visible = True
Label2.Visible = True
```

In der Command2_Click (Befehlsschaltfläche mit Caption „Neu") werden dieselben Zeilen mit Visible *False* eingegeben!

Maus- und Tastenaktionen abfangen!

SetFocus

Die Eigenschaft Text2.TabStop auf *False* setzen, dann Prozedur Text2_Click anlegen. Eintrag dort: *Text1.SetFocus*. Test dadurch, dass Sie versuchen, mit der Tab-Taste den Fokus in Text2 zu setzen, um dann eine Eingabe zu versuchen.

- **Icon in Form-Titelzeile setzen**

Wird *BorderStyle* der Form (Standard ist *2-Änderbar*) nicht geändert, so setzt VB in der Titelleiste (ganz links) ein eigenes Symbol (s. Randspalte), über das Sie das *Systemmenü* öffnen können. Ein anderes Icon, z.B. das von mir beigegebene *KREIS.ICO*, können Sie leicht integrieren. Öffnen Sie das

Icon-Eigenschaft

Eigenschaftenfenster der Form und suchen Sie dort die *Icon-Eigenschaft*. In der rechten Spalte steht „(Symbol)". Nach Anklicken des Drei-Punkte-Buttons öffnet sich der Dialog „Symbol laden". Hier Verzeichnis einstellen, ein Icon wählen, z.B. das *KREIS.ICO*, und die Wahl mit Button *Öffnen* abschließen.

Nach Start des Programms erscheint das gewählte Icon in der Form-Titelleiste. Wollen Sie ein falsch gewähltes Icon entfernen, so streichen Sie im Eigenschaftenfenster bei gedrückter linker Maustaste mit der Maus über den Ausdruck „(Symbol)". Der Eintrag wird markiert (invertiert) und kann durch Betätigen der ⌈Entf⌉ - Taste gelöscht werden. In der rechten Spalte steht jetzt „(Kein)", was bei Windows 95 nicht ganz richtig ist, denn jetzt wird das Windows-Symbol (s. Randspalte) gezeigt.

Vorteil: Durch eigene *Icon-Symbole* geben Sie Ihren Programmen eine persönliche Note, aber – wichtiger – erzeugte EXE-Dateien zeigen das Icon-Symbol im Explorer von Windows an, wodurch das Finden „Ihres" Programms erleichtert wird.

• Picture auf die Form bringen

Picture-
Eigenschaft

Hierzu das Eigenschaftenfenster der Form öffnen und die Eigenschaft *Picture* suchen. Verfahren Sie dann ebenso wie bei *Icon* beschrieben. Die gewählte Bilddatei (.ico, .bmp, .wmf, .jpg oder .gif) wird oben links auf der Form integriert. Größe und Position des Bildes können aber nur über ein *Image* (Stretch-Eigenschaft *True*, vgl. S. 36) beeinflusst werden. Test!

• Mit Shape und Line ein Bild zeichnen

Selbst Bilder zu entwerfen und auf der Form zu realisieren, ist in VB sehr einfach. Hierzu verwenden Sie die Steuerelemente *Shape* und *Line*, die Sie bereits kennen (Symbole links in der Randspalte zur Erinnerung).

Bevor wir auf der Form von *KREIS_U.VBP* ein Bild zeichnen, sollten Sie die Form vergrößern und die vorhandenen Label und TextBoxen etwas nach rechts verschieben. Hiernach zeichnen Sie zuerst ein Shape (aus der Toolbox) auf die Form. Standardmäßig liegt es zu Beginn als Rechteck (Index *0*) vor, kann aber auch andere Formen annehmen (**Bild 3.07**). Sie öffnen das Eigenschaftenfenster von *Shape1* und wählen für **Shape** *3-Kreis*. Danach können Sie Größe, Position, Strichstärke (*BorderWidth*), Farben (*BackColor, BorderColor*) und Stil (*FillStyle, FillColor*)... einstellen. Experimentieren Sie mit den Eigenschaften. Wer mehr wissen will, sichte das vorhandene Hilfsprogramm *KP7_4_11\SHAPE.VBP.*

Shape-
Eigenschaft

Bild 3.07:
Shape (Figuren-
Steuerelement)

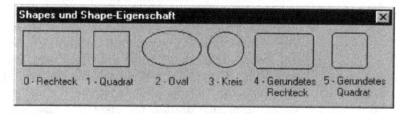

Nachdem der Kreis die richtige Größe und Lage hat, wollen wir noch Mittellinien und Bemaßungen hinzufügen. Hierzu verwenden wir das Steuerelement *Line*, mit dem Sie Geraden zeichnen können. Für die Strichstärke müssen Sie wie bei Shapes *BorderWidth* wählen. Um wenigstens eine Ähnlichkeit mit in der Technik gebräuchlichen Mittellinien zu erzielen, setzen Sie *BorderStyle* auf *4-Strich-Punkt. DrawMode* belassen wir bei *13-Stift kopieren.*

Die Güte der Darstellung bleibt in Grenzen, aber VB ist ja auch kein Zeichenprogramm. Und will man bessere Darstellungen haben, so bleibt die Möglichkeit des Einbindens richtiger Zeichnungen (vgl. Kap. 5.5.3).

● MaxButton auf False setzen

Die Eigenschaft *MaxButton* der Form *False* setzen (**Bild 3.08**, mittlerer Button in der Titelleiste rechts oben). Verhindert Veränderung der Formgröße. Programmtest mit *True* u. *False!*

● Mit Return-Taste oder Shortcut Rechnung starten

Default ist...

Hierfür ist die *Default-Eigenschaft* des CommandButton (Caption „Rechnen") zuständig. Button markieren, Eigenschaftenfenster öffnen und *Default* (Standard ist *False*) auf *True* setzen! Beobachten Sie den Button auf der Form. Mit Wechsel der Eigenschaft erhält er als Erkennungssymbol einen dunklen Rand. Drücken Sie jetzt zur Laufzeit die ⟨Return⟩ - Taste, so wird ohne Mausbetätigung die Command1_Click gestartet.

Shortcut mit
⟨Alt⟩+⟨R⟩

Eine andere Lösung ist mit *Shortcut* möglich. Hierzu setzen Sie vor das Caption „Rechnen" des Command1-Buttons im Eigenschaftenfenster ein „**&**". Neues *Caption* ist also „&Rechnen". Auf der Befehlsschaltfläche selbst zeigt sich jetzt aber „<u>R</u>echnen". Sie haben einen *HotKey* erzeugt, den Sie mit⟨Alt⟩+ unterstrichener Buchstabe (also **R**) auslösen können.

Nach diesen Änderungen am Projekt könnte es sich zur Laufzeit etwa wie folgt darstellen (Bild 3.08):

Bild 3.08:
KREIS_V1.VBP
zur Laufzeit

Kreis-Icon

BorderStyle = 4 →
(Strich-Punkt)

Cancel-
Eigenschaft

Das Programm weist noch einige Besonderheiten auf, die Sie ergründen können. Beispiele: *Print*zeile für Pi, Cancel *True* bei EndeButton → Beenden mit ⟨Esc⟩ u.a.

3.2.2

Variante 2 – Verzweigung mit If-Then-End If

• Rechnung nur nach erfolgter Eingabe

Lösung in:
KP3_2_2
KREIS_V2.VBP

Wenn Sie im Programm *KREIS_V1.VBP* aus Versehen *vor* der Eingabe den Command1 („Rechnen") betätigt haben, dann gibt VB als Ausgabe in den Boxen *0 (Null)* aus. Sachlich ist dies so zu erklären, dass der Zahlenwert der leeren TextBox der Variablen **R** zugewiesen wird, und das ist Null. Es läuft ohne Fehler ab, weil **R** nur als *Faktor* im Algorithmus vorkommt. Würde durch **R** geteilt, so würde der Fehler „Division durch Null" gemeldet. Fehler dieser Art sind leicht auszuschließen. Hierzu prüft man am Anfang der Rechen-Prozedur ab, ob *Text1* leer ist. Ist dies der Fall, so verlässt man – ohne in die Rechnung zu gehen – die Prozedur. Mit einer einfachen **If-Then-Anweisung** (Wenn-Dann-Beziehung) kann dies im Programm realisiert werden. Die **Syntax** lautet:

**If-Then-
Anweisung**
(Wenn-Dann-
Beziehung, auch
bedingte Ver-
zweigung ge-
nannt.)

```
If (Bedingung) Then (Anweisung)
```

Sie schreiben z.B. als erste Zeile in die Command1_Click:

```
If Text1.Text = "" Then Exit Sub          'einzeilig
```

Mit Exit Sub
Prozedur
verlassen

Wird der Rechnen-Button betätigt, ohne dass eine Eingabe erfolgt ist, dann ist die Bedingung *Text1.Text = ""* erfüllt. VB arbeitet obige Programmzeile also ab. Die Anweisung *Exit Sub* wird erreicht und zwingt zum sofortigen Verlassen der Prozedur, ohne dass die Rechnung ausgeführt werden kann.

Schöner wäre es allerdings, wenn der Benutzer mit einer Meldung auf die fehlende Eingabe (oder auf die Eingabe „0") aufmerksam gemacht würde. Hierzu stellt VB ein vielseitiges Werkzeug, die *MessageBox*, zur Verfügung.

MessageBox

Mit nachstehendem **If-Then-End If**-Block, der an den Anfang der Prozedur kommt, wird dies erreicht (**Bild 3.09**):

```
If Text1.Text = "" Or Text1.Text = "0" Then 'mehrzeilig
   MsgBox "Bitte Wert für R eingeben!", 0, "Achtung"
   Text1.Text = "": Text1.SetFocus: Exit Sub
End If
```

Bild 3.09:
Die angezeigte
MessageBox

Zu beachten:
- Leerstring ("") ohne Leerzeichen.
- Syntax der *MessageBox* beachten (s. weiter unten).
- TextBox-Inhalt löschen.
- Fokus in *TextBox1* setzen.
- Mit *Exit Sub* Prozedur verlassen.

Hinweis: Einen If-Then-End If-Block verwendet man, wenn mehrere Anweisungen hintereinander ausgeführt werden sollen. Zu beachten ist: Hinter *Then* muss ein ⌈Return⌉ gesetzt werden und der Block muss mit *End If* abschließen. *Exit Sub* muss am Schluss des Blocks stehen (vor *End If*)!

Zur MessageBox können Sie weitere Informationen in der Online oder den Handbüchern finden. Auf der Buch-CD befindet sich hierzu ein Hilfsprogramm, das es Ihnen erleichtert, die richtige Syntax in Ihre Programme einzufügen *(KP7_4_09\MSGHILF.VBP)*.

Als **Syntax** liefert die *Hilfe von Visual Basic* folgende Zeile:

MsgBox(prompt[, buttons][, title][, helpfile, context])

Leider ist den Entwicklern hier ein Fehler unterlaufen! Wenn Sie diese Zeile – achten Sie auf das „Klammer zu" [→)] – eingeben, so erhalten Sie folgende Fehlermeldung (**Bild 3.10**):

Bild 3.10:
Syntaxfehler in der VB-Hilfe bei *MsgBox*

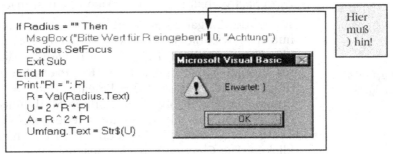

Die richtige Syntax muss für unseren Fall lauten:

Richtige Syntax

MsgBox(Meldetext), Buttons, Titel

Richtig wird es auch, wenn Sie die Klammer ganz weglassen! Nur ist zu beachten, dass Meldetext und Titel in Anführungsstriche (" ") zu setzen sind (Strings = Zeichenketten)!

Ergründen Sie Einstellmöglichkeiten der *MessageBox*, indem Sie für **Buttons** die *Werte* 0 bis 5, 16, 32, 48, 64 , aber auch aus Summen gebildete Zahlen, z.B. 16 + (1 bis 5), also 17, 18,...eingeben.

Bild 3.11:
Beispiel für MessageBox (Buttons: 4 + 32 = 36)

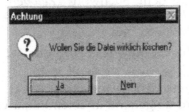

Sie werden neben vielgestaltigen Button-Angeboten auch verschiedene Symbole kennenlernen, die es Ihnen ermöglichen, für (fast) alle Fälle die *passende* Meldung auszugeben. Beispiel siehe **Bild 3.11**.

• Komma als Dezimaltrennzeichen bei Eingabe zulassen

Dezimaltrenn-
zeichen: Punkt
oder Komma?

Womöglich ist es Ihnen auch schon passiert, dass Sie als Dezimaltrennzeichen bei der Eingabe eines Zahlenwertes wie gewohnt das *Komma* getippt haben. VB erwartet jedoch bei Verwendung der *Val*-Funktion standardmäßig den *Punkt!* Nur – Sie erhalten keine Fehlermeldung. Folge: Der von VB ausgegebene Zahlenwert ist falsch, denn sämtliche Nachkommastellen werden stillschweigend weggelassen und es wird mit dem Integerwert gerechnet.

Ein gutwilliger Benutzer des Programms, der dies weiß, wird den Punkt setzen. Sie als Programmierer aber sollten diese Fehlerquelle bereits in Ihrem Programm ausschließen! Die hierzu geeignete *If-Then-Anweisung* erfordert allerdings zum Verständnis etwas tiefergehende Kenntnisse, die Ihnen in einem kleinen Exkurs vermittelt werden sollen.

Zwei Sachverhalte muss man sich bewusst machen:

KeyPress-
Ereignis

1. Bei der Eingabe von Werten über die Tastatur löst der Benutzer – wie Sie bereits wissen – ein *Tastaturereignis* aus (*KeyDown, KeyPress, KeyUp*). Wir nutzen für die Lösung unseres Problems hier speziell das **KeyPress-Ereignis** (➔ Taste drücken und loslassen) der Eingabe-TextBox. Wie man eine Ereignis-Prozedur einrichtet, kennen Sie bereits aus Kapitel 2 (vgl. Bild 2.15 – 2.16). Kurz wiederholt: Doppelklick auf TextBox1, Combo für Prozeduren öffnen, hier *KeyPress* anklicken. Die Change-Prozedur beachten wir nicht weiter.

ANSI-Code

2. In die KeyPress-Prozedur wird eine geeignete *If-Then-Anweisung* eingeschrieben. Vorher muss man sich klar machen, *was* genau geschehen soll. Immer dann, wenn über die Tastatur das Komma eingegeben wird (dies ist die *Bedingung*), dann soll an seiner Stelle der Punkt gesetzt werden (dies wird die *Anweisung*). Dazu muss man wissen, dass jedem Zeichen der Tastatur ein ganz spezieller Code (ASCII-Code) zugewiesen wurde, der im **ANSI-Code** enthalten ist. In einem Hilfsprogramm (*KP7_4_12\TASTEN.VBP*) finden Sie die 255 ANSI-Code-Nummern aufgelistet. In der Online-Hilfe müssen Sie unter dem Stichwort *„Zeichen"* (Zeichen aus ASCII-Codes) suchen! Ergebnis: Das *Komma* hat die Code-Nr. **44** und der *Punkt* die Nr. **46**.

Mit **KeyAscii**
Tasteneingaben
steuern

Dies nutzen wir für die KeyPress-Prozedur. Wir tragen ein:

```
If KeyAscii = 44 Then KeyAscii = 46
```

und erreichen damit den gewünschten Effekt. Jedes eingegebene Komma wird umgehend in einen Punkt verwandelt.

Hinweis: Haben Sie **R = Text1.Text** (also ohne *Val*) in den ProgrammCode geschrieben, dann ist alles anders. VB liest in diesem Fall Werte mit eingegebenem *Komma* (!) richtig, die Eingaben mit *Punkt* hingegen führen zu fehlerhaften Ergebnissen. Der Punkt wird – wieder ohne jegliche Meldung – *ignoriert* und es wird mit dem kompletten Zahlenwert gerechnet (Beispiel: Geben Sie 2.93 ein, so wird mit 293 gerechnet!). Die oben eingefügte Codezeile müsste hier also „*If KeyAscii = 46 Then KeyAscii = 44*" lauten. Die Stellenzahl wird durch die Deklaration bestimmt. Nicht deklarierten Variablen wird der Datentyp *Variant* zugewiesen. Sie sehen, wie wichtig es ist, über die Datentypen Bescheid zu wissen.

• Nur bestimmte Tasten bei der Eingabe zulassen

Nur Ziffern, Dezimaltrennzeichen und Rücktaste zulassen

Sinnvollerweise wird für **R** eine Zahl eingegeben. Zuzulassen sind also unbedingt die *Ziffern von 0 bis 9*, die Dezimaltrennzeichen (Komma bzw. Punkt) und – für den Fall, dass man sich vertippt hat – die Rücktaste (Backspace). Alle anderen Tasten sollen keine Eingabe bewirken!

Dies schafft komplexere Bedingungen, die aber mit dem Werkzeug *If-Then-Anweisung*, allerdings in abgewandelter Form, sicher zu bewältigen sind.

Der nachstehende Codeausschnitt zeigt die Lösung:

```
If KeyAscii = 44 Then KeyAscii = 46
If KeyAscii < 48 Or KeyAscii > 57 Then
  If KeyAscii <> 8 And KeyAscii <> 46 Then KeyAscii = 0
End If
```

Die Ziffern 0 bis 9 haben die Ascii-Codenummern 48 bis 57.

Hierzu eine kurze Erklärung. Die erste Zeile, Sie kennen sie bereits, wandelt das Komma in einen Punkt um. Die dann folgende *If-Then-End If* verarbeitet alle ASCII-Codes *unter* 48 (48 aber nicht, < kleiner!) und alle ASCII-Codes über 57 (57 nicht, > größer!). Die ausgeschlossenen Code-Nummern (von 48 bis 57) sind gerade die der zugelassenen Ziffern 0 bis 9. Diese können ungestört die „Kontrollstelle" passieren.

Was geschieht aber mit den anderen Zeichen?
In der *eingeschachtelten* If-Then-Anweisung werden alle ASCII-Codes zu Null gesetzt (KeyAscii = 0; dies bedeutet „Nichts", also Anzeige nicht möglich!), bis auf zwei Ausnahmen: ASCII-Code 8 (dies ist die Rücktaste zum Löschen) und ASCII-Code 46 (der Punkt als Trennzeichen).

Damit ist das gesteckte Ziel erreicht: Nur die Ziffern 0 bis 9, die Rücktaste (Backspace = 8) und der Punkt (Kommas werden vorher in Punkte verwandelt) können ungestört weiter.

Eine für dieses Beispiel bessere Alternative ist die **Select Case-Anweisung**, die als gut geeignete weitere Kontrollstruktur vorgestellt werden soll. Sie könnte lauten (Syntax):

Select Case =
Alternative zur
If-Then-End If
(auch eine *bedingte* Verzweigung)

```
Select Case KeyAscii      'Testausdruck -> KeyAscii
   Case 13                'Auswahl1 -> 13 (=Return)
    Call Command1_Click   'Aufruf einer Prozedur
   Case 44                'Auswahl2 -> 44 (=Komma)
    KeyAscii = 46         'Anweisung: Komma wird Punkt
   Case 8, 46, 48 To 57   'Auswahl3 -> 8, 46, ...
     'Keine Anweisung, die Select Case wird verlassen
   Case Else              'Auswahl Rest
    KeyAscii = 0          'Alle andern werden zu Null
End Select                'Schlusszeile
```

Die Kontrollstruktur können Sie sich als ein spezielles Sieb vorstellen (**Bild 3.12**), das nur bestimmte Zeichen durchlässt.

Bild 3.12:
Das „Sieb"
Select Case
Oder
Nicht alle
dürfen durch!

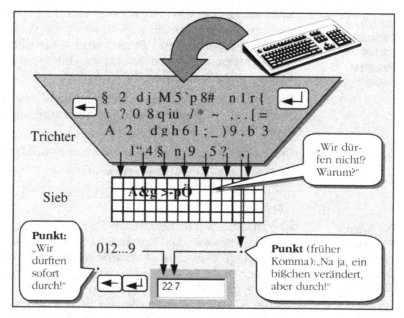

Hinweis: Weitere *Select Case*- und *If-Then-End If*-Strukturen finden Sie in den Beispielen auf der Buch-CD. Sollten Sie in der VB-Hilfe suchen, dann werden Sie zur *Select Case* Informationen nur unter dem Stichwort *Case* finden! Dort können Sie die genaue Syntax nachlesen. Im Vergleich zur *If-Then-End If*-Kontrollstruktur (die sehr erweiterbar ist: Else, ElseIf) ist die *Select Case* etwas weniger flexibel, da man nur nach einer Größe (im Beispiel *KeyAscii*) selektieren kann. In der *If-Then* kann jede Zeile andere Größen abfragen! Ein verbessertes Sieb finden Sie in *KP3_2_Ue\SIEB\SIEB.VBP*.

Ein **verbessertes Sieb** verhindert doppelte Eingabe des Trennzeichens etc. Siehe →

3.2.3

Lösung in:
KP3_2_3
KREIS_V3.VBP

Wahl ermögli-
chen:„R oder D?"

Variante 3 – Radius o. Durchmesser eingeben?

Wir hatten am Anfang der Programmentwicklung für das Projekt *KREIS_A.VBP* willkürlich den Radius **R** als Eingabegröße festgelegt. Dieses Programm jetzt auf die Eingabegröße *Durchmesser* (D) umzuschreiben, dürfte keine Schwierigkeit mehr bereiten. Es sei Ihnen als Übung anheim gestellt.

Unsere Frage hier soll lauten: Wie können wir dem Benutzer die *Wahl* der Eingabe (**R** *oder* **D**) ermöglichen?

Für Wahlmöglichkeiten dieser Art stellt VB als Werkzeug das Steuerelement **OptionButton** (Symbol s. Randspalte) bereit. Zwei Möglichkeiten seien vorgestellt:

• OptionButton auf der Form vorsehen

Mit wenig Aufwand ist diese Lösung vollzogen. Zwei Option-Button (Option1 u. Option2) werden z.B. mittels Doppelklick auf die Form gebracht, dort platziert und von einem Rahmen – der Optik wegen – umgeben (Shape). Dem Rahmen wird ein Bezeichnungsfeld („Caption „Bitte wählen...") überlagert. Die OptionButton erhalten die Angaben zu R bzw. D (Caption ändern!). **Bild 3.13** zeigt die Lösung.

Bild 3.13:
OptionButton auf
Form platziert

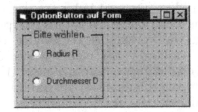

Value = True
bewirkt:

Um nach dem Start einen der OptionButton (wir wählen R) bereits aktiviert zu haben, müssen Sie im Eigenschaftenfenster desselben die Eigenschaft **Value** auf *True* setzen (Standard = *False*). Haben Sie dies getan, so sehen Sie das Ergebnis direkt während der Entwurfsphase (s. Abb. Randspalte).

Als Besonderheit wollen wir vorsehen, dass – egal, welche Wahl der Benutzer trifft – in jedem Fall für die Eingabe nur *ein* Bezeichnungsfeld und *eine* TextBox auf der Form vorhanden sein sollen. Dies bedingt, dass zur Laufzeit, wenn eine neue Wahl (D statt R...) vollzogen wird, die Bezeichnung (Caption) von Label1 (Eingabe) sich ändern muss. Folgende Zeilen in der Option1_Click (bzw. Option2_Click) lösen das Problem:

```
Label1.Caption = "Radius R in mm ="        'Option1_Click
Label1.Caption = "Durchmesser D in mm ="   'Option2_Click
```

**Mehrere Anwei-
sungen in einer
Zeile durch „:"
trennen.**

Hinter obige Zeilen kommt in beide Prozeduren:

```
Text1.Text= "" : Text2.Text = "" : Text3.Text = ""
Text1.SetFocus
```

Im ProgrammCode (s.o.) dürfen mehrere Anweisungen – durch Doppelpunkt getrennt (dieser ist das „Anweisungsende") – in dieselbe Zeile geschrieben werden! Die TextBoxen-Inhalte werden mit einem Leerstring ("") überschrieben und gelöscht. Dann wird der Fokus ins erste Eingabefeld gesetzt.

Die reine Optik wäre hiermit erledigt. Es fehlt nur noch die Änderung des Rechenalgorithmus'. Dieser bleibt in der Command1_Click, wird jedoch mit einer **If-Then-Else-Verzweigung** angepasst.

**If-Then-Else,
eine neue
Variante**

Am Anfang der Command1_Click wird eingefügt:

```
If Option1.Value = True Then
    R = Val(Text1.Text)
Else
    D = Val(Text1.Text)
    R = D / 2
End If
```

Der restliche Teil des Lösungsalgorithmus' verschiebt sich hierdurch nach hinten. Kurze Erklärung zum Codeausschnitt: Ist **R** gewählt worden (Option1.Value ist dann *True!*), dann wird der Wert aus Text1 direkt als Radius interpretiert und die Rechnung erfolgt wie vorher. Ist **D** gewählt, dann ist Option2.Value *True*, Option1 also nicht! Wenn Option1.Value nicht *True* ist (*False*), dann soll „ersatzweise" (Else) der andere Teil der Rechnung (hinter Else) ausgeführt werden. Hierdurch wird **D** ermittelt (aus Text1) u. halbiert, so dass mit unverändertem „Restalgorithmus" weitergerechnet werden kann.

- **OptionButton in einem Frame vorsehen**

Das Frame – zur Erinnerung wieder links das Symbol – ist Ihnen bereits bekannt. Es ersetzt das oben verwendete strukturierende Shape und das zugehörige Bezeichnungsfeld. Auf der Form wird es durch Doppelklick – wie gewohnt – platziert, an seinen Ort geschoben und seine Größe festgelegt. Das Frame, ein Rahmenobjekt, hat eine besondere Eigenschaft, es ist nämlich in der Lage, andere Steuerelemente (z.B. die OptionButton) in der Art eines *Containers* aufzunehmen, so dass eine Funktionseinheit entsteht. Hierdurch spart man Codezeilen. Beispiel: Wollen Sie die OptionButton, aus welchen Gründen auch immer, zur Laufzeit ausblenden (Visible *False*), so geht das bei einem Frame mit einer Zeile (*Fra-*

me1.Visible = False). Andernfalls müssten Sie auf jedes Element, und es können ja mehr als zwei sein, zugreifen. Ein anderer Vorteil der Containerfunktion besteht darin, dass Sie nur das Frame zu verschieben brauchen, und alle darauf befindlichen Elemente müssen mit. Auch bilden die Option-Button, die in einem Frame angeordnet sind, eine eigenständige Einheit. Das bedeutet, dass Sie – auf der Form oder in weiteren Frames – weitere OptionButton vorsehen können, die *unabhängig* von denen dieses Frames anwählbar sind.

Beim Platzieren der *OptionButton* im Frame zeigt sich:

Mit Doppelklick geht es nicht, auch wenn Sie vorher das Frame markieren! Der OptionButton landet immer auf der Form. Ein Verschieben von hier in das Frame ist zwecklos, es wird keine Einheit. *Vorgehen:* OptionButton nur einfach anklicken und danach das Objekt (Mauszeiger wird +) im Frame zur richtigen Größe aufziehen. Jetzt ist es eine Einheit, wie ein Verschieben des Frames zeigt. Den zweiten Button können Sie in gleicher Weise platzieren. Die Captioneigenschaft des Frames nutzen Sie für das „Bitte wählen...“.

Bild 3.14:
Frame mit
OptionButton

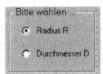

Der Rechen-Algorithmus bleibt wie oben erklärt. **Bild 3.14** zeigt den fertigen Formausschnitt. Bei Option1 ist die Value-Eigenschaft *True* gesetzt (Vorbelegung).

Sollen mehrere Steuerelemente des gleichen Typs in einem Frame platziert werden, dann ist man manchmal mit *Menü Bearbeiten/Kopieren* und anschließendem *Einfügen* schneller. *Vorgehen:* Den ersten OptionButton mit Doppelklick auf die Form setzen, markieren und *Ausschneiden.* Dann das Frame markieren und *Menü Bearbeiten/Einfügen* wählen. Option-Button im Frame platzieren u. erneut *Einfügen* wählen. Die Abfrage (**Bild 3.15**) ist mit „Nein“ zu beantworten, was den Algorithmus für den Einsteiger überschaubarer lässt.

Bild 3.15:
VB-Abfrage bezüglich **Steuerelementefeld**

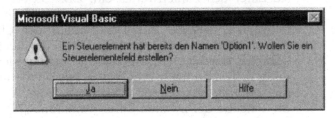

3.2.4

Lösung in:
KP3_2_4
KREIS_V4.VBP

Variante 4 – Das Change-Ereignis nutzen

Zum Abschluss wird Ihnen eine Lösung vorgestellt, die völlig ohne CommandButton auskommt. Hierbei werden die vier TextBoxen, jede der Variablen **D**, **R**, **U** und **A** benötigt eine, als Eingabe- *und* Ausgabeboxen verwendet. Jegliche Sperrung von Boxen soll unterbleiben! Während der Eingabe in einer beliebig vom Benutzer gewählten Box soll *unmittelbar* in den anderen Boxen das Rechenergebnis angezeigt werden!

Ist das nicht zu viel des Guten?, werden Sie vielleicht fragen.

Das **Change-Ereignis** ist das Standardereignis der TextBox.

Nein, keineswegs! *Visual Basic* hat auch hierfür ein geeignetes Mittel bereitgestellt, das Standardereignis der TextBox, das **Change-Ereignis**, das wir bisher unbeachtet gelassen haben.

Zur Problemlösung: Sie soll zum einen wichtige Ergebnisse der Vorarbeiten berücksichtigen (bei Eingabe nur Zahlen... zugelassen usw.), zum anderen programmtechnisch bedeutsame Neuerungen zusätzlich erhalten, z.B.

- Die Wahl der Eingabebox soll durch einfaches Anklicken einer TextBox erfolgen. Dies setzt den Fokus und löscht gleichzeitig in allen Boxen die Rechenwerte vorheriger Rechnungen bzw. setzt sie auf Null.
- Bei Eingabe der Zahlenwerte in die ausgewählte Box – hier kommt das *Change-Ereignis* zum Tragen – und gleichzeitigem Durchlaufen des Lösungsalgorithmus' sollen die Ergebnisse der Rechnung unmittelbar angezeigt werden.

Zum *Change-Ereignis* selbst einige Erläuterungen:

Change-Ereignis: Was läuft da ab?

Durch Doppelklick auf die TextBoxen werden zur Entwurfszeit die *Change*-Ereignisprozeduren vorbereitet und dann mit dem erarbeiteten Code (Auszug s. unten) versehen. Wird danach das Programm gestartet und durch Klick auf eine der TextBoxen die Eingabevariable festgelegt (z.B. TextBox1, Variable **D**), dann ist die Box noch leer. Geben Sie jetzt die erste Ziffer des Zahlenwertes ein, z.B. „5", so hat sich hierbei der Inhalt der Box geändert. Das *Change-Ereignis* ist eingetreten und bewirkt das Durchlaufen der Change-Prozedur dieser TextBox. Dabei wird für **D** = 5 der Rechenalgorithmus komplett durchlaufen, was mit der Anzeige der Rechenergebnisse in den anderen drei Boxen (sie werden im Moment für die *Ausgabe* verwendet) abschließt. Folgt jetzt in TextBox1 die Eingabe der zweiten Ziffer (Annahme „7"), so ist für diese Box erneut das Change-Ereignis eingetreten (Inhalt der TextBox vorher „5", jetzt „57") und der Vorgang wiederholt sich für diesen Zahlenwert, usw. Zu beachten ist, dass die Change-Prozedur bei *jedem* zulässigen Tastendruck durchlaufen wird, also auch bei den Dezimaltrennzeichen. Wegen des schnellen Ablaufs dieses Vorgangs nehmen Sie es nur nicht wahr! Der Nachweis ist leicht dadurch zu führen, dass Sie am Ende der entsprechenden Change-Prozedur die VB-Anweisung *Beep* (erzeugt einen Piepston) einfügen.

Beep:
VB-Anweisung, erzeugt Piepston

Bild 3.16 zeigt die Programmoberfläche, wie sie Ihnen zur Weiterentwicklung übergeben wird. Direkt erkennbar: *KREIS.ICO* ist integriert, MaxButton der Form *False* gesetzt (Titelleiste oben rechts), *Statuszeile* unten (Label) zeigt Informationen zu Eingabe und „Programm beenden" (**MouseMove**-Ereignis). Die Zahlen in den TextBoxen sind rechts ausgerichtet. Hierzu ist die **Alignment**-Eigenschaft der TextBoxen auf *1-Rechts* (Standard ist *0-Links*) eingestellt. Zusätzlich muss *MultiLine* der TextBox *True* gesetzt sein! In der Load wird Flag1 = True vorbelegt!

MouseMove Alignment MultiLine

Bild 3.16:
KREIS_V4.VBP
(Change)

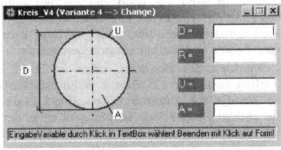

Nachstehend wird ein Auszug aus dem Programmlisting, vorrangig TextBox4 betreffend, vorgestellt und erläutert.

Variante 4, Auszug: *(KP3_2_4\KREIS_V4.VBP)*

```
'Unter Allgemein deklarieren
Const PI = 3.14159265
Dim R!, D!, U!, A!          'Variable As Single
Dim Flag1 As Boolean, Flag2 As Boolean, Flag3 As Boo-
lean, Flag4 As Boolean

Private Sub Text4_MouseDown(Button As Integer, Shift
As Integer, x As Single, y As Single)
   Flag4 = True
   Flag1 = False: Flag2 = False: Flag3 = False
   Text1 = "": Text2 = "": Text3 = "": Text4 = ""
End Sub

Private Sub Text4_MouseUp(Button As Integer, Shift As
Integer, x As Single, y As Single)
   Text1 = "": Text2 = "": Text3 = "": Text4 = ""
End Sub
```

Text ist die Standard-Eigenschaft der TextBox. Sie kann bei Zuweisung entfallen!→

Auch Zugriff auf
Labels (s. Bild
3.16) möglich, s.
Listing!

```
'Auszug! Zugriff auf Grafik siehe Listing!
Private Sub Text4_Change()
  If Flag4 = False Then Exit Sub
  A = Val(Text1.Text)      'Variable A als Zahlenwert
  D = Sqr(4 * A / PI)      'Berechnung von D
  R = D / 2                'Berechnung von R
  U = D * PI               'Berechnung von U
  Text1.Text = Str(D)      'Ergebnis von D in Text1
  Text2.Text = Str(R)      'Ergebnis R in Text2
  Text3.Text = Str(U)      'Ergebnis U in Text3
  'Beep                    'Zur Kontrolle. Was ergibt sich,
End Sub                    'wenn Beep am Anfang steht?
```

Erklärungen

Erklärungen zum ProgrammCode-Auszug:

1. Es sind, auf Formmodulebene gültig, 4 Variablen vom Typ *Boolean* (Ja/Nein, True/False) deklariert (Flag1 bis 4). Das einzelne Flag (hier eine Art Symbol) ist jeweils einer TextBox gleicher Nummer zugeordnet.

In der **Form_Load**
sind Vorbelegun-
gen möglich.

2. Nach Start (▶) des Programms erfolgt immer zuerst das Laden der Form, wobei die Prozedur **Form_Load** abgearbeitet wird. In der Form_Load, die wir hier erstmals belegen, ist *Flag1* für die TextBox1 mit *True* vorbelegt. Nach dem Start, Text1 hat den Fokus und *Flag1* ist *True*, kann somit in Text1 ohne Fehler unmittelbar eingegeben werden.

3. Wechselt der Benutzer, ohne in Text1 einzugeben, die TextBox (wählt er z.B. Box 4 → EingabeVariable **A**), so wird die *Text4_Click* aufgerufen. Das *Flag4* dieser Box wird *True*, alle andern Flags *False*. Analog geht es in den andern Boxen, denn für jede TextBox gibt es eine Text_Click.

4. Wird eine Zahl in die TextBox eingegeben, so tritt ein Tastaturereignis auf, das die zugehörige KeyPress–Prozedur, hier Text4_KeyPress (unser „Sieb" Select Case, nur etwas anders geschrieben) aufruft. Aus Einfachheitsgründen, man könnte hier kompakter programmieren, wird für jede der TextBoxen ein gleiches „Sieb" angelegt (Text1_KeyPress,...).

5. In der Text4_Change finden Sie eine neue Zeile, die erklärt werden soll. Diese Zeile („If Flag4 = ...") verhindert, wenn das Flag dieser Box *False* ist, dass die zur Box gehörige Change-Prozedur durchlaufen werden kann. Exit Sub zwingt zum sofortigen Verlassen! *False* ist das Flag nur, wenn die Eingabe in einer anderen Box erfolgt, diese Box hier also lediglich der Ausgabe des Rechenergebnisses dient. Soll hier hingegen die Eingabe erfolgen, dann ist Flag *True* und die erste Zeile ohne Wirkung. Die anderen Boxen sind Ausgabeboxen. Der Rest dürfte selbsterklärend sein.

Übung 3.2:   Weitere Varianten u.a. *(in \KP3_2_Ue)*

1. In *KP3_2_Ue* finden Sie vier weitere Varianten zur Berechnung am Kreis. Die Programme in den Verzeichnissen

Bild 3.17: In den Varianten finden Sie Infos über **MouseMove**, die *Statuszeile*, die **Check-Box**, den *Verknüpfungsoperator* (&), das *Zeilenfortsetzungszeichen* (_) u.a.

Var3 und Var4, die Sie als eine Art „produktive Übung" zur *Analyse* nutzen können, sind von Schülern von mir entwickelt worden.
Eine schöne Benutzeroberfläche finden Sie z.B. im Verzeichnis VAR3\WAHRSAG.VBP **(Bild 3.17)**.

2. Ein Projekt, in dem die Flächengrößen unterschiedlicher Flächen (meine Vorgabe: Rechteck, Quadrat, Dreieck, Kreis und Ellipse) ermittelt werden sollen, ist zu entwickeln. Einen

Bild 3.18:
FLAECHEN.VBP
(Ausschnitt)

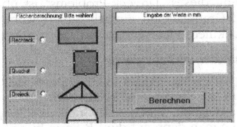

Ausschnitt der Oberfläche zeigt **Bild 3.18**. Das komplette Programm finden Sie in *KP3_2_Ue\FLAECHEN*. Abwandeln können Sie es nach eigenem Gutdünken. Mit den OptionButton, die auf der Form angeordnet sind, wird die zu berechnende Fläche ausgewählt. Die Flächen selbst sind mit *Shape* bzw. *Line* dargestellt und – soweit möglich – farbig hinterlegt. Die Eingabegrößen (Grundlinie, Höhe...) sollten farbig betont werden. Der Eingabebereich soll so, wie im Bild gezeigt, realisiert werden. Den Labels werden die Texte zur Laufzeit zugewiesen. Das Ausgabefeld (im Bild abgeschnitten) hat zwei Command-Button (Ende und Neu) und eine TextBox für die Lösung. Vorbelegt ist die Berechnung von Rechtecken.

Im Sieb wird **Sendkeys** verwendet (sendet Tastendruck):
Sendkeys "{End}"
VB-Hilfe sichten und Sendkeys.txt!

3. Das „Sieb" **Select Case KeyAscii** (s. vorn) ist noch mit dem Mangel behaftet, dass man *mehr* als einen Trennpunkt eingeben kann (Beispiel: 4...321 statt 4.321)! Auch ist das Setzen einer „führenden" Null (Beispiel: 045.3 statt 45.3) möglich. Wie kann man dies verändern? Die Lösung, sie ist programmtechnisch „kniffelig", finden Sie unter *KP3_2_Ue\SIEB\SIEB.VBP*. Eine Analyse wird empfohlen.

3.3 Grafikprogrammierung – Einführung

Eine Grafik mit Steuerelementen zeichnen (Shape, Line).

Die ersten Schritte in Richtung Grafikprogrammierung haben Sie bereits vollzogen. Sie wissen, wie man mit den Werkzeugen *Shape* und *Line* zur *Entwicklungszeit* in VB Darstellungen auf eine Form bringt. Eine gewisse Einflussnahme auf diese Darstellungen zur Laufzeit ist möglich, z.B. über die Eigenschaft *Visible*. Setzt man sie gezielt *True* oder *False*, so kann man Bilder verändern und bestimmten Problemsituationen anpassen. Ebenso fällt das Ändern der Größe bzw. Lage einer Figur (Eigenschaften *Height, Width* bzw. *Left, Top*) oder der Länge bzw. Lage einer Linie (*X1, Y1, X2, Y2* von Line) hierunter. Shapes und Line bieten als Steuerelemente aber nur sehr begrenzte Gestaltungsmöglichkeiten. Bereits eine so einfach wirkende Aufgabe, ein auf der Form befindliches Dreieck farbig anzulegen – vgl. hierzu das Programm *Verschiedene Flächen* aus der *Übung 3.2* – kann mit Shapes nicht gelöst werden, denn es gibt kein Shape für Dreiecke. (Der Frage: Wieso eigentlich nicht?, können Sie selbst nachgehen.)

Grafik durch „Integrieren von Grafikdateien" erstellen

Die Lösung dieses „Dreieck-Problems" ist über selbst zu erstellende Grafikdateien einfach zu erreichen. Andere Wege (z.B. Grafikmethoden, Windows-GDI) werden später erörtert.

3.3.1 Bitmap erstellen und integrieren

Mspaint, ein nützliches Werkzeug

Wer Windows hat, besitzt auch *Mspaint* (früher Paintbrush). In diesem zu Unrecht oft belächelten „Malprogramm", einer Windows-Beigabe, lassen sich Grafiken (*.bmp und *.jpg) erstellen, die man dann auf die VB-Form bringen kann.

Zum Vorgehen:

MSPAINT.EXE befindet sich im Ordner *C:\Programme\Zubehör* auf Ihrer Festplatte. Andernfalls müssen Sie suchen. Nach Start des Programms beginnen Sie direkt Ihre Zeichenarbeit. Die einzelnen Schritte seien stichwortartig umrissen:

Die einzelnen Schritte in Mspaint

- *Rechteckfläche* genügender Größe aufziehen.
- Fläche in *hellem Grau* (= Farbe der Form in VB) anlegen.
- Auf dieser Fläche mit dem *Vieleck*-Werkzeug ein geschlossenes Dreieck zeichnen, das die gewünschte Form hat.
- Das Dreieck mit der *gewünschten Farbe* füllen.
- Eine rechteckige Fläche um das Dreieck herum aufziehen (die spätere Bitmap). *Menü Bearbeiten/Kopieren* wählen.
- *Menü Datei/Neu* aufrufen. Speicherabfrage verneinen.
- *Menü Bearbeiten/Einfügen* wählen. Vorher das weiße Zeichenfeld zu einer sehr kleinen Fläche zusammenschieben.

- Abfrage bejahen u. dann *Menü Datei/Speichern unter...* anklicken.

Jetzt brauchen Sie nur noch Ihre Grafik zu sichern (Pfad einstellen, Dateinamen festlegen und speichern mit OK). Danach können Sie *Mspaint* verlassen. Für den oben beschriebenen Vorgang finden Sie ein beigegebenes *VB-Lernprogramm* unter *KP3_3_1\MSPAINT.VBP*, das Ihnen die einzelnen Schritte bis ins Detail verdeutlicht (**Bild 3.19**). Wandern Sie mit der Maus über die Boxen und achten Sie auf den Wechsel der Mauszeiger. Weiter wird Ihnen aufgezeigt, wie Sie die Bitmap in ein VB-Programm einfügen können (Image platzieren, Stretcheigenschaft *True* setzen, Picture laden...). Erklärt wird das Lernprogramm hier nicht, aber analysieren sollten Sie es gut. Insbesondere sei auf das Ausdrucken des Inhalts der TextBox2 mit *Printer.Print* verwiesen!

Lernprogramm zum Umgang mit Mspaint, mit
- **Mauszeiger**
- **ScrollBars**
- **Drucken mit Printer.Print**

Bild 3.19:
Lernprogramm
MSPAINT.VBP
(zur Laufzeit)

Dreieck in Image
platzieren

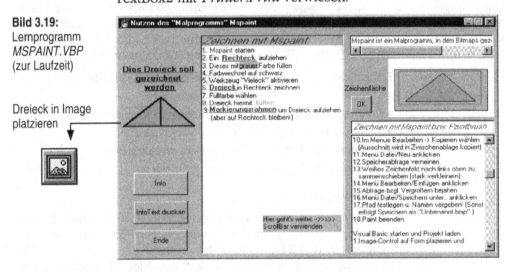

3.3.2   Koordinatensystem

Grafik zur Laufzeit benötigt ein Koordinatensystem.

Bereits dem technisch nicht so Kundigen wird einleuchten, dass komplexe Zuordnungsvorgänge, wie z.B. das punktgenaue Anordnen einer Bitmap auf einer Form, nur exakt ablaufen können, wenn ein System zur Einordnung existiert. Und dies ist ein *Koordinatensystem*, nach welchem Visual Basic arbeitet. Um hiermit umgehen zu können, sind gewisse Grundlagen vonnöten, denen wir uns jetzt zuwenden wollen. Erst dann kann es gelingen, *grafische Darstellungen* (auch sehr komplexe) *zur Laufzeit* zu realisieren. Hierbei wird über *Grafikmethoden* auf die Objekte Drucker (Printer), Form oder PictureBox (Bildfeld) zugegriffen.

Grafik zur Laufzeit erzeugen mit den Grafikmethoden:
Circle, Line, PSet

Grundtatsache ist, dass sich Koordinatenangaben immer auf ein bestimmtes Objekt (die Form, die PictureBox...) beziehen! Und jedes dieser Objekte kann ein eigenes Koordinatensystem, auch mit eigener Maßeinheit, erhalten.

Durch nachstehende Übung können Sie sich wichtige Informationen über das Koordinatensystem von VB beschaffen.

Übung 3.3.2: Das VB - Koordinatensystem

Starten Sie VB mit einem neuen Projekt u. platzieren Sie eine PictureBox und einen CommandButton, wie in **Bild 3.20** gezeigt, auf einer Form, die Sie nicht zu groß wählen sollten.

Bild 3.20:
Das VB-Koordinatensystem wird untersucht (Hilfsprogramm s. KP7_4_14)

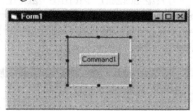

Verfolgen Sie während der Untersuchungsschritte die Angaben für *Top, Left, Height* und *Width* des jeweiligen Objekts in seinem Eigenschaftenfenster, das Sie vorher öffnen und einstellen müssen.

Führen Sie jetzt folgende **Untersuchungsschritte** durch:

- Form in Höhe bzw. Breite verändern.
- PictureBox auf Form verschieben (Strg + Pfeiltasten).
- PictureBox vergrößern bzw. verkleinern.
- CommandButton in PictureBox verschieben.
- CommandButton in Größe verändern.

Feststellungen:

1. Der *Ursprung des Koordinatensystems* (0,0) liegt bei *Visual Basic* standardmäßig in der linken oberen Ecke des Bezugsobjektes (**Bild 3.21**). Bezugsobjekt kann der Screen (für die Form), die Form (für Objekte auf ihr, hier PictureBox), die PictureBox (für Objekte auf ihr, hier der Command1) sein.
2. Die Zahlenwerte für *Left* wachsen, wenn das Objekt nach rechts bewegt wird (**positive X-Achse** in VB). Die Zahlenwerte für *Top* wachsen, wenn das Objekt von oben nach unten bewegt wird (**positive Y-Achse** in VB), s. **Bild 3.22**.

Bild 3.21:
Das Visual Basic Koordinaten-System

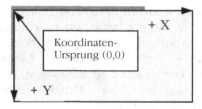

3. Verschieben Sie ein Objekt (z.B. PictureBox auf der Form bzw. Command1 innerhalb der PictureBox), so ändern sich die Positionen des Objekts. Dies zeigt sich in Änderungen von *Left* und *Top* des bewegten Objekts. Im geöffneten Eigenschaftenfenster des Objekts können Sie – während Ihrer „Fahrt mit dem Objekt" – verfolgen, welche Werte im Moment vorliegen. *Left* und *Top* bestimmen hierbei die Lage. Verändern Sie die Objektgröße, so wird dies in den Daten von *Height* und *Width* festgehalten.

4. Welche Maße es bei den Objekten genau sind, die registriert werden, können Sie Bild 3.22 entnehmen. Die Zahlenangaben haben standardmäßig die Einheit **Twip**, was weiter unten noch näher erklärt wird.

Bild 3.22:
Objekte, Maße,
Eigenschaften

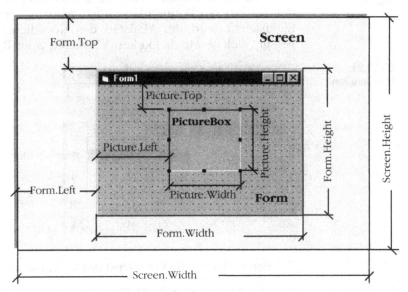

5. Verschiebt man Objekte auf ihrem Träger zu weit nach links oder oben, so werden auch negative Werte erreicht.

6. Durch genügend weites Verschieben – die Richtung ist ohne Bedeutung – können Objekte unsichtbar werden.

7. Verändert man die Position eines Objektes (z.B. *Picture-Box*) auf der Form mittels Pfeiltasten, dann sieht man, dass die Änderung bei einem Bildschirm mit 800 x 600 Auflösung (oder weniger) in Sprüngen von *15 Twips* erfolgt. Bei SVGA 1024 x 768 sind dies 12 Twips. Dies entspricht der Ihnen bekannteren Maßeinheit *Pixel*. Man spricht von *TwipsPerPixelX* bzw. *TwipsPerPixelY*. Somit ist der Screen bei einer 800 x 600 Auflösung 12000 Twips breit und 9000 Twips hoch, was Sie bei Ihrer Untersuchung leicht überprüfen können.

Begriff Twip,
TwipsPerPixel

Anmerkung: Die Maßeinheit *Twip* ist vom alten Druckermaßstab „Point" (Punkt) abgeleitet. 1 Twip = 1/20 Point (**Twentieth Point**), 72 Point = 1 Inch, 1 Inch = 25,4 mm. Eingeführt wurde diese Einheit, um bei Druckausgaben vom Programm her unabhängig von der Bildschirmauflösung zu sein. Die Einheit ist gewöhnungsbedürftig, aber man kann ja umstellen. Wollen Sie Programme entwickeln, die auf allen Bildschirmen laufen können, so sollten Sie sich bei den Formgrößen an der Auflösung 640 x 480 (9600 Twips x 7200 Twips) orientieren.

• Maßstabsfragen – ScaleMode

ScaleMode-
Eigenschaft

Wenn Sie im Eigenschaftenfenster verschiedener Objekte nach einer Eigenschaft namens **ScaleMode** suchen, so werden Sie nur bei Formen bzw. PictureBoxen fündig. Mit dieser Eigenschaft wird der Maßstab des Koordinatensystems festgelegt. Welche Möglichkeiten VB bietet, zeigt **Bild 3.23**.

Bild 3.23:
Maßeinheiten

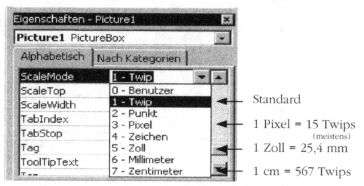

• Scale-Methode zum Festlegen des Koordinatensystems

Nun sind wir ein anderes Koordinatensystem als das von VB gewohnt. Bei unserm System liegt der Ursprung links unten und die y-Achse verläuft nach oben in positiver Richtung (**Bild 3.24**).

Bild 3.24:
Koordinatensystem – so kennen wir es

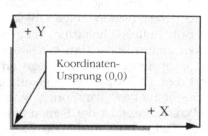

Scale-Methode
und ihre Syntax

Um dieses für uns gewohnte System zu erhalten, muss die **Scale-Methode** angewendet werden. Und dies ist im ProgrammCode mit *einer* Zeile getan. Die *Syntax* lautet:

```
[Objekt.]Scale (x1, y1) - (x2, y2)
```

Dies soll an einem Beispiel erklärt werden. Annahme, Sie wollen für PictureBoxen, die sich in frei gewählter Größe auf einer Form befinden, die in **Bild 3.25** dargestellten Koordinatensysteme festlegen. Die Zahlen seien für den zu erwartenden Wertebereich angenommen.

Bild 3.25:
Beispiele

Diese Punkte (⬤)
sind wichtig!
P1→links oben
P2→rechts unten

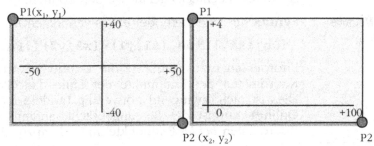

Die maßgeblichen Codezeilen lauten dann unter Berücksichtigung etwaiger Ränder (zur Beschriftung...) z.B.:

```
Picture1.Scale (-55, 45)-(55, -45)    'Bild 3.25 links
Picture1.Scale (-10, 4.5)-(110, -0.5) ' "      " rechts
```

Sollten Sie vergessen, das Objekt in der Codezeile anzugeben (also „Picture1."), dann nimmt VB die zum Code gehörige Form als Objekt an! Insoweit kann die Angabe auch als *wahlfrei (optional)* gelten, bei Formen also entfallen.

Ob Ihren Aktionen Erfolg beschieden ist, nehmen Sie erst wahr, wenn Sie das Programm gestartet haben und das Koordinatensystem zeichnen lassen (hierzu s. Kap. 3.3.3).

Auf die weitere Möglichkeit, über die Eigenschaften *ScaleLeft*, *ScaleTop*, *ScaleHeight* und *ScaleWidth* einer *Form* oder *PictureBox* das Koordinatensystem festzulegen, soll hier nicht eingegangen werden. Sie führt zu den selben Ergebnissen, ist aber komplizierter in der Anwendung. Wer es dennoch genau wissen will, sei auf Online-Hilfe u. Handbücher verwiesen.

Hinweise: In *KP3_3_Ue* befindet sich das Programm *RASTER.VBP*, in dem die Beispiele von Bild 3.25 vorkommen. In KP7_4_13 finden Sie ein Hilfsprogramm zur Erforschung des VB-Koordinatensystems. Testen und Analysieren der Programme wird empfohlen.

3.3.3 **Achsen zeichnen, Hintergrund gestalten**

● **Achsen zeichnen mit der Line-Methode**

Grafik zur Laufzeit erstellen

Die Hauptaufgabe der *Line-Methode* ist darin zu sehen, dass zur *Laufzeit* gerade Linien beliebiger Lage zwischen zwei Punkten auf die Objekte *Printer, Form* oder *PictureBox* ausgegeben werden. Die Syntax ist ähnlich wie die der Scale-Methode, nur dass noch Entscheidungen bzgl. der Linienfarbe und besonderer Zusatzwirkungen (Rechteckrahmen oder „gefülltes" Rechteck) gefällt werden können.

Line-Methode (Syntax)

Syntax der Line-Methode (etwas vereinfacht):

```
[Objekt.]Line (x1,y1)-(x2,y2) [,Farbe] [,BF]
```

Erforderlich ist es, dass Sie die x- und y-Werte, welche die Koordinaten der Endpunkte der Linie darstellen, vorgeben. Dies ist nicht zwingend notwendig (andere Möglichkeiten s. Online), nur ist der Rat angebracht, anfangs möglichst die Koordinaten *beider* Endpunkte im Code anzugeben.

Farben mit
QBColor (Farbe)

0	Schwarz	
1	Blau	
2	Grün	
3	Cyan	
4	Rot	
5	Magenta	
6	Gelb	
7	Weiß	

8	Grau
9	Hellblau
10	Hellgrün
11	Hellcyan
12	Hellrot
13	Hellmagenta
14	Hellgelb
15	Hellweiß

oder
RGB(rot,grün,blau)
festlegen

Für jede einzelne Linie können Sie gesondert die *Farbe* angeben. Hierzu gibt es zur Laufzeit zwei Möglichkeiten:

● Farbvorgabe mit **QBColor(Farbe)**, wobei das Argument *Farbe* einen Wert von 0 bis 15 (ganzzahlig) annehmen darf. Dies sind die alten DOS-Farben.

● Die andere Möglichkeit ist die Verwendung der **RGB-Funktion**. Der festzulegende RGB-Wert beschreibt zahlenmäßig die Anteile der eingemischten Grundfarben **R**ot, **G**rün, **B**lau. Die anzugebenden ganzzahligen Werte können im Bereich von 0 bis 255 liegen.

Syntax: **RGB (rot, grün, blau)** `'z.B. RGB(80,0,255)`

Setzen Sie *Farbe* nicht fest, so wird die Linie entsprechend der Eigenschaft *ForeColor* des Objekts dargestellt. (Zur Farbwahl siehe Hilfsprogramme *KP7_4_04\FARBWAHL.VBP* und *KP7_4_10\SCROLL.VBP*, die Sie sichten sollten.)

B → Box
BF → Box mit Füllfarbe

Mit **B** (Box) legen Sie fest, ob ein rechteckiger Rahmen gezeichnet werden soll. Die Koordinaten sind dann diagonal gegenüberliegende Eckpunkte des Rechtecks. Setzen Sie zusätzlich **F** ein, so wird dieses Rechteck mit der festgelegten Farbe gefüllt! **F** ohne **B** ist nicht zulässig! Zu weiteren Besonderheiten der *Line-Methode* sollten Sie die Handbücher nachlesen oder die Online-Hilfe aufrufen.

Unser Achsensystem erhalten wir jetzt wie folgt:

```
Picture1.Line (-50,0)-(50,0),QBColor(15) 'waagerecht
Picture1.Line (0,-50)-(0,50),QBColor(15) 'senkrecht
```

Um diese Codezeilen auszuprobieren, brauchen Sie nur in der *Form_Load* die *Scale*-Anweisung einzutragen und in einer *Command_Click* diese beiden Zeilen. Bedingung: PictureBox und CommandButton müssen sich auf der Form befinden. Wollen Sie direkt beim Laden der Form die Anzeige der Achsen erzielen, dann geht es nicht so ganz problemfrei. VB erledigt ausführbare Anweisungen (das Zeichnen der Linien mit der Line-Methode zählt hierzu) immer erst, wenn die Form regulär angezeigt wird. Das müssen Sie in diesem Fall mit der **Show-Methode** erzwingen. Als Syntax setzen Sie für unseren Fall einfach *Show* in die Load-Prozedur vor die Line-Zeilen.

Show zeigt Formen an

• Hintergrund – Linien oder Rasterpunkte

Der leere Hintergrund innerhalb eines Koordinatensystems ist unpraktisch. Man benötigt zum sicheren Ablesen von Werten geeignete Hilfen. Diese werden meistens – Sie kennen das von Zeichenprogrammen, aber auch von VB während der Entwicklungsphase – als Rasterpunkte angezeigt. Programmtechnisch sind Rasterpunkte aber etwas schwieriger zu realisieren als Linien. Aus diesem Grund stelle ich, ausgehend von unseren Arbeitszielen (vgl. **Bild 3.26**), im anschließenden Abschnitt 3.3.4 beide Wege vor. Vorab sei nur angemerkt, dass zur Realisierung sich wiederholende Aktionen durchzuführen sind. So sind z.B. beim Linienraster mehrere gleich lange Linien, nur jeweils um ein bestimmtes Maß X bzw. Y versetzt, unter Anwendung der Line-Methode zu zeichnen.

Bild 3.26: Hintergrund in Diagrammen (Linien, Raster)

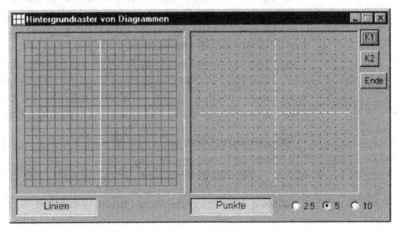

83

3.3.4

Andere Schleifen-
konstruktionen –
**Do ... Loop
Each ... Next
While ... Wend**
finden Sie auf der
CD (s. KP3_3_4\
Schleifen).

Ablaufstruktur – For Next, die Zählschleife

Analysiert man die Darstellungen in Bild 3.26, so erkennt man, dass sich Zeichenvorgänge wiederholen. Im Bild links z.B. sind 21 senkrechte und 21 waagerechte Linien gleicher Länge gezeichnet. Nur die Linienposition u. -farbe variieren.

Aufgaben dieser Art werden mit **Schleifen**, durch die Anweisungen mehrfach ausgeführt werden können, gelöst. VB bietet verschiedene Möglichkeiten an (*Do...Loop, For...Next* u.a.), von denen an dieser Stelle nur die *For Next-Schleife* erklärt wird. Erläuterungen zur *Do...Loop* finden Sie in Kap. 4.1.2.

For Next-Schleife
(Syntax)

Beginnen wir mit der *Syntax* der *For Next-Schleife:*

```
For Zähler = Startwert To Endwert [Step Schrittweite]
    (Anweisung bzw. Anweisungsblock)
Next [Zähler]
```

Angaben in Klammern [ ] sind wahlfrei (optional). Wird kein *Step* angegeben, verwendet VB für Schrittweite den Wert 1.

Auf das Problem „Linienraster" angewendet ist zu klären:

1. Was soll mehrfach ausgeführt werden? → Antwort: Es sind zur Laufzeit 21 senkrechte Linien zu zeichnen, also ist die Line-Methode anzuwenden!
2. Welche Bedingungen gelten? → Antwort:
   a) Die erste Linie soll bei x = -50 liegen und sich senkrecht von y = -50 bis y = 50 erstrecken.
   b) Linie 2 liegt um Schrittweite (gewählt 5) in Richtung der +x-Achse verschoben daneben (y-Werte gleich).

Ergebnisse: (für Senkrechte u. auf For Next-Syntax bezogen)

Zähler =
Laufvariable

- *Zähler* → wird die Variable **x**, denn sie muss sich – will man zur Laufzeit senkrechte Linien zeichnen – ändern. Deshalb wird an Stelle von *Zähler* auch häufig der Begriff *Laufvariable* verwendet.
- *Startwert* → liegt bei x = -50 (es wäre auch x = 50 möglich, jedoch wäre Schrittweite dann *negativ* zu setzen).
- *Endwert* → liegt bei x = 50 (am Ende der pos. X-Achse).
- *Schrittweite* → im Beispiel mit 5 Einheiten festgelegt.

ProgrammCode:

dunkelgrau

```
For x = -50 To 50 Step 5
    Picture1.Line (x,-50) - (x,50), QBColor(8)
Next x
```

Analog bei waagerechten Linien vorgehen (s. *RASTER.VBP*).

Was geschieht während der Durchläufe VB-intern?

Abläufe zur Laufzeit

- Am Schleifenbeginn wird der *Zähler* auf *Startwert* gesetzt.
- Es wird geprüft, ob *Zähler* > *Endwert* ist. Wenn ja, dann wird ohne (weiteren) Schleifendurchlauf mit der Anweisung, die unmittelbar hinter *Next* steht, fortgesetzt.
- Die Anweisung(en) wird/werden ausgeführt.
- *Zähler* wird um *Schrittweite* erhöht.
- Schritt 2 bis 4 solange wiederholen, bis Zähler > Endwert.

Erwähnt sei noch eine *Besonderheit* der Line-Methode:

Bild 3.27:
Line-Methode
(Besonderheit bei
DrawWidth = 1)

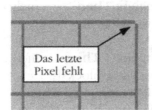

Beim Zeichnen mit der Line-Methode zeichnet VB, sofern *DrawWidth* = 1 ist, den letzten Punkt (Pixel) *nicht* mit. **Bild 3.27** zeigt den vergrößerten Ausschnitt aus dem Linienraster. Falls Sie den Punkt benötigen, müssten Sie ihn extra zeichnen (mit *PSet*, s.u.)!

Kommen wir jetzt zum **Punktraster**.

Bild 3.26 rechts zeigt, dass auf einer Linie in gleichen Abständen (hier Schrittweite 5) Punkte gezeichnet sind.

Die **Syntax** für das Zeichnen von Punkten lautet:

Punkte mit PSet zeichnen

```
[Objekt.]PSet(x,y)[, Farbe]
```

Ist die Schleife, die dies erledigen soll, abgearbeitet, die Punktreihe also gezeichnet, dann muss für die nächste Reihe die *Lage* der Punktreihe verändert werden. Dies erfordert eine zweite Schleife. Beide Schleifen sind *verschachtelt*, sagt man. Die **innere** Schleife zeichnet die Punkte, die **äußere** bestimmt die Lage der Reihe.

Zwei Schleifen verschachtelt

ProgrammCode:

```
For x = -50 To 50 Step 5
  For y = -50 To 50 Step 5
    Picture2.PSet(x,y), QBColor(0)
  Next y
Next x
```

Schwarze Farbe

Übung 3.3: Das Raster-Hilfsprogramm u.a. *(in \KP3_3_Ue)*

1. Ein Raster-Programm *(RASTER.VBP)* ist zu analysieren. Hierbei „Füllrichtungen" für den Rasteraufbau variieren.
2. Auch mittels Circle-Methode ist ein farbiges Dreieck darstellbar. Wie, zeigt das Programm *CIRCLE* unter *KP7_4_14*.

Die in [ ] ange-
gebenen Aus-
drücke sind *op-
tional* (wahlfrei).

Methode...	Syntax
Cls- Methode	[Objekt.]**Cls** Beispiel: Picture1.Cls
For...Next	**For** Zähler = Startwert **To** Endwert [**Step** Schritt] Anweisungen **Next** [Zähler] (Zähler wird auch als *Laufvariable* bezeichnet. Start- wert, Endwert und Schritt sind numerische Werte!)

If...Then
bzw.
If...Then...
Else
	• **If** Bedingung **Then** Anweisung 'einzeilig
	• **If** Bedingung **Then** 'mehrzeiliger Block
	   Anweisung[en]
	  End If
	• **If** Bedingung 1 **Then** 'mehrere Blöcke
	   [Anweisungsblock 1]
	   [**ElseIf** Bedingung 2 **Then**
	     [Anweisungsblock 2]]
	   [**Else**
	     [Anweisungsblock n]]
	  End If
	(Es wird der Anweisungsblock der **ersten** erfüllten
	Bedingung ausgeführt, dann die Struktur verlassen.)

Line- Methode	[Objekt.]**Line** (x1, y1) – (x2, y2) [,Farbe][,BF] (Farbe siehe PSet, **B** zeichnet Rechteck, **BF** zeichnet mit Farbe gefülltes Rechteck, F ohne B unzulässig)
Print- Methode	[Objekt.]**Print** [Ausgabeliste] [{; | ,}] Beispiel: Form1.Print "X-Wert = ", x; " mm"
PSet- Methode	[Objekt.]**PSet** (x, y) [,Farbe] Beispiele: PSet (200, 100) 'Farbe gleich ForeColor PSet (45, 70), RGB(0, 0, 255) 'helles Blau Form1.PSet (200, 800), QBColor(14) 'helles Gelb
Scale- Methode	[Objekt.]**Scale** (x1, y1) – (x2, y2) (Zur Festlegung des Koordinaten-Systems)

Select
Case
	Select Case Testausdruck
	   [**Case** Auswahl1
	     [Anweisungsblock 1]]
	   [**Case Else**
	     [Anweisungsblock n]]
	End Select

4

Etwas Mathematik muss sein – Basiswissen

In diesem Kapitel finden Sie Informationen zu ...

- Grundkenntnisse aus der technischen Mathematik (*Pythagoras*, Strahlensatz, *Guldin*sche Regel, Winkelfunktionen).
- Grundfragen numerischer Mathematik (Näherungen,...).
- Numerische Bestimmung der Zahl π.
- Lösungen von linearen und quadratischen Gleichungen auf zeichnerischem Wege.
- Berechnen und Darstellen von Funktionen [mathematische Funktionen in Visual Basic, Polynome, numerische Integration, Kurvendiskussion (u.a. Nullstellenbestimmung, relatives Minimum ...), Bogenlänge gekrümmter Linien (Kreisumfang, Ellipsenumfang), Iteration, Minimax-Aufgaben,...].
- Verwendung und Nützlichkeit von Tafeln und Tabellen.

Mit diesem Thema wird darauf abgezielt, mathematisches Grundlagenwissen, das für die Entwicklung naturwissenschaftlich-technischer Programme erforderlich ist, in Erinnerung zu rufen. Hierbei wird der mathematische Inhalt, gestrafft und in Form einer Wiederholung, dargelegt. Immer aber stehen das Programm und der Lösungsalgorithmus im Vordergrund, so dass das programmtechnische Wissen stetig erweitert wird. Zusätzlich finden Sie in den Übungen weitere mathematische Probleme und ihre programmtechnische Lösung, so z.B. die Berechnung von Kugelabschnitten, u.v.a.

4.1   Wie ging das noch, wie geht das? – Grundkenntnisse

4.1.1   Pythagoras – programmtechnisch behandelt

Lösung in:
*KP4_1_1\
PYTH.VBP*

Sie erinnern sich? – Ja, richtig. Es ging um rechtwinklige Dreiecke und ihre Seiten. Die zwei kurzen Seiten (das sind die Katheten **a** und **b**) bilden den rechten Winkel (90°) und liegen der langen Seite (der Hypotenuse **c**) gegenüber.

Jeder musste es lernen: „Die Summe der Quadrate über den Katheten ist gleich dem Quadrat über der Hypotenuse."

Oder, in Formelaussage: $\boxed{a^2 + b^2 = c^2}$, womit unser kleiner Erinnerungsexkurs auch schon beendet ist.

Kommen wir zum Pythagoras-Programm (siehe *KP4_1_1\ PYTH.VBP*), das wir einer sondierenden Analyse zum Erkennen der Grundstrukturen unterziehen wollen. Wieder gibt uns die Programmoberfläche (**Bild 4.01**) erste Hinweise.

Bild 4.01:
PYTH.VBP
(Pythagoras)

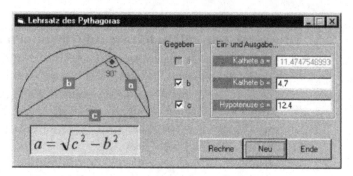

Die Darstellung lässt Folgendes erkennen:

CheckBox

• Der Benutzer hat die Variablen **b** und **c** als gegeben markiert (CheckBox, Symbol s. Randstreifen), gesucht ist also **a**.

• Die Variablen **b** und **c** sind eingegeben, die Größe **a** (Kathete) ist nach Durchführung der Berechnung in TextBox1 (oben) zahlenmäßig ausgegeben worden (ohne Rundung). Von dieser Box ist Enabled auf *False* gesetzt (Kennzeichen: blassere Schrift, Box nur zur Ausgabe zu verwenden).

• Der Fokus ist *nach* der Rechnung an den CommandButton mit der Aufschrift „Neu" übergeben worden.

• MaxButton der Form ist *False* gesetzt.

• Die Anzeigebox unter der Abbildung (ein Ole-Container) zeigt die Lösungsgleichung an.

Weitere Hinweise zum Programmaufbau seien angeführt:

1. Die Abbildung wurde mit Shape(s), Line u. Label erstellt. Da es kein Halbkreisshape gibt, sollten Sie es ergründen.

Ole-Container

2. Das Wurzelzeichen ($\sqrt{\ }$) kann von VB nicht dargestellt werden. Die Formeln wurden daher im *Formeleditor* von Microsoft geschrieben und in *Ole-Containern* (Symbol s. Randspalte) abgelegt. *Ole1* bis *Ole4* sind übereinander liegend („geschichtet") unterhalb des Bildes auf der Form angeordnet. Das *Vorgehen* hierbei sei kurz erklärt:
Fügen Sie ein Ole-Steuerelement neu auf einer Form ein, so öffnet VB automatisch das Fenster „Objekt einfügen", in dem Sie das Fremdprogramm, das Sie nutzen wollen, auswählen können. In unserem Fall wählen wir den Microsoft Formel-Editor 3.0 (Name anklicken und OK). Dieser wird direkt ge-

Value-
Eigenschaft

CheckBox
Wert

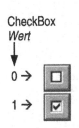

Enabled = False

KeyAscii = 13
(Code der
Return - Taste)

Mit **Call** können
Prozeduren auf-
gerufen werden.

öffnet und Sie können Ihre Formeleingabe vornehmen. Mit Klick in die sichtbar gebliebene Ole-Box schließen Sie dann die Eingabe ab und Ihre Formel ist integriert.

3. Das Schalt- bzw. Steuerzentrum ist das mitten auf der Form angeordnete Frame mit den drei CheckBoxen. Check-Boxen – Sie kennen sie bereits – sind Kontrollkästchen-Steuerelemente. Bei ihnen ist die **Value-Eigenschaft** von besonderer Bedeutung. Die **Syntax**, zur Laufzeit gültig, heißt:

```
Objekt.Value [= Wert]
```

Für *Wert* gibt es bei der CheckBox die Zahlenwerte **0** („nicht aktiviert", Voreinstellung), **1** („aktiviert", checked) und **2** („Zwischenzustand", grayed, ohne Abbildung), s. Randleiste.

Bei allen diesen Einstellungen kann auf die CheckBox zugegriffen werden (Mausklick). *Enabled* bleibt also immer *True*. Im Programm jedoch sind zu bestimmten Zeiten CheckBoxen „totgelegt", d.h. Enabled ist *False*. Die Box ist grau, ein Zugriff über die Maus nicht möglich.

Über Click-Ereignisse der drei CheckBoxen wird gesteuert. Variable, die gesucht werden, kann man nicht eingeben! Also muss die zugehörige CheckBox auf *Enabled = False* gesetzt werden. Zugleich wird ein Zugriff auf die zugehörige Text-Box unterbunden, sie ist im Moment reine Ausgabebox. Zwei TextBoxen bleiben aktiv; in die obere wird für die Eingabe der Fokus gesetzt. Teile des Algorithmus' dieser Check_Click-Prozeduren (s. Codeauszug) sind sofort verstehbar, andere stellen höhere Ansprüche an das programmtechnisch-logische Denken. Eine Analyse dieser Teile ist aber im Moment entbehrlich. Zur Information wird deshalb hier im Buch nur die Check2_Click ausgedruckt, den Rest siehe Programm.

In den KeyPress-Prozeduren finden Sie die Aussage **Key-Ascii = 13**. Dies ist der Ascii-Code der Return -Taste. Betätigt man diese Taste während des Programmlaufs, so können bestimmte Aktionen ohne das Click-Ereignis ausgelöst werden. *Beispiele:* a) Von Text1 wird der Fokus nach Text2 weitergegeben, b) es wird mit der VB-Anweisung **Call** die Prozedur Command1_Click aufgerufen, ohne dass der CommandButton1 (Caption „Rechne") angeklickt werden muss, u.a.

Am Ende der KeyPress-Prozedur steht wieder unser „Sieb" *Select Case* (vgl. Kap. 3.2.2), das hier – bei der Abfrage nur einer Bedingung – völlig ausreicht. Würden *verschiedene* Bedingungen abgefragt, so wäre die *If-Then-Else* als Kontrollstruktur notwendig.

Ohne weitere Erklärungen folgt jetzt der ProgrammCode-Auszug.

Pythagoras-Programm, Auszug: *(KP4_1_1\PYTH.VBP)*

Check2=1 oder
Check2.Value =1
(Value = Standard-eigenschaft)

```
Private Sub Check2_Click()
Label3.Caption = "a² + b² = c²"
Text1.Text = "":  Text2.Text = "":  Text3.Text = ""
 If Check2 = 1 Then Check3.Enabled = False
 If Check3 = 1 Then Check2.Enabled = False
  If Check1 = 1 Then
   Text1.Enabled = True: Text1.SetFocus
  Else
   Text1.Enabled = False
   Check2.Enabled = True: Check3.Enabled = True
  End If
End Sub
```

Text1 oder
Text1.Text

Zeilenfort-setzungszeichen ⟶

```
Private Sub Command1_Click()              'Rechnen
 Dim a!, b!, c!                           'Single
 a = Val(Text1): b = Val(Text2): c = Val(Text3)
 If Text1 = "" And Text2 = "" Then
  MsgBox ("Bitte Wert eingeben!"), 48, "Fehler"
  If Text1.Enabled = False Then Text2.SetFocus _
   Else Text1.SetFocus
   Exit Sub
  ElseIf Text1 = "" And Text3 = "" Then
  ... ' s. Listing auf Buch-CD
 End If
```

hier

```
 If Check1 = 1 And Check2 = 1 Then        'c gesucht
  c = Sqr(a ^ 2 + b ^ 2)
  OLE1.Visible = True
  Text3 = Str(c)                   'Ausgabe TextBox3
 ElseIf Check1 = 1 And Check3 = 1 Then    'b gesucht
  If c < a Then
   MsgBox ("c muss größer als a sein!"), 48, "Fehler"
   Text3 = "": Text3.SetFocus: Exit Sub
  End If
  b = Sqr(c ^ 2 - a ^ 2)
  OLE3.Visible = True
  Text2 = Str(b)
 ElseIf Check2 = 1 And Check3 = 1 Then    'a gesucht
  If c < b Then
   MsgBox ("c muss größer als b sein!"), 48, "Fehler"
   Text3 = "": Text3.SetFocus: Exit Sub
  End If
  a = Sqr(c ^ 2 - b ^ 2)
  OLE2.Visible = True: Text1 = Str(a)
 End If

 Command2.SetFocus                        'Fokus an Neu
End Sub
```

Prozeduraufruf mit Call

```
Private Sub Text2_KeyPress(KeyAscii As Integer)
  If KeyAscii = 13 And Text3.Enabled = True _
    Then Text3.SetFocus
  If KeyAscii = 13 And Text1<>"" And Text2<>"" _
    Then Call Command1_Click
  Select Case KeyAscii
    Case 44: KeyAscii = 46              Logischer Operator
    Case 8, 46, 48 To 57
    Case Else: KeyAscii = 0
  End Select
End Sub
```

Klammer wegen Or notwendig!

```
Private Sub Text3_KeyPress(KeyAscii As Integer)
  If KeyAscii = 13 And (Text1 <> "" Or Text2 <> "") _
    Then Call Command1_Click
  ... ' Forts. s. Programm            Logischer Operator
```

Standard-eigenschaft

Einzelne Steuerelemente haben *Standardeigenschaften*. Bei CheckBox und OptionButton ist dies **Value**, bei der TextBox **Text**, beim Label **Caption** usw. Bei Elementen mit Standardeigenschaft ist eine vereinfachte Schreibweise zulässig. Lange Codezeilen sind auch im Codefenster schlecht lesbar, denn man muss die HScrollBar verwenden. Mehrzeilige Schreibweise solcher Codezeilen ist möglich, s. Randleiste beim ProgrammCode-Ausschnitt. Zu beachten ist das *Leerzeichen* vor dem *Zeilenfortsetzungszeichen* (_)!

Zeilenfort-setzungs-zeichen

4.1.2   Strahlensatz – Beispiel „Leiter-Problem"

Lösung in:
KP4_1_2
LEITER.VBP

Der Strahlensatz, ein oft verwendetes „Werkzeug", wird hier in Erinnerung gerufen, indem wir ihn am Beispiel des „Leiter-Problems" (vgl. *INFOPROG.VBP*, Kap. 2.5) anwenden. Das Programm heißt *LEITER.VBP* und befindet sich im Verzeichnis *KP4_1_2*. Zum Strahlensatz selbst finden Sie ein Programm in der Übung zu Kap. 4.1 (*KP4_1_Ue\STRAHL\STRAHL.VBP*).

Bild 4.02:
LEITER.VBP
(Anwendung des Strahlensatzes)

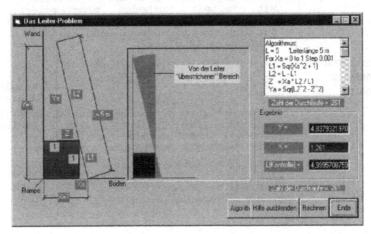

Die Darstellung der Problemsituation (**Bild 4.02**, links) ist durch Shapes, Line und Label erfolgt. In der Mitte der Form ist eine PictureBox angeordnet, deren Bild zur Laufzeit entsteht. Es zeigt – unter Anwendung der *Line*-Methode – den von der Leiter „überstrichenen" Bereich. Rechts auf der Form befindet sich der Informations- und Ausgabebereich.

Hilfe-Bild auf der Form realisieren

Die zur Laufzeit eingeblendete *Algorithmus-Hilfe* (vgl. Bild 4.02 linke Seite) zeigt Begriffe, Strecken etc. an, die im Lösungsalgorithmus (s. dort) Verwendung finden. Für unseren Fall gelten z.B. folgende Beziehungen (*Strahlensatz*):

Strahlensatz

$$\frac{Y_a}{Z} = \frac{1}{X_a} \quad \dots \text{ oder } \dots \quad \frac{L_1}{X_a} = \frac{L_2}{Z}$$

Leiter-Programm, Auszug: *(KP4_1_2\LEITER.VBP)*

```
Private Sub Command3_Click()    'Rechnen
   L = 5                        'Länge der Leiter in m
   For Xa = 0 To 1 Step 0.001   'Schrittweite ist 1 mm
      i = i + 1                  'Schleifendurchläufe
      L1 = Sqr(Xa ^ 2 + 1)      '1^2 = 1
      L2 = L - L1
      Z = Xa * L2 / L1          'Strahlensatz
      Ya = Sqr(L2 ^ 2 - Z ^ 2)  'Pythagoras
      If Z >= 1 Then Exit For
      Picture1.Line(1 + Xa, 0)-(1 - Z, 1 + Ya),QBColor(8)
   Next Xa                      'Xa nicht erforderlich

   Text2(0).Text = Ya + 1
   Text2(1) = Xa + 1
   Text2(2) = Sqr((Ya + 1) ^ 2 + (Xa + 1) ^ 2)
   'Moderne Möglichkeit zur Anzeige von i
   Label4.Visible = True
   Label4.Caption = "Zahl der Durchläufe = " + Str(i)
   'Mit  "alten"  Methoden  programmiert.  Hintergrund-
   'streifen mit For Next erstellt. CurrentY und CurrentX
   'zur Position für Print. Dann Ausdruck von i.
   ForeColor = QBColor(8)

   For J = 7000 To 9100 Step 15
      CurrentY = 4000: CurrentX = J
      Print "|"                 'zeichnet Streifen
   Next                         'J hier weggelassen

   'Einfacher wäre es mit der Line-Methode (BF), s. dort.
   CurrentY = 4000: CurrentX = 7100   'Zahlen in Twips
   ForeColor = QBColor(12)
   Print "Zahl der Durchläufe = "; i

   ' Restliche Arbeiten (Label in PictureBox...)
   Label16.Visible = True:  Line26.Visible = True
   Command1.SetFocus
End Sub
```

For Next mit Laufvariable *Xa*

Schleife mit Exit For vorzeitig verlassen →

Verwendung von CurrentX und CurrentY

Schleifendurch-
läufe zählen mit:
i = i + 1
(zur Kontrolle)

Im obigen Listing zählt **i** die Schleifendurchläufe. Beim ersten Durchlauf ist **i**, da nicht vorbelegt, standardmäßig Null (0). VB arbeitet die rechte Seite der entsprechenden Zeile ab (0+1 =1) und weist das Rechenergebnis der Variablen auf der linken Seite zu! Ab jetzt, bis zur Änderung beim nächsten Durchlauf, ist i = 1. Dann: 1 + 1 = 2. Zuweisen! i = 2 usw.

Hieran ist erkennbar, dass das Zeichen „=" *kein* Gleichheitszeichen darstellt, sondern den *Zuweisungsoperator* von VB.

Die Picture1.Line-Zeile zeichnet den von der Leiter „überstrichenen" Bereich innerhalb der PictureBox (Bild 4.02).

Da wir nicht wissen, wie viele Durchläufe notwendig sein werden, wurde *Endwert* der Schleife willkürlich festgelegt (hier 1, also 1 m). Dies macht dann aber die Zeile mit *Exit For* notwendig. Wird die Bedingung *Z >=1* während der Laufzeit erfüllt, führt dies zum *vorzeitigen* Verlassen der Schleife.

Eleganter ist hier eine andere Schleifenkonstruktion, die **Do Loop-Schleife**, die alternativ angewendet werden kann:

Mit der
Do Loop-Schleife
experimentieren

Schleife kann mit
Exit Do vorzeitig
verlassen werden.

```
Do                    'While Z < = 1 'Bedingung hier vorn
   Xa = Xa + 0.001              'vgl. i = i + 1
   L1 = Sqr(Xa ^ 2 + 1)        '1^2 = 1
   L2 = L - L1
   Z = Xa * L2 / L1          'Strahlensatz
   Ya = Sqr(L2 ^ 2 - Z ^ 2)  'Pythagoras
   Picture1.Line (1 + Xa, 0)-(1 - Z, 1 + Ya),QBColor(8)
   'If Z > = 1 Then Exit Do  'Abbruchbedingung innerhalb
Loop Until Z >= 1         'oder Bedingung hier (letzte Zeile)
```

Wie wir der Benutzeroberfläche des Programms entnehmen können (Bild 4.02), sind für die Hilfe zwei CommandButton vorgesehen, einer zum Einblenden (zur Verdeutlichung etwas nach links verschoben gezeigt) und einer zum Entfernen der Hilfe. In den zugehörigen Click-Prozeduren wird, sichten Sie dies im ProgrammCode, insbesondere die Eigenschaft *Visible* (True bzw. False) verwendet. Schöner wäre es, wenn für die Hilfe nur ein CommandButton benötigt würde.

Zwei mögliche Lösungen sollen verdeutlicht werden:

1. Beide CommandButton pixelgenau übereinander ablegen! Dies erspart zwar keinen Button, aber dem Benutzer stellt sich der Eindruck, als hätte man nur *eine* Befehlsschaltfläche für die Hilfe. Am Algorithmus innerhalb der Click-Prozeduren ändert sich nichts, nur muss realisiert werden, wann der jeweils benötigte Button vorn liegt, also sichtbar ist. Die Programmlösung auf Buch-CD ist so vorgenommen worden, allerdings sind die Button nicht übereinander positioniert.

2. Wirklich mit nur *einem* CommandButton gelingt die Lösung z.B. durch Verwendung des **Not-Operators**. Dazu folgender ProgrammCode-Auszug, der zu verwirklichen ist:

Verwendung des logischen Operators Not ➤

```
Private Sub Command1_Click ()
  Static Hilfezeigen As Boolean
  Hilfezeigen = Not Hilfezeigen
  If Hilfezeigen = True Then
    ' Hier den Code von Command1_Click eingeben
    Command1.Caption = "Hilfe ausblenden"
  Else
    ' Hier den Code von Command2_Click eingeben
    Command1.Caption = "Algorithmus-Hilfe"
  End If
End Sub
```

Es ist eine Variable *Hilfezeigen* vom Datentyp *Boolean* eingeführt worden. Diese ist *Static* zu setzen, so dass sie ihren jeweiligen Wert bei Verlassen der Prozedur beibehält. Der jeweils vorliegende Wert dieser Variablen wird in der zweiten Zeile, in der der logische Operator **Not** verwendet wird, gewechselt (Aus True wird False, aus False wird...). Dann kommt die *If...Then...Else* mit den zugehörigen Caption-Zeilen, die u.a. die Buttonbeschriftung austauschen.

Eigenartige Bezeichnung: Label1(1)

Wenn Sie das Programm aufmerksam analysiert haben, sind Ihnen bei den TextBoxen und Bezeichnungsfeldern eigenartige Namen aufgefallen [z.B. Text2(0), Label1(1)].

Wie ist es dazu gekommen, und weshalb macht man dies?

Steuerelementefeld

Zur Erinnerung: Hat man mehrere Steuerelemente gleichen Typs (hier die Label), so kann man sie schneller auf die Form bringen, wenn man das erste in seinen Eigenschaften vorbereitet, dieses kopiert (*Menü Bearbeiten/Kopieren*) und danach im selben Menü *Einfügen* anklickt. VB stellt jetzt die Frage, ob Sie ein **Steuerelementefeld** erstellen möchten (vgl. Bild 3.15). Bisher wurde Ihnen dann geraten, mit „Nein" zu antworten. Damals erhielten Sie völlig unabhängige Steuerelemente mit eigenen Nummern. Antworten Sie jedoch mit „Ja" auf die Abfrage, dann wird ein *Steuerelementefeld* mit Namen *Label1* eingerichtet. Alle danach eingefügten Label haben diesen Namen, erhalten allerdings, damit man sie unterscheiden kann, einen **Index**, der – in Klammern gesetzt – angefügt wird. Über den kompletten Namen, also quasi Nachname *und* Vorname, können Sie wie gewohnt auf das einzelne Element zugreifen. Sollte gar kein Zugriff nötig sein, so ist immer zu empfehlen, ein Steuerelementefeld anzulegen. Dies ist ressourcenschonend.

Ein weiterer großer Vorteil ist darin zu sehen, dass Sie relativ einfach (z.B. mittels Schleifen) über den Index auf alle Elemente dieses Feldes zugreifen können. Dies wird oft genutzt!

```
'Macht sämtliche Label unsichtbar
For i = 1 To 5
  Label1(i).Visible = False
Next
```

Allerdings ist der ProgrammCode häufig etwas komplexer. Hat man z.B. ein Steuerelementefeld für CommandButton eingerichtet, so gibt es für sämtliche Button nur *eine* gemeinsame Klickprozedur! In dieser muss, auf den Index bezogen, mit *If...Then* bzw. *Select Case* verzweigt werden.

Weitere Besonderheiten des Programms seien Ihnen als Analyseübung überlassen. Insbesondere sollten Sie sich Informationen über *CurrentX* bzw. *CurrentY* (→ Online) holen!

Wir wollen uns abschließend der noch nicht angesprochenen „Störstelle" *Stellenzahl* für Y in der TextBox1 zuwenden. Wie das Bild 4.02 zeigt, werden 14 Stellen nach dem Dezimaltrennzeichen angezeigt. Sie sehen nicht alle, da die TextBox nicht lang genug ist. Grund für die vielen Stellen: Y ist nicht deklariert (auch das geht in VB!) und erhält daher den Datentyp Variant zugewiesen. Sinnvoll wäre hier eine Genauigkeit von höchstens 1 mm, also drei Stellen hinter dem Trennzeichen. Dies können Sie im Kopf direkt lösen (4.838), wobei Sie stillschweigend aufgerundet haben. Bringen Sie dies aber erst einmal VB bei!

Zahlen runden

Runden von Zahlen geschieht auf „klassischem" Weg so:
- Ausgangswert der Variablen sei: Y = 4.8379321970.....
- Sie ist auf *Z* Stellen nach dem Komma zu runden (beim Beispiel ist Z = 3).
- Faktor festlegen (bei 1 Stelle → Faktor 10, bei 2 Stellen → Faktor 100, bei 3 Stellen → Faktor 1000 usw.)
- Erster Zwischenwert Zw1 wird also = Y * Faktor = Y * 1000 = 4837.9321970....).

VB-Funktion Int

- Dieser Wert wird auf *Ganzzahl* umgeschrieben! Dafür hat VB die *Integer-Funktion* (**Int**), die den gesamten Zahlenteil hinter dem Trennzeichen wegfallen lässt, also wirklich nur den ganzzahligen Anteil ausweist. Als Ergebnis erhielten wir 4837. Es wäre nahe dran, aber die Aufrundung (ab .5 gewollt) fehlt. Hier wendet man einen *Trick* an: Wir addieren zu Zw1 den Wert **0.5** und erhalten einen neuen Zwischenwert Zw2. Zw2 = Zw1 + 0.5 (also = 4838.4321970....). Jetzt die *Int -*

Funktion anwenden (!) und wir haben die Aufrundung. Damit wird Zw3 = Int(Zw2), also Zw3 = Int(Y * Faktor + 0.5).

• Diese Zahl ist aber, da sie mit *Faktor* multipliziert worden ist, 1000fach zu groß. Sie muss daher durch 1000 (Divisor = Faktor = Zahl) geteilt werden. Ergebnis unserer Betrachtung:

Runden nach der Beziehung→

Y = 4.837932..

↓

„Rundungssieb"

↓

Y = 4.838

```
Y = Int(Y * Zahl + 0.5)/Zahl
```

Auch hier kann man von einem Sieb oder Filter sprechen. Die Zahl Y, ungerundet, wird dem „Sieb" [Y = Int(Y * Zahl + 0.5) / Zahl] zugeführt und – bei gleichzeitigem Runden – von unnötigem Ballast (Nachkommastellen) befreit. Das Ergebnis wird der Variablen Y zugewiesen. Der alte Wert wird überschrieben, da dieselbe Speicherstelle verwendet wird. Das „Rundungssieb" hat seine Arbeit getan.

Format$
(→s. Online)

Einfacher geht dies mit der **Format$-Funktion**, die hier ohne nähere Erklärung angegeben wird. Diese Funktion ist in VB so vielseitig verwendbar, dass es sich lohnt, die Handbücher bzw. die Online diesbezüglich zu studieren. Zur Lösung unseres Problems genügt die Einfügung von

```
Y = Format$(Y,"###0.##0")      'auch Format(),
```

in der der Stringausdruck (" ") sog. Platzhalter markiert.

4.1.3   Noch einmal – Kreisfläche (zum π-Nachweis)

Lösung in:
*KP4_1_3\
KREIS_PI.VBP*

π - Nachweis

Da wir die *For Next-Schleife* kennen, steht uns das Tor zum Einstieg in weitere numerische Betrachtungen offen. Um dies zu verdeutlichen, wird das Beispiel der Kreisflächenberechnung einmal auf völlig anderem Weg durchgeführt, nämlich ohne Verwendung der Zahl π. Gelingt uns dies, dann haben wir eine Möglichkeit, die Zahl π zu ermitteln.

Grundgedanke: Die Kreisfläche als geometrisches Gebilde kann man sich auf verschiedene Arten aus Teilflächen zusammengesetzt vorstellen. In unserem Beispiel sei die Fläche aus sehr dünnen, waagerecht liegenden Streifen gebildet. Die

Bild 4.03:
Kreis, in Streifen zerlegt
(Vierte Schicht ist ohne Flächeninhalt!)

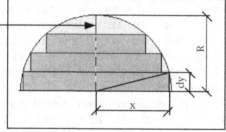

Betrachtung erfolgt am Halbkreis, was später im Algorithmus zu berücksichtigen ist. Eine mögliche Streifenbegrenzung für die Rechteckstreifen zeigt **Bild 4.03**, bei dem die Streifenzahl mit N = 4 festgelegt worden ist.

Untersumme, Obersumme

Da die Streifen unterhalb der Kreisbegrenzung liegen, wollen wir hier von *Untersumme* sprechen. Umrahmen die Streifen die Kreisfläche von außen, so spricht man von *Obersumme*. Augenscheinlich ist die Näherung der Flächensumme der Rechtecke an den Halbkreis umso besser, je dünner man die Schichten wählt. Im Allgemeinen genügt die sich ergebende Genauigkeit den üblichen Ansprüchen, wenn man Schichtenzahlen bis 500 nimmt. Bei unserem Beispiel erhalten Sie aber erst bei N = 2000 die Zahl π mit 2 genauen Stellen hinter dem Komma. Verbessern kann man dies bereits dadurch, dass man mit der Obersumme arbeitet. Noch genauer wird es, wenn die Rechtecke mit kleinen Ecken außerhalb des Kreises liegen (also eine Art Mittelwert). Hiermit können Sie experimentieren. Der Algorithmus wird allerdings etwas komplizierter.

Hinweis: Der Algorithmus lässt sich auch für beliebige *Kreisabschnitte* verwenden. Zu bedenken ist jedoch, dass bei grossen Schichtenzahlen das Ergebnis wegen der rechnerinternen Abrundungsfehler keinesfalls immer genauer wird. Zudem steigen die Rechenzeiten an. Auch hier gilt es also, wirtschaftlich zu planen. Die Suche nach dem „besseren" Algorithmus, die ja gerade den Reiz des Programmierens ausmacht, bleibt uns also.

Für Zufallszahlen wichtig: Rnd und Randomize

Im Programm *KP4_1_Ue\PI\PI.VBP* befinden sich interessante Beweise zur Bestimmung von π, so der Beweis nach der *Monte Carlo-Methode* (Zufallsregen), der Beweis von *Buffon* (Nadelversuch), die *Leibniz*'sche Reihe u.a. Dieses Programm zeigt die Anwendung der VB-Anweisungen **Rnd** bzw. **Randomize** und sollte von Ihnen analysiert werden.

Kreisfläche und PI-Beweis: *(KP4_1_3\KREIS_PI.VBP)*

```
Private Sub Command1_Click()
   Dim R, A, y, x, PI As Single: Dim i%, N%     'Integer
   R = 100: N = 2000       'Vorbelegungen durch Zuweisung
   dy = R / N              'Schichtendicke
   For i = 1 To N
      y = i * dy              'Maß y bei jeweiliger Schicht
      x = Sqr(R ^ 2 - y ^ 2) 'Maß x der jeweiligen   "
      dA = 2 * x * dy         'Fläche eines Streifenstückes
      A = A + dA              'Summenbildung für Halbkreis·
   Next                       'fläche
   Ages = 2 * A            'Fläche des Vollkreises
   PI = Ages / R ^ 2      'Umstellung nach PI
   Print "N = "; N         'N = Schichtenzahl (Kontrolle)
   Text1 = Str(PI)         'Ausgabe in TextBox
End Sub
```

4.1.4

Lösung in:
KP4_1_4
KREISAB.VBP

Kreisabschnitt – eine Fehlerbetrachtung

In Tabellenbüchern finden Sie für Kreisabschnitte die Näherungsformel zur Flächenberechnung $\boxed{\text{Anäh} \approx 2/3 * s * h}$. Hierbei ist **s** die Sehne und **h** die Bogenhöhe des Abschnitts (s. **Bild 4.04**). Das hier vorgestellte Programm ermöglicht es, die Güte dieser Näherungsformel einzuschätzen und eine Fehlerberechnung vorzunehmen.

Wie dem Bild zu entnehmen ist, werden die errechneten Flächen grafisch dargestellt (PictureBox). Der obere Graph zeigt den Verlauf der wahren Flächengröße (**A**), der darunter liegende die Näherungswerte (**Anäh**). Die Abweichung stellt den Fehler dar, der unten in Prozent angetragen wird (**F**). Um diese funktionale Abhängigkeit aufzuzeichnen, ist als Laufvariable die Größe **h** gewählt worden, die von 0.1 bis R in Schritten von 0.1 variiert wird (s. Programmauszug). Wie zu ersehen ist, zeigt die Näherungsformel eine Zunahme des Fehlers mit wachsendem **h**. Der max. Fehler liegt bei h = R und ergibt etwa -15% Abweichung von der wahren Fläche. Der Benutzer kann nach Start des Programms eine Fehlergrenze in Prozent (z.B. 8) in der obenliegenden TextBox vorgeben, die bei der Berechnung Berücksichtigung findet.

Bild 4.04:
Näherungsformel
für Kreisabschnit-
te, eine Fehlerab-
schätzung

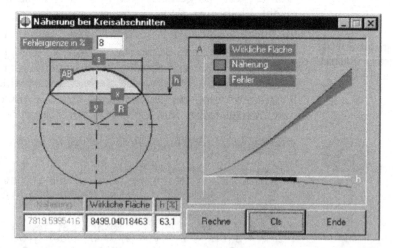

Die Vorbereitung der PictureBox erfolgt in der Form_Load-Prozedur (Scale-Methode, Koordinatenachsen). Der eigentliche Lösungsalgorithmus ist in der Command1_Click (Caption „Rechne") abgelegt. Hierzu finden Sie die programmtechnischen Details im nachstehend abgedruckten ProgrammCode-Auszug. Vorab sei auf einige Besonderheiten hingewiesen:

- In der Schleife wird zuerst, ausgehend von **R** (hier = 100) und dem jeweils gültigen **h**, die Breite **s** des Kreisabschnitts berechnet, womit dann **Anäh** bestimmt wird.

- Aus Bild 4.04 erkennt man, dass die wirkliche Fläche **A** die Differenz aus einem Kreisausschnitt und einem Dreieck (Fläche = s * y / 2) ist. Für die Bestimmung des Kreisausschnitts ist der Kreisbogen **AB** erforderlich. Dieser wird mit Hilfe des *Arkustangens* (**Atn**) errechnet. Die Betrachtung erfolgt für den halben Spitzenwinkel, für den der Tangens leicht ermittelt werden kann (x/y). Der zu diesem Winkel gehörende Bogen lässt sich mit Atn bestimmen (Ergebnis in *rad*). Dieser muss, um **AB** zu erhalten, nur noch mit **R** multipliziert werden. **Wichtig:**

Begriff Arkustangens

Arctan X ist der Bogen zwischen $-\pi/2$ und $+\pi/2$, dessen Tangens den Wert X hat.

- Der Fehler ist als Quotient aus Flächendifferenz und wirklicher Fläche festgelegt. Mit 100 multipliziert erhält man %.

- Zu beachten ist, dass die For Next nicht mit h = 0 starten darf, da VB sonst *Division durch Null* meldet! Grund: **A** ist für diesen Fall Null. Da in der Zeile zur Berechnung des Fehlers durch **A** dividiert wird, kommt es zur Fehlermeldung. Test!

DoEvents gibt Systemzeit frei.

- Um Zahlenwerte *während* des Schleifendurchlaufes (s. TextBoxen) auszugeben, muss in der Schleife **DoEvents** gesetzt werden. Diese Anweisung gibt kurzzeitig Systemzeit für andere Aufgaben, z.B. das Zuweisen von Text, frei. Testen Sie dies, indem Sie *DoEvents* mit *Rem* herausnehmen!

Kreisabschnitt, Auszug: *(KP4_1_4\KREISAB.VBP)*

DoEvents ⟶

Mit GoTo Textausgabe überspringen (s.a. S. 102f) ⟶

```
Private Sub Command1_Click()

  R = 100                              'Zuweisung
  If Text4 = "" Then Text4.SetFocus: Exit Sub
  Fehlergrenze = Val(Text4)
  For h = 0.1 To R Step 0.1
    DoEvents              'gibt Systemzeit kurzzeitig frei
    y = R - h: x = Sqr(R ^ 2 - y ^ 2): s = 2 * x
    Anäh = 2 / 3 * s * h                'Näherungsfläche
    AB = 2 * R * Atn(x / y)             'Bogenlänge
    A = AB * R / 2 - B * y / 2          'wirkliche Fläche
    F = (Anäh - A) / A * 100            'Fehler in %
  If Abs(F) > Fehlergrenze Then GoTo weiter
    Text1 = Str(Anäh): Text2 = Str(A): Text3 = Str(h)
  weiter:      'Sprungmarke, mit Doppelpunkt! Notwendig!
    ...        'Um Grafik-Methoden gekürzt (s. Programm)
  Next

End Sub
```

4.1.5

Bild 4.05:
Unser Ziel

Lösung in:
KP4_1_5
KEGEL.VBP

Volumenberechnung – Kegelabschnitt

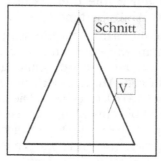

Gesucht wird das Volumen des Abschnitteils „V"!

Der Begriff *Kegelabschnitt* wird hier analog zum Begriff Kreisabschnitt verwendet. Die Schnittlage, parallel zur Achse des aufrechtstehenden Kegels geführt, kann der nebenstehenden Abbildung (**Bild 4.05**) entnommen werden.

Einzugebende Größen:

Eingabe

- Grundkreisdurchmesser **dk** des Kegels in mm.
- Höhe **hk** des ungeschnittenen Kegels in mm.
- Abstand der Schnittlage von der Kegelachse (**lx** in mm).
- Anzahl der waagerecht liegenden Schichten **N**, in die der Kegelabschnitt aufgeteilt gedacht wird.

Sämtliche vorgenannten Größen sind Variable, die zur Laufzeit vom Anwender eingegeben werden können (TextBoxen).

Ein Programm zur Kegelschnittdarstellung in der Seitenansicht ist in *KP4_2_Ue\ KEGEL\HYP.VBP* beigegeben.

Die Benutzeroberfläche zur Laufzeit (**Bild 4.06**) zeigt die integrierten Steuerelemente (Label, TextBoxen, CommandButton). Auf der linken Seite der Oberfläche sehen Sie, in Vorderansicht und Draufsicht, die Kegelschnittdarstellung im Detail. Hieraus können Sie die Bezeichnungen und Lagen der Berechnungsgrößen entnehmen, die im Lösungsalgorithmus Bedeutung haben. Zur Darstellung selbst sind die Steuerelemente *Shape* und *Line* verwendet worden.

Algorithmus

Gedanken zum Lösungsalgorithmus

- Bestimmung der Kegelabschittshöhe **hA** über den *Strahlensatz*. Es gilt: rk = dk / 2   und

$$hA : (rk - lx) = hk : rk,$$ woraus folgt

$$hA = hk / rk * (rk - lx).$$

- Schichtdicke der einzelnen Schicht: dy = hA / N.

- Das Volumen des Kegelabschnitts wird hier als Summe der übereinander liegenden Schichten beschrieben bzw. gedacht. Die einzelnen Schichten selbst sind – geometrisch gesehen – Abschnitte von Zylindern. Dass dies nicht genau sein kann, ist offensichtlich. Nur – numerisch betrachtet – wird der Fehler mit wachsender Zahl der Schichten **N** kleiner. Auch wirkt die Wahl der Begrenzung der Zylinderscheibenabschnitte – sie liegen teils *im* Kegel, teils außerhalb – fehlermindernd. Bereits bei relativ geringer Schichtenzahl **N** erreicht man so eine Rechengenauigkeit bis zu mehreren Stellen hinter dem Komma.

Bild 4.06:
Programm
Kegelabschnitt
(KEGEL.VBP).
Der Button „S"
ermöglicht die
Eingabe von
vorbelegten
Standardwerten.

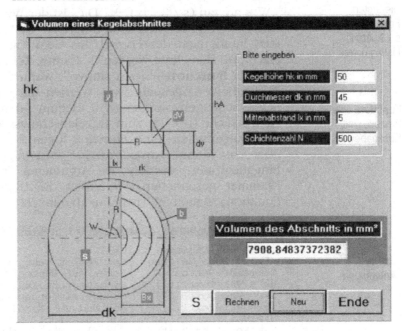

• Betrachtung einer einzelnen Schicht:
Volumenbestimmende Maße der Schicht sind: **R**, **s**, **Bx** und die Schichtendicke **dy**. Je nach Schichtwahl sind diese Größen (Ausnahme *dy*, welches für alle Schichten gleich ist) verschieden. Hat man die jeweils vorliegende *Kreisabschnittsfläche* **Ay** der einzelnen Schicht ermittelt, so ist das Teilvolumen dieser Schicht leicht zu errechnen:

dV = Ay * dy

Bestimmung der Einzelgrößen:

a) Der Radius **R** wird über den Strahlensatz bestimmt. Es gilt:
y = hk - (i * dy - dy / 2)
rk : hk = R : y.
Hieraus wird durch Umstellung nach **R** die gewünschte Größe **Bx** gefunden (s. Listing, Zeilen * und **).

b) Die Sehne **s** wird mittels *Pythagoras* berechnet. Es gilt:
$(s / 2)^2 = R^2 - lx^2$
Hieraus folgt **s** (siehe Listing, Zeile ***).

c) Die Breite des Abschnittes ist (wie erwähnt): Bx = R - lx

d) Die Berechnungsformel für Kreisabschnitte, wie Sie sie in jedem Tabellenbuch finden können, beinhaltet aber auch noch den zum Abschnitt gehörenden *Bogen*, der wie folgt ermittelt wird:

$$\tan(W) = (s/2)/lx = s/2/lx, \qquad \text{woraus folgt:}$$

Die arctan-
Funktion
s. → *Atn* im
Listing unten

$W = \text{arc} \tan(s/2/lx)$ → Dies ist der Winkel in <*rad*>.
Den Bogen findet man dann durch: $b = W * 2 * R$
Jetzt kann nach der Formel aus dem Tabellenbuch die Fläche *dA* berechnet werden (s. Listing, Zeile ##).

e) In einer **Function** – sie ist sinnvoll, wenn nur ein Wert (= Rückgabewert) gesucht ist – werden die einzeln errechneten Schichtenvolumen *(dV)*, beginnend mit der untersten Schicht (i = 1), zum Kegelabschnittsvolumen (Zeile ###) aufsummiert. Eine *Function* fügen Sie in Ihr Projekt über das Menü *Extras/Prozedur hinzufügen...* ein. Die Eingabegrößen werden als Argumente in die offene Klammer geschrieben. So erfolgt die Übergabe an die Funktion. Sichten Sie Listing u. Handbuch!

Function, eine
Prozedur mit
Rückgabewert

Kegelabschnittsvolumen, Auszug: *(KP4_1_5\KEGEL.VBP)*

GoTo-
Anweisung

```
Private Sub Command1_Click()
On Error GoTo Meldung  'Bei Fehler gehe zu Sprungmarke
    Command2.SetFocus     'Fokus auf Button "Neu"
    hk = Val(Text1(0))    'Eingabegröße Kegelhöhe
    dk = Val(Text1(1))    'Grundkreisdurchmesser
    lx = Val(Text1(2))    'Abstand von Kegelachse
    N = Val(Text1(3))     'Schichtenzahl
    V = Kegelabschnitt(hk, dk, lx, N)      'Rückgabewert
    Text1(4) = V: Exit Sub           'Str nicht nötig
Meldung:
    MsgBox "Ohne Werte geht's nicht!", 16, "Hinweis"
    Text1(0).SetFocus
End Sub
```

Sprungmarke,
auch Zeilenmarke
(muss „:" haben)

Function
(auch mit *Call*
aufrufbar, siehe
Programm!)

```
Public Function Kegelabschnitt(hk,dk,lx,N) As String
    If lx = 0 Then lx = 0.000001      'mit Rem raus, Test!
    'lx darf nicht 0 werden. Steht bei tangensW im Nenner
    rk = dk / 2: hA = (rk - lx) * hk / rk: dy = hA / N
    For i = 1 To N
    y = hk - (i * dy - dy / 2)
    R = y * rk / hk                    'Zeile *
    Bx = R - lx                        'Zeile **
    s = 2 * Sqr(R ^ 2 - lx ^ 2)        'Zeile ***
    tangensW = s / 2 / lx       'Tangenswert von Winkel/2
    WB = Atn(tangensW)          'Winkel W in rad (Bogen)
    b = R * WB * 2              '(#)Bogenlänge
    dA = b * R/2 - s * (R - Bx)/2      '(##)Kreisabschnitt
    dV = dA * dy                       'Schichtenvolumen
    V = V + dV                         '(###) Summenbildung
    Next                   'dann V dem Funktionsnamen zuweisen
    Kegelabschnitt = V                 'Rückgabewert
End Function
```

VB-Funktion **Atn**
(Arkustangens)

Anmerkung zur **GoTo-Anweisung**: *GoTo* ist ein Sprungbefehl, der *innerhalb* einer Prozedur ohne Bedingung zu einer *Sprungmarke* (Label) verzweigt! Zeilennummern sind möglich, aber heute nicht mehr üblich. Frühere Basic-Versionen sind durch diesen Befehl in Verruf geraten, da man in nicht strukturierten Programmen beliebige Sprünge vorgeben konnte. Programme dieser Art waren schwer lesbar. Heute ist Springen mit *GoTo* nur *innerhalb* einer Prozedur möglich, so dass Sie über die Auswirkungen leicht Klarheit erlangen können. Die Meinung vieler VB-Autoren, man solle auf den *GoTo*-Befehl gänzlich verzichten, teile ich daher nicht, zumal er oftmals die einfachste Lösung darstellt (vgl. auch Kap. 4.3.8).

Eine Lanze für die **GoTo**-Anweisung

Übung: Beim Test mit *lx* = 0 muss sich das halbe Kegelvolumen ergeben! Überprüfen Sie dies.

4.1.6

Lösung in:
*KP4_1_6\
GULDIN.VBP*

Guldin'sche Regel – Kegelförmiger Trichter

Sind von einem kegelförmigen Trichter (vgl. **Bild 4.07** links) die Maße **d** (Grundkreisdurchmesser) und **h** (Kegelhöhe) bekannt, so kann die Mantelfläche auf verschiedene Arten berechnet werden. Eine elegante Methode ist die Berechnung mittels *Guldin'scher* **Regel**.

Bild 4.07:
Programm
Kegelmantel
(GULDIN.VBP)

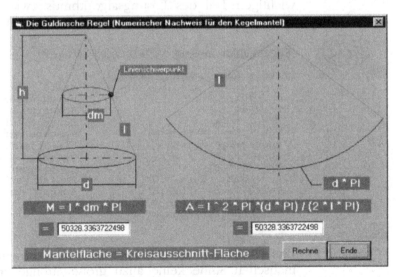

Guldin (1577 – 1643), ein schweizer Mathematiker, hat diese auf *Pappus* (um 300 n. Chr.) zurückgehende Regel, die für Flächen- und Volumenberechnungen anwendbar ist, aufgegriffen und weiterentwickelt. In der Technik kann sie vielfach mit Vorteil genutzt werden.

Was besagt die *Guldin*'sche Regel?

Die Regel basiert darauf, dass eine so genannte „Erzeugende" (bei der Flächenberechnung ist dies eine Linie, bei der Volumenberechnung eine Fläche) in bestimmter Weise längs ihres Schwerpunktweges bewegt wird. Beim Beispiel des Kegelmantels ist die Erzeugende die Mantellinie **l**, die mit dem Pythagoras leicht aus den Grundgrößen des Kegels (**d** und **h**) ermittelt werden kann. Der Schwerpunkt dieser Linie (S) liegt auf halber Kegelhöhe, der Schwerpunktweg ist der Umfang des Kegels an dieser Stelle (ls = dm * PI). Bewegt man gedanklich die Mantellinie l um den Kegel herum, so überstreicht sie die komplette Mantelfläche. *Pappus/Guldin* haben entdeckt, dass man hierüber die Mantelfläche ermitteln kann:

Guldin'sche Regel für die Flächenbestimmung

Fläche M = Erzeugende l * Schwerpunktweg ls

Bemerkenswert an dieser Rechenregel ist, dass es sich *nicht* um eine Näherungslösung handelt! Das Rechenergebnis stellt sich, wie die Kontrollrechnung nach anderem Lösungsgang (der abgewickelte Kegelmantel stellt einen Kreisausschnitt dar) zeigt, bis zur letzten Stelle hinter dem Komma exakt ein (vgl. Bild 4.07). Der nachstehende Programmauszug zeigt den wichtigen Teil des Lösungsalgorithmus', wie er dem Command1-Button (Caption „Rechne") hinterlegt ist.

Kegelmantel, Auszug: *(KP4_1_6\GULDIN.VBP)*

```
Private Sub Command1_Click()
   l = Sqr(h ^ 2 + (d / 2) ^ 2)   'Mantellinienlänge
   dm = d / 2                      'Durchmesser
   ls = dm * PI                    'Schwerpunktweg
   M = l * ls                      'Mantelfläche
   Text1.Text = Str$(M)            'Ausgabe von M in Text1
   Ages = l ^ 2 * PI               'Kreisfläche mit Radius l
   Uges = 2 * l * PI               'gesamter Kreisumfang
   Uk = d * PI                     'anteiliger Umfang Kegel
   A = Ages / Uges * Uk            'Kreisausschnitt-Fläche
   Text2.Text = Str$(A)            'Ausgabe von A in Text2
   Label3(5).Visible = True
   Command2.SetFocus
End Sub
```

Das vorgestellte Programm lässt sich, sofern man im mathematischen Sinne keine allzu große Strenge an den Beweis stellt, als numerischer Nachweis für die Richtigkeit der *Guldin*'schen Regel einordnen.

Bei Volumenberechnungen ist analog vorzugehen. Die „Erzeugende" wäre beim Kegelvolumen eine Dreiecksfläche mit den Seiten **h**, **d/2** und **l**. Dieses Dreieck, um die Kegelachse gedreht, „überstreicht" das Kegelvolumen. Für die Rechnung ist lediglich der Flächenschwerpunkt des Dreiecks zu bestimmen. Er liegt um Grundkreisradius/3 von der Kegelachse entfernt. Eine Erweiterung des Programms auf die Volumenberechnung dürfte somit keine Schwierigkeiten mehr bereiten (Übung 4.1, Aufgabe 3).

Übung 4.1: Vermischte Aufgaben *(in \KP4_1_Ue)*

1. Bestimmen Sie auf numerischem Wege das Volumen einer Halbkugel mit dem Kugelradius **Rk** = 50 mm. Variieren Sie bei Ihrer Lösung die Begrenzung der Zylinderscheiben [*Untersumme*, *Obersumme*, Scheiben überschneiden Halbkugel (vgl. Kegelabschnitt)]. Die Lösung für die Untersumme finden Sie in *KP4_1_Ue\HALBKUGL\HALBKUGL.VBP*.

2. Es ist ein Programm zur Berechnung eines regelmäßigen Sechsecks zu entwickeln (**Bild 4.08**). *Programmdetails*: Eckenmaß "**e**" ist gleich dem Umkreisdurchmesser und wird in der TextBox1

Bild 4.08:
Programm
SECHSECK.VBP

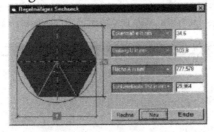

eingegeben. Ausgabegrößen sind Umfang **U**, Fläche **A** und Schlüsselweite **SW**. Runden auf 3 Stellen. *SECHSECK.BMP* (im Verzeichnis *Icon* beigegeben) integrieren. Steuerelementefelder einbeziehen.

3. Erweitern Sie das Programm zur Bestimmung des Kegelmantels in der Weise, dass es auch für die Volumenberechnung des Kegels geeignet ist (*Guldin*). Fügen Sie Label und TextBoxen zur Eingabe der Grundmaße des Kegels ein, so dass diese – frei gewählt – zur Laufzeit eingegeben werden können. Zu diesem Programm liegt keine Lösung vor!

Bild 4.09:
Programm
KUGELKAP.VBP
(Ausschnitt)

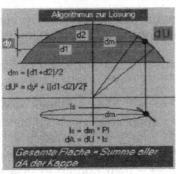

4. Die anderen Programme im Übungs-Verzeichnis von Kapitel 4.1 (*PI.VBP*, Strahlensatz) sind als Analyseübung gedacht. Testen und Variieren sind angesagt. Insbesondere sollten Sie das Programm *KUGELKAP* intensiv bearbeiten, da es eine weitere Anwendung der *Guldin*'schen *Regel* zeigt (Ausschnitt s. **Bild 4.09**).

4.2 Zeichnerisch lösen – Gleichungen

Moderne Computerbildschirme mit ihrer hochauflösenden Grafik sind in besonderem Maße auch zur Darstellung von Linienzügen (z.B. Graphen...) geeignet. Wir nutzen diese Fähigkeit, um Gleichungen auf zeichnerischem Wege zu lösen. Die Lösungen werden in PictureBoxen bzw. auf der Form realisiert. Zudem wird gezeigt, wie ein Ausdrucken des Arbeitsergebnisses möglich ist.

4.2.1 Lineare Gleichungen mit einer Unbekannten

Lösung in :
KP4_2_1\
LINGL_1.VBP

Wir wählen hier die einfache Bestimmungsgleichung $1.4 x – 4 = x$ und können die Lösung direkt mit $x = 10$ angeben. Insoweit ist sofort erkennbar, dass es nachstehend nur um das Aufzeigen eines Lösungsweges gehen kann. Ausgangspunkt ist eine Formoberfläche mit PictureBox, drei CommandButton und zwei TextBoxen mit zugehörigen Labels. In der Load-Prozedur der Form geben wir die TextBoxen-Inhalte vor und zeichnen ein hinterlegtes Linienraster mit überlagerten Achsen, wie Sie es bereits aus Kapitel 3.3 kennen (**Bild 4.10**).

Bild 4.10:
Zeichnerische
Lösung linearer
Gleichungen
(hier x = 10)

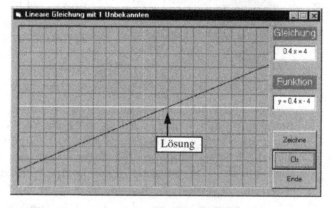

In der Click-Prozedur des Command1 (Caption „Zeichne") finden Sie den sehr einfachen Lösungsalgorithmus:

Bei anderer
Funktion
diese *Zeile*
tauschen!

```
For x = -50 To 50 Step 0.1
  y = 0.4 * x - 4
  Picture1.PSet (x, y), QBColor(9)
Next
```

*Funktions-
gleichung*
entwickeln

Um die Zeile mit „y = ..." zu erhalten, wurde die *Bestimmungsgleichung* so umgestellt, dass auf einer Seite Null (0) steht. Wird an Stelle von Null die Variable **y** eingesetzt, so ergibt sich eine *Funktionsgleichung*, die man zeichnen kann. Danach wird mit *PSet* – man könnte in diesem Fall auch die

Line-Methode verwenden – der Graph gezeichnet. Die Lösung findet man in der „Zeichnung" dort, wo der Graph die x-Achse schneidet, also bei y = 0 (s. Bild 4.10).

In der Command2_Click steht nur eine Zeile, nämlich:

```
Picture1.Cls: Command1.SetFocus
```

Schwächen des Programms

Nach Klicken auf „Zeichne" erhält man die zeichnerische Lösung (vgl. Bild 4.10), die aber noch etliche Defizite aufweist. Betätigen Sie nämlich den CommandButton2 (Caption „Cls"), so wird der gesamte Inhalt der PictureBox gelöscht, also auch der Hintergrund. Lassen Sie jetzt erneut zeichnen, so ergibt sich eine verlassen dargestellte, einsame Linie, die – da jegliche Orientierungshilfen fehlen – nun wirklich keine *zeichnerische* Lösung hergibt. Durch erneutes Aufrufen der Load-Prozedur (in der Command1_Click müsste dies geschehen) stellen Sie zwar den Hintergrund wieder her, aber das *Cls*-Problem bleibt. Zudem fehlt die Achsenbeschriftung. Abwandlungen des Programms sind also notwendig!

Achsen beschriften

Wie die *Achsenbeschriftung* vorgenommen werden kann, zeigt – beispielhaft für die x-Achse vorgestellt – der nachstehende ProgrammCode-Auszug (siehe Form_Load, *KP4_2_2\ LINGL_2.VBP*).

```
For x = -40 To 40 Step 10
  Picture1.CurrentX = x - 2: Picture1.CurrentY = -1
  Picture1.Print x
Next                              Korrekturwert
```

Achsenbeschriftung und Hintergrundraster sind zu sichern, so dass sie mit der *Cls-Methode* nicht mehr gelöscht werden können. Hierfür haben die VB-Entwickler bei Formen und PictureBoxen die Eigenschaft **AutoRedraw** vorgesehen. Deren *Syntax* lautet:

AutoRedraw, eine wichtige Eigenschaft

```
[Objekt.]AutoRedraw [= Boolesch]
```

Boolesch meint, dass entweder *True* oder *False* vorliegen kann. Mit dieser Eigenschaft, richtig angewendet, können Sie erreichen, dass zur Laufzeit erstellte Grafiken mit *Cls* nicht mehr so einfach zu löschen sind. Hierzu müssen Sie nur den entsprechenden Grafikblock, bei uns befindet er sich in der *Load*, mit AutoRedraw-Zeilen umgeben. Vorn wird AutoRedraw *True* gesetzt und am Ende des Blocks *False*. Das ist alles. Versuchen Sie dann *Cls*, erreichen Sie nichts. Sie haben

Beständige Grafik

eine *„beständige"* Grafik erzeugt (aus der Persistent-Bitmap wird eine Hintergrund-Bitmap). Erst wenn Sie *AutoRedraw* erneut auf *True* setzen, greift die *Cls-Methode* wieder.

4.2.2

Lösung in:
KP4_2_2
LINGL_2.VBP

Lineare Gleichungen mit zwei Unbekannten

Obiges Programm, für die Lösung von Gleichungen mit zwei Unbekannten umgebaut, erfordert nur wenige Handgriffe.

Sie fügen in die Command1_Click statt der einen Zeile (y = 0.4 * x – 4) zwei Zeilen ein, die das Gleichungssystem darstellen. Nehmen wir als Beispiel die Gleichungen I) und II) aus **Bild 4.11** und stellen diese nach **y** um, so haben Sie die einzugebenden Funktionsgleichungen. Zwei *PSet*-Zeilen zeichnen die Funktionsgraphen. Der Schnittpunkt, wenn er denn vorhanden ist, ergibt die Lösung. Auf der y-Achse lesen Sie den y-Wert (= 5) ab, auf der x-Achse den x-Wert (= 7).

Bild 4.11:
Zeichnerische Lösung für Gleichungen mit 2 Unbekannten

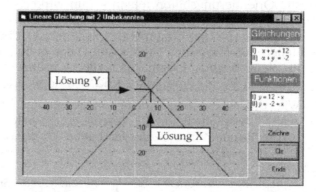

Spätestens bei Gleichungssystemen, bei denen keine linearen Abhängigkeiten mehr vorliegen, werden die Vorteile des dargelegten Verfahrens deutlich. Beispiele für Gleichungen dieser Art sind *Quadratische* Gleichungen, *Kubische* Gleichungen, *Transzendente* Gleichungen und *Exponential*-Gleichungen. Die Quadratische Gleichung wird im folgenden Abschnitt behandelt; zu den anderen Typen finden Sie Beispiele in der Übung zu diesem Kapitel (Übung 4.2).

4.2.3

Lösung in:
KP4_2_3
QUADGl_1.VBP

Quadratische Gleichungen

Diese Gleichungen, für viele Schüler ein Gräuel, lassen sich ebenso einfach zeichnerisch lösen. Wir wählen die Gemischtquadratische Gleichung $x^2 – 1.1\,x = 1.26$ und erreichen durch einfache Umformung die Aufspaltung in einen quadratischen und einen linearen Teil: $x^2 = 1.1\,x + 1.26$. Eine vorhandene Konstante (hier 1.26) muss auf die Seite des x-Gliedes. So erreicht man, dass das quadratische Glied grafisch die *Normalparabel* darstellt. Wo beide Kurven sich schneiden, liegen die Lösungen x_1 bzw. x_2. Berührt die Gerade die Parabel in nur einem Punkt, so ist $x_1 = x_2$. Liegt keine Berührung vor, so ist die Lösung komplex, d.h. nicht real. Der Vorteil der zeichnerischen Lösung ist, dass Sie sich nicht mit „auf Normalform bringen", „quadratische Ergänzung" und komplizierten Formeln herumschlagen müssen. Das hierzu vorliegende Programm (vgl. **Bild 4.12**) ist zur Demonstration ohne Picture-Box geplant (es wird also auf die Form gezeichnet).

Bild 4.12:
Quadratische
Gleichung zeich-
nerisch gelöst
(Rechts die Fälle
b und c!)

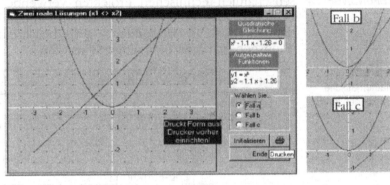

Mit **PrintForm**
die Form aus-
drucken, mit
ToolTipText
Schnellinfo (Hot-
spot) anzeigen

Außerdem können Sie die Form ausdrucken, wofür VB die Methode **PrintForm** bereitstellt. Der CommandButton mit Druckersymbol liefert über die Eigenschaft **ToolTipText** die QuickInfo „Drucken" (erst ab VB 5.0). Klicken Sie auf den Button, so wird die Drucken_Click-Ereignisprozedur ausgelöst. Zwei Zeilen bewirken den sofortigen Ausdruck:

```
Form1.PrintForm    'Druckt Form aus
Printer.EndDoc     'Sendet Druckauftrag an Drucker!
'Wichtig: Fehlt die EndDoc-Zeile, so wird erst nach
'Beenden von Visual Basic gedruckt!
```

Mit **PrintForm** wird die gesamte Form ausgedruckt, also mit allen Steuerelementen usw. Sehr wichtig zu wissen ist dabei, denn sonst gelingt es Ihnen nicht, dass nur die Bereiche ausgedruckt werden, die – während AutoRedraw *True* war – gezeichnet bzw. geschrieben worden sind.

Style-
Eigenschaft

Hinweis: Ab VB 5.0 können CommandButton mit Grafiken versehen werden [**Style**-Eigenschaft auf *1-Grafisch* einstellen (voreingestellt ist *0-Standard*) und Bild über *Picture* laden].

Übung 4.2: Sonderfälle *(in \KP4_2_Ue)*

Bestimmen Sie numerisch die Lösungen der kubischen Gleichung $5x^3 - 10x^2 = x - 2$, der transzendenten Gleichung $\cos(x) - x = 0$ und der Exponentialgleichung $4^{(1/x)} = 2$. Stellen Sie vorab Vermutungen über die Lösungen an.

Resize-Ereignis
realisiert

Anmerkung: Die Lösungen finden Sie im Verzeichnis *SONDER \FUNKTION.VBP*. Unter *\HYPERBEL* finden Sie ein Hyperbelschnittprogramm, in *\KUBISCH* ein *Nomogramm* zur Analyse.

4.3   Berechnen und Darstellen – Funktionen

4.3.1   Mathematische Funktionen in Visual Basic

Lösung in :
KP4_3_1\
VBFUNC.VBP

Visual Basic bietet zehn mathematische Funktionen an, die ohne besonderen Aufwand zur Problemlösung in naturwissenschaftlich-technischen Projekten verwendet werden können. **Tab. 4.01** führt die vorhandenen Funktionen – erweitert um *Fix*, *Int* und *Randomize* – auf , beschreibt das Anwendungsgebiet u. gibt die gültige Syntax an.

Tab. 4.01:
Mathematische
Funktionen in VB

Funktion	Beschreibung
Abs(X)	Berechnet den *Absolutwert* einer Zahl X.
Exp(X)	Bestimmt die *Potenz zur Basix e* (e^x). [e ≅ 2,718282; Basis des natürlichen Logarithmus. Die Exp-Funktion ist die Umkehrfunktion zur Log-Funktion.]
Fix(X)	Liefert *ganzzahligen Anteil* einer Zahl durch Abschneiden der Nachkommastellen.
Int(X)	Erzeugt die *größte Ganzzahl*, die nicht größer als der Wert der Zahl ist.
Log(X)	Liefert den *natürlichen Logarithmus* einer Zahl X (Basis e). [X > 0]
Sgn(X)	Liefert den *Vorzeichenwert* einer Zahl X. [Zahl < 0 ergibt –1, Zahl = 0 ergibt 0, Zahl > 0 ergibt 1]
Sqr(X)	Gibt die *Quadratwurzel* einer Zahl zurück. [X >= 0]
Cos(W)	Berechnet den *Kosinus* eines Winkels W. [Winkel in Bogenmaß angeben!]
Sin(W)	Berechnet den *Sinus* eines Winkels W. [Winkel in Bogenmaß angeben!]
Tan(W)	Berechnet den *Tangens* eines Winkels W. [Winkel in Bogenmaß angeben!]
Atn(X)	Berechnet den *Arkustangens* einer Zahl X.
Randomize (keine Funktion)	Dient der Initialisierung des Zufallgenerators der Rnd-Funktion. Randomize ist eine Anweisung, die hier der Vollständigkeit halber zugeordnet wurde
Rnd[(X)]	Randomfunktion. Erzeugt eine positive *Zufallszahl* (sie ist >= 0 und < 1).

Zu beachten ist, dass das *Argument* einer Funktion ein numerischer Ausdruck ist, der in runden Klammern ( ) angegeben
bzw. übergeben werden muss. Bei den Winkelfunktionen ist
dies der Winkel **W** im Bogenmaß.

**Abgeleitete
Funktionen**

Aus den mathematischen Funktionen von VB lassen sich andere Funktionen leicht ableiten (abgeleitete Funktionen). Einige Beispiele seien gegeben (weitere s. Handbücher bzw.
CD):

Kotangens: Cot(X) = 1 / Tan(X)
Arkussinus: Asin(X) = Atn(X/Sqr(-X * X + 1))
Arkuskosinus: Acos(X) = Atn(-X/Sqr(-X * X + 1)) + 2 * Atn(1)

Wie im Einzelfall programmiert werden kann, zeigt das Programm *VBFUNC.VBP*. In **Bild 4.13** ist die Benutzeroberfläche
gezeigt, die sich ergibt, wenn man den OptionButton für den
Sinus aktiviert.

Bild 4.13:
Mathematische
Funktionen in
Visual Basic (hier
Sinus-Funktion)

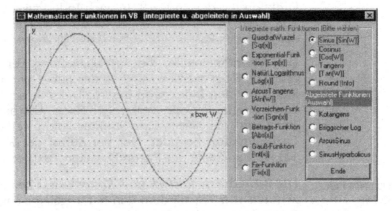

Der nachstehende ProgrammCode-Auszug gibt die auf die Si-
nusfunktion bezogenen wesentlichen Passagen wieder. Der
Teil des Codes, der die anderen Funktionen betrifft, ist dem
Listing von *VBFUNC.VBP* zu entnehmen.

Math. Funktionen in VB, Auszug: *(KP4_3_1\VBFUNC.VBP)*

```
Private Sub Option1_Click(Index As Integer)
  Text1.Visible = False        'Info für Rnd-Funktion
  Picture1.Visible = True:  Picture1.Cls

If Index > 0 And Index < 8 Or Index > 12 Then
  Call RasterE                 'Raster Eng
ElseIf Index = 11 Then
  'Ohne Raster aufrufen
Else
  Call RasterN                 'Raster Normal
End If
```

```
Select Case Index
Case 0
  ...
Case 8                             'Sinus-Funktion
  Picture1.Line (0, 1)-(0, -1), QBColor(15)
  For wG = 0 To 360 Step 0.5     'wG = Winkel in Grad
    wB = wG * PI / 180           'wB =   " in Bogenmaß
    y = Sin(wB)                   'Funktionswert rechnen
    Picture1.PSet (wG, y), QBColor(12) 'Graph zeichnen
  Next
Case 11                            'Rnd-Funktion (Info)
  Picture1.Visible = False
  Text1.Visible = True
End Select
End Sub
```

Wie dem Listing-Auszug entnommen werden kann, sind alle OptionButton in einem Steuerelementefeld abgelegt. Der Index läuft von 0 (Quadratwurzel) bis 15 (SinusHyperbolikus= Hyperbelsinus), vgl. Bild 4.13. Der OptionButton für die *Sin*-Funktion hat den Index 8. Je nach Index wird der PictureBox durch die *If...Then* ein enges Raster (Prozedur *RasterE*) oder ein normales Raster (Prozedur *RasterN*) zugewiesen.

Die Algorithmenteile, die zur Darstellung der Funktionsgraphen benötigt werden, sind in der Sub Option1_Click abgelegt. Über den Index wird innerhalb der Select Case zum gültigen ProgrammCode verzweigt. Nach Abarbeitung der For Next wird die Select Case-Struktur sofort verlassen und der Prozeduraufruf beendet. Nur bei Aufruf der *Rnd*-Info (Index 11) wird an Stelle der PictureBox eine TextBox eingeblendet.

Allgemeine Prozeduren

Die Prozeduren *RasterE* und *RasterN* sind keine Standardprozeduren von VB, sondern von mir angelegte sog. **Allgemeine Prozeduren**. Diese Prozeduren, wir verwenden sie im Rahmen dieses Buches erstmals, reagieren nicht auf Ereignisse, sondern müssen explizit innerhalb des Programms aufgerufen werden. Der Aufruf erfolgt mit *Call Name* (oder mit *Name* allein). Im Programm-Listing sind sie, ihrem Namen entsprechend, nach dem Alphabet abgelegt. Das Einfügen dieser Prozeduren erfolgt über das *Menü Extras/Prozedur hinzufügen...* Ein Klick blendet das nebenstehende Fenster ein (**Bild 4.14**), in dem Sie nur noch den gewählten Proze-

Bild 4.14:
Allgemeine Prozedur einfügen

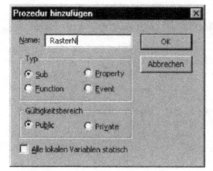

durnamen einzugeben brauchen. Standardmäßig wird jetzt eine *Public Sub*-Prozedur erstellt, in welche der vorbereitete ProgrammCode einzutragen ist.

Sucht man den Namen einer allgemeinen Prozedur in der Prozedur-ComboBox des Projekt-Code-Fensters, so findet man ihn nicht direkt. Man muss das Objekt-Feld *„(Allgemein)"* selektieren, dann die Prozedur-ComboBox rechts öffnen und dort die entsprechende Prozedur, die unter *„(Deklarationen)"* aufgelistet ist, anklicken (**Bild 4.15**).

Bild 4.15:
Allg. Prozedur ➡
unter „(Allgemein)"
abgelegt

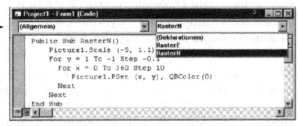

4.3.2   Besondere Funktionen – Polynome u.a.

Lösung in:
KP4_3_2
A_POLYNOM
POLYNOM.VBP

Nachstehend werden zwei Programme vorgestellt. Im ersten Programm werden Polynome dargestellt, deren Koeffizienten über TextBoxen eingegeben werden. Wird nach Eingabe des Koeffizienten in der jeweiligen TextBox die Return - Taste betätigt, so wechselt der Fokus die TextBox. Das abschließende Return (nach Eingabe in TextBox 5, ganz rechts) ruft die Command1_Click (Button mit Caption „Rechne") auf. In der PictureBox (**Bild 4.16**) sind die Polynome (bis 4. Grades) dargestellt, deren Funktionsgraphen man überlagern kann. Die Graphen, im Programm farblich unterschieden, sind im Schwarz-Weiß-Druck jedoch gleich aussehend. Um dies zu ändern, ist die Windows-GDI-Funktion *Polyline* unter Einbezug der Eigenschaft *DrawStyle* einzusetzen.

Bild 4.16:
Polynome
darstellen

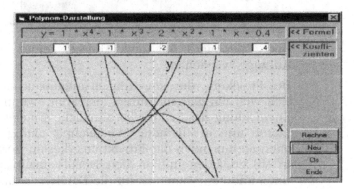

Durch Betätigen von Command2 (Caption „Neu") werden nämlich nur die TextBoxeninhalte gelöscht, der soeben gezeichnete Graph dagegen bleibt erhalten. So ist eine Überlagerung der Kurven möglich. Mit Command3 (Caption „Cls") löschen Sie auch die PictureBox. Eine Besonderheit des Programms ist es, dass entsprechend der Eingabe der Koeffizienten im oberhalb der Eingabeboxen liegenden Label die Funktionsgleichung angepasst wird. Programmtechnisch werden hierzu die *Change-* und *KeyPress*-Ereignisse der TextBoxen genutzt. Die Durchgänge der Graphen durch die X-Achse stellen die Lösungen des Polynoms (Wurzeln) dar. Das Listing ist komplex und sollte analysiert werden. Da es aber selbsterklärend ist, verzichte ich hier auf einen Code-Abdruck.

Lösung in:
KP4_3_2
BESFUNC
BESFUNC.VBP

Im zweiten Programm, das unter *KP4_3_2* abgelegt ist, werden besondere Funktionen behandelt. Es ist ähnlich dem im vorigen Abschnitt *(KP4_3_1\VBFUNC.VBP)* aufgebaut. Dem **Bild 4.17** können Sie die integrierten Funktionen (Sprungfunktion, Kreis, Ellipsen, Astroiden, Lemniskate, Archimedische Spirale u.a.) entnehmen. Raum für eigene Erweiterungen besteht. Dargestellt ist die gedämpfte Schwingung.

Bild 4.17:
Besondere
Funktionen

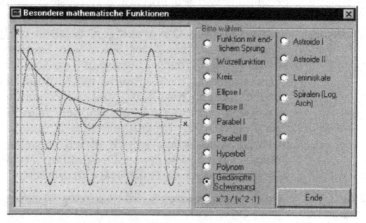

Auch hier wird auf den Abdruck eines ProgrammCode-Auszuges verzichtet.

Bei Projekten, die sehr ähnlich aufgebaut sind, können Sie sich viel Programmierarbeit ersparen, wenn Sie nach der Entwicklung des 1. Projekts sämtliche Dateien desselben kopieren und in ein neues Verzeichnis einfügen. Dann brauchen Sie nur noch das Projekt aus diesem Verzeichnis heraus in VB zu laden und in den Details anzupassen. Speichern unter anderen Namen ist für die Dateien anzuraten.

4.3.3

Lösung in:
KP4_3_3
TRANS.VBP

Schwenken von Graphen – Transformieren

Das Schwenken von normal dargestellten kartesischen Koordinatensystemen einschließlich ihrer Funktionsgraphen wird in der Mathematik immer wieder gefordert. An drei Beispielen (Parabel, Ellipse und Dreiecksobjekt) wird das Vorgehen in der Numerik aufgezeigt. Näher erklärt wird nur das Schwenken einer Parabel, hier 3. Grades (siehe Ordner Kp4_3_3\Trans_1_Parabel).

Die Benutzeroberfläche ist denkbar einfach aufgebaut. In einer TextBox kann der gewünschte Schwenkwinkel in Grad eingelesen werden. Vorbelegt über die Form_Load sind 25 Grad. Die Einzelschritte werden durch die Button-Überschriften verdeutlicht. Nach Durchlaufen der Load-Prozedur wird nur das Achsenkreuz des Ursprungskoordinatensystems angezeigt. Auf jegliches Beiwerk (Hintergrundraster etc.) hierzu wurde verzichtet.

Klickt man jetzt den Button „Ursprungsparabel" an (vgl. **Bild 4.18**), so wird der Funktionsgraf, der nachher um 25 Grad zu schwenken ist, eingezeichnet. Dies geschieht mittels einer *For... Next-Schleife* und der Grafikmethode *PSet*. Der programmtechnische Hintergrund hierzu bedarf keiner Erläuterung, denn dieser Bereich wurde in den vorherigen Abschnitten bereits mehrfach erörtert.

Bild 4.18:
Links der Graph im normalen Koordinatensystem (vor dem Schwenken), rechts nach dem erfolgten Schwenkvorang.

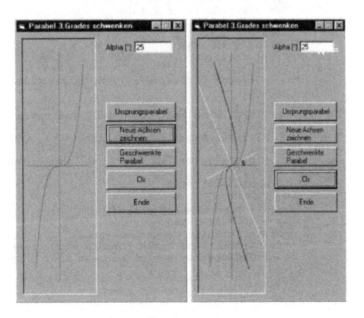

Durch Klick auf den Command2-Button wird das um 25 Grad geschwenkte Koordinatensystem gezeichnet (weiße Achsen; Schwenkwinkel betont). Ein Klick auf den Command3 zeichnet dann den Graphen für die geschwenkte Position ein. Wenn Sie dies zur Laufzeit genau beobachten, erkennen Sie, dass der Graph zwei Mal durchlaufen wird. Um dies zu betonen, habe ich einen Farbwechsel vorgesehen und den Schritt verändert. Denn es sind im Hintergrund zwei verschiedene Algorithmen, die abgearbeitet werden. Zuerst wird der Graph nach Standardfunktionen, die ich aus Mathematikbüchern entnommen habe (Gebiet der Goniometrie), berechnet und gezeichnet. Danach erfolgt die selbe Rechnung, allerdings numerisch. So kann man, da die Graphen im Verlauf keinerlei Abweichung zeigen, die Güte der Numerik deutlich unter Beweis stellen. Bei den beiden anderen Schwenkprojekten dieses Kapitels wird ähnlich verfahren, so dass sich eine Erörterung erübrigt.

Zum Abschluss noch ein Blick in den ProgrammCode:

Tranformieren von Funktionen, Auszug: *(KP4_3_3\TRANS.VBP)*

```
Private Sub Command2_Click()
   ...
   ya = 2.5 * Sin(AB)
   xa = 2.5 * Cos(AB)
   yb = 9 * Sin(Pi / 2 + AB)
   xb = 9 * Cos(Pi / 2 + AB)
   xb = Abs(xb)
   For R = 1 To 1.2 Step 0.01
   If AG < 360 Then
      Picture1.Circle (0, 0), R, QBColor(12), 0.00001, AB
   Else
      Picture1.Circle (0, 0), R, QBColor(12)
   End If
   Next
   Picture1.Line (xa, ya)-(-xa, -ya), QBColor(15)
   If AG <= 180 Then
      Picture1.Line (-xb, yb)-(xb, -yb), QBColor(15)
   Else
      Picture1.Line (xb, yb)-(-xb, -yb), QBColor(15)
   End If
   Command3.SetFocus
End Sub
Private Sub Command3_Click()
 AB = AG * Pi / 180
 'Erste Schleife verwendet Formeln zur Koordinaten-
 'transformation. Diese Formeln sind unter Verwendung
 'der Goniometrie herleitbar,was aber anspruchsvoll ist.
```

```
For xn = -2 To 2 Step dx
    yn = xn ^ 3
    xa = xn * Cos(AB) - yn * Sin(AB)
    ya = xn * Sin(AB) + yn * Cos(AB)
    Picture1.PSet (xa, ya), QBColor(9)
Next
'Zweite Schleife arbeitet in der Weise, dass die
'gewünschten Koordinaten in Polarkoordinaten
'umgerechnet werden, um diese dann - nach Schwenkung,
'Schwenkungswinkel addieren - wieder in kartesische
'zurückzurechnen. Diese können dann normal über die
'PSet-Funktion dargestellt werden.
'Schritt geändert, Algorithmus so grafisch betont
For xn = -2 To 2 Step 0.015
    If xn = 0 Then xn = 0.000001
    yn = xn ^ 3
    R = Sqr(xn ^ 2 + yn ^ 2)
    AnB = Atn(yn / xn)
    AaB = AB + AnB
    ya = R * Sin(AaB)
    xa = R * Cos(AaB)
    If xn >= 0 Then
        Picture1.PSet (xa, ya), QBColor(12)
    Else
        Picture1.PSet (-xa, -ya), QBColor(12)
    End If
Next
Command4.SetFocus
End Sub
```

Die weiteren Details zu ergründen überlasse ich Ihrer Aktivität. Da der mathematische Anspruch in diesem Beispiel nicht gerade gering ist, müsste wohl Grundlagenliteratur nachgeschlagen werden. Der numerische Teil des Algorithmus dagegen ist wohl leichter nachzuvollziehen.

4.3.4

Lösung in:
KP4_3_4
INTEGRAL.VBP

Flächenberechnung – Numerisch Integrieren

In der Mathematik und der Technik ist es oft erforderlich, die Fläche unter einem Funktionsgraphen zu ermitteln. So ergibt die Bestimmung der Fläche unter der *Geschwindigkeit-Zeit-Linie* ein Maß für den zurückgelegten Weg. Diese Fläche zu ermitteln erfordert üblicherweise Kenntnisse aus der Höheren Mathematik (Integralrechnung). Unter *Integrieren* ist, verkürzt gesprochen, das Bilden einer Summe aus einzelnen Elementen zu verstehen. Hier soll das angedeutete Problem *numerisch* gelöst werden. Als Beispiel wird der einfache Fall einer Parabel gewählt, unter der ein bestimmter Flächenabschnitt zu ermitteln ist. Das **Bild 4.19** zeigt die Benutzeroberfläche eines Programms, in dem die Streifenzahl unter dem Graphen – es werden Rechteckstreifen gebildet – mit **N** = 6 gewählt wurde. Weiterhin zeigt dieses Bild, dass man *Unter- und Obersummen* (die Begriffe sind Ihnen bereits bekannt) bilden kann, die – der Streifenzahl entsprechend – verschieden große Flächenwerte (s. TextBoxen) ergeben. Erhöht man im Programm die Streifenzahl **N**, so nähert man sich dem tatsächlichen Wert der Fläche von unten (Untersumme) bzw. von oben (Obersumme) immer mehr an. Der *Grenzwert* (hier = 9) wird numerisch jedoch nur näherungsweise erreicht. Hingewiesen sei darauf, dass bei Addition der Rechenwerte aus Unter- und Obersumme, aus denen dann der Mittelwert gebildet wird, bereits bei geringer Schichtenzahl eine gute Näherung erzielt wird. Test im Programm ist möglich.

Bild 4.19:
Integrieren einer Fläche unter einem Funktionsgraphen

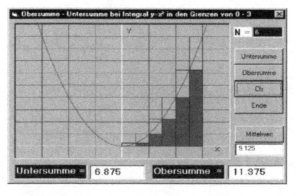

Werfen wir noch einen Blick in den nachstehend auszugsweise abgedruckten ProgrammCode, so sehen wir, dass die Grenzen des Integrals als Konstanten (0 und 3) festgelegt worden sind. Sie werden in der *For...Next* (vgl. Command1_Click) benötigt. **N** wird aus der TextBox ausgelesen und zur Bestimmung der Streifenbreite **dx** verwendet. Mit der *FillStyle*-Eigenschaft der PictureBox erreicht man, dass die Flächenteilchen der Untersumme farbig markiert und mit Rahmen umgeben werden (*Line*-Methode).

Numerisches Integrieren, Auszug: *(KP4_3_4\INTEGRAL.VBP)*

Konstanten
unter *Allgemein*
deklariert.

```
Const PI = 3.14159265358979
Const X1 = 0: Const X2 = 3      'geht auch ohne 2.Const
Private Sub Command1_Click()    'Untersumme
  On Error GoTo Meldung
  Picture1.FillStyle = 0        'markiert Untersumme
  N = Val(txtEingabe.Text)
  dx = (X2 - X1) / N
For x = X1 To (X2 + 0.001 - dx) Step dx
    y = x ^ 2                   'ermittelt y
    dA = y * dx                 'Teilsumme dA
    A = A + dA                  'Summenbildung
    Picture1.Line (x, y)-(x + dx, 0), QBColor(4), B
Next
  Text1(0) = Str(A): Picture1.FillStyle = 1
  Exit Sub
Meldung:
  MsgBox "Wert für N eingeben!", 48, "Achtung"
  txtEingabe.Text = "" : txtEingabe.SetFocus
End Sub
```

4.3.5

Lösung in:
*KP4_3_5\
KURVDISK.VBP*

Kurvendiskussion – Nullstelle u.a.

Um das Vorgehen bei der Bestimmung von Nullstellen, Minimum u.ä. (auf numerischem Wege) zu verdeutlichen, wird ein geringfügig verändertes Programm verwendet. In ihm wird ein Polynom 3. Grades untersucht. Gewählt wurde $y = x^3 + x^2 - 4x - 2.4$. Eine grafisch betonte Lösung zur Nullstellenbestimmung können Sie **Bild 4.20** entnehmen.

Bild 4.20:
Polynom 3. Grades zur Bestimmung von Nullstellen etc.

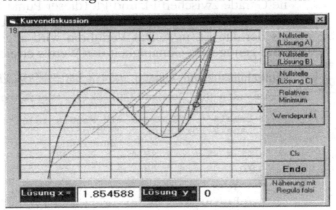

Verfahren:
- Regula falsi
- Newton
- Intervall

Als Näherungsverfahren wurde im dargestellten Fall die Methode **Regula falsi** verwendet. Andere Methoden, die in diesem Projekt zur Ermittlung einer Nullstelle eingesetzt worden sind, sind das **Newton'sche Näherungsverfahren** und die **Intervallschachtelung**. Die im Bild eingeblendeten Linien sollen den Annäherungsvorgang des jeweiligen Verfahrens an den Punkt des Nulldurchgangs auf der x-Achse verdeutlichen. Für den reinen Rechenablauf haben sie keine Bedeutung. Zu den Verfahren, über die in der Literatur (*Dubbel* u.a., s. Kap. 7.6) weitere Informationen zu finden sind, seien einige kurze Anmerkungen gemacht.

• Regula falsi

Bei diesem Verfahren werden als Ausgangspunkte zwei x-Werte so gewählt (hier durch Zuweisung festgelegt), dass die Nullstelle zwischen ihnen liegt. Da die Funktionsgleichung des Graphen bekannt ist, lassen sich für die gewählten x-Werte die zugehörigen y-Werte errechnen. Im Listingauszug (s. unten) werden die links der Nullstelle befindlichen Punkte mit dem Index **L** versehen, die rechts liegenden mit dem Index **R**. Auf dem Graph sind somit zwei Punkte (**PL** und **PR**, s. **Bild 4.21**) bekannt. Eine Gerade, die von PL nach PR gezogen wird, schneidet die x-Achse in einem bestimmten Punkt. Mit dem Strahlensatz (Zeile ***) wird die x-Koordinate dieses Punktes bestimmt. Er stellt eine erste Annäherung an die Nullstelle dar. Ermittelt man für diesen x-Wert (= xS), der zu dem neuen xL umbenannt wird, das jetzt zugehörige yL, so ergibt sich auch ein neuer Punkt PL. Zeichnet man erneut eine Gerade zwischen PL und PR (dieser Punkt bleibt erhalten), so findet man einen neuen Näherungswert, der bereits besser als der alte ist, usw. Das Verfahren wird abgebrochen, wenn eine genügende Genauigkeit des Wertes erreicht worden ist.

Kurvendiskussion, Auszug: *(KP4_3_5\KURVDISK.VBP)*

```
Private Sub Command2_Click()   'Verfahren Regula falsi
    Call cmdCls_Click
    Label2 = "Näherung mit Regula falsi"
    Label2.ForeColor = QBColor(9)
    xL = -3: xR = 2.5   'Zuweisung
    yR = xR ^ 3 + xR ^ 2 - 4 * xR - 2.4
    yL = xL ^ 3 + xL ^ 2 - 4 * xL - 2.4
Do
    dx = yR * (xR - xL) / (yR + Abs(yL))        '***
    Picture1.Line (xL, yL)-(xR, yR), QBColor(13)
    xL = xR - dx   'neuer Punkt xL (entspricht xS)
    yL = xL ^ 3 + xL ^ 2 - 4 * xL - 2.4
    Picture1.Line (xL, 0)-(xL, yL), QBColor(13)
```

```
   If Abs(yL) < 0.000001 Then Exit Do 'Abbruchbedgg
   i = i + 1
Loop

Print i      'gibt Anzahl der Rechenschritte auf der
             'Form, oben links, aus (zur Info)
Picture1.Circle (xL, yL), 0.1, QBColor(15)
Text1(0) = Str(xL)
' Text1(1) = Str(yL) 'Wert hier ungefähr -0.00000089,
' angezeigt wird aber wegen kurzer TextBox -8.9058...
' D. abgeschnittene Rest enthält jedoch als Abschluss
' die Angabe E-07, was <*10 ^(-7)> bedeutet
   Text1(1) = Str(y) 'so wird Null ausgegeben
End Sub
```

Bild 4.21:
Regula falsi
(Erläuterung des
Prinzips)

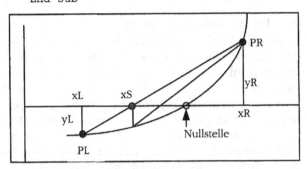

● **Näherung nach Newton**

Es wird z.B. ein Punkt **xR** rechts der Nullstelle durch Zuweisung vorgegeben. Dort wird die Steigung des Graphen (1. Ableitung) numerisch bestimmt und als Linie (die Sekante wird näherungsweise als Ersatz der Tangente genommen) so eingezeichnet, dass die x-Achse geschnitten wird. Der Schnittpunkt, mittels Strahlensatz berechnet, ist der neue xR-Wert. Hierfür das zugehörige neue y bestimmten, dort wiederum die Steigung ermitteln, einzeichnen usw. So nähert man sich von einer Seite der Nullstelle an (**Bild 4.22**).

Aus Steigungs-
dreick neuen x-
Wert bestimmen

Bild 4.22:
Newton-Verfahren

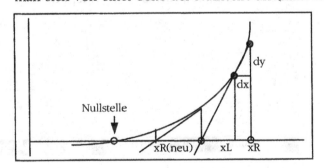

Numerisches
Differenzieren =
Steigung eines
Funktionsgraphen ermitteln

Um das Steigungsdreieck zu erhalten, wird ein zweiter x-Wert gewählt, der minimal kleiner als der erste ist (**xL**). Für beide x-Werte wird der jeweils zugehörige y-Wert berechnet. Eingezeichnet schneiden sie den Graphen in zwei nahe beieinander liegenden Kurvenpunkten. Die Verbindung der Punkte auf der Kurve (Sekante), der senkrechte Abstand (Kathete dy = Differenz der y-Werte) und der waagerechte Abstand (Kathete dx = Differenz der x-Werte) bilden das rechtwinklige Dreieck. Dieses Verfahren ist sehr schnell (vgl. Zahl **i** der Durchläufe in der Rechenschleife, linke oberer Formecke).

• Intervallschachtelung

Rechts und links der Nullstelle werden zwei Punkte vorgegeben, durch die das *Intervall* festgelegt wird. Der rechts liegende Punkt hat ein positives y, der links liegende ein negatives. Sucht man den Mittelpunkt zwischen den beiden x-Werten, so ist der zugehörige y-Wert entweder positiv oder negativ. Ist er positiv, so wird er der neue xR-Wert, ist er negativ, so wird er der neue xL-Wert. Das Intervall verkleinert sich, wobei die Nullstelle jedoch immer innerhalb des jeweils gültigen Intervalls verbleibt. Wiederholt man den Rechenweg, so nähert man sich auch hiermit der Nullstelle immer mehr an. Nach Erreichen einer bestimmten Genauigkeit wird die Rechnung beendet und der Rechenwert ausgegeben.

Minimum und
Wendepunkt
bestimmen

Werfen wir zum Abschluss dieses Kapitelabschnittes noch einen Blick auf die Bestimmung des *relativen Minimums* und des *Wendepunktes*. Um das Maximum zu bestimmen, können Sie das Projekt selbst erweitern.

In **Bild 4.23** sind Ausschnitte aus den Benutzeroberflächen dargestellt, die sich in den oben genannten Fällen ergeben (links → Minimum, rechts → Wendepunkt).

Bild 4.23:
Minimum und
Wendepunkt
(Steigungslinie =
1. Ableitung, wurde überlagert)

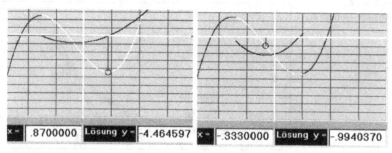

a) Relatives Minimum
   (liegt bei Steigung = 0)

b) Wendepunkt
   (dort, wo 2. Ableitung = 0)

Zur Bestimmung der Punkte wird der vorgezeichnete Graph erneut durchlaufen. Dabei wird er neu gezeichnet. Die während dieses Durchlaufs numerisch ermittelte Steigung (1. Ableitung) wird als weiterer Graph überlagert. Ein relatives Minimum (bzw. Maximum) liegt dort vor, wo die Steigungslinie einen Nulldurchgang hat (Steigung = 1. Ableitung = 0). Dieser Punkt wird markiert und als Lösung festgehalten.

Wendepunkte werden in der Höheren Mathematik dadurch gefunden, dass man die 2. Ableitung des Graphen bildet. Dort, wo diese Ableitung = 0 ist, liegt der Wendepunkt. Hierzu muss man jedoch Differenzieren können.

Ich habe den Fall auf numerischem Wege gelöst.

Vorgang:
Während des Durchlaufs des festgelegten Intervalls (von x = -1.4 bis x = 1) wird die Steigung errechnet. Wie man erkennt, wird der Wert für die Steigung anfangs immer mehr abnehmen, er nähert sich dem relativen Minimum der Steigungskurve. Ist dieses Minimum erreicht, so ist der gesuchte Wendepunkt gefunden, denn hier ist die Steigung dieses Graphen = 0, d.h. die 2. Ableitung ist Null. Programmtechnisch ist dies leicht auswertbar. Man braucht nur den Punkt herauszufiltern, ab dem der negative Wert der Steigung nicht weiter ins Negative wächst. Die Details sind dem Listing zu entnehmen.

4.3.6   Nähern durch Wiederholen – Iteration

Lösung in:
*KP4_3_6\
ITERATIO.VBP*

Wie man zeichnerische Lösungen unterschiedlicher Gleichungen numerisch ermittelt, haben Sie in Kapitel 4.2 kennen gelernt. Soll die Lösung jedoch genauer sein, so genügt dieses Vorgehen den Ansprüchen nicht mehr. Hier hilft das Verfahren der **Iteration**. Was versteht man darunter?

Begriff der
Iteration

Iteration ist die wiederholte Anwendung eines Rechenverfahrens zur Bestimmung einer Näherungslösung. Sie wird hier numerisch durchgeführt und ergibt in den meisten Fällen ein genaueres Rechenergebnis als eine Zeichnung. *Hinweis*: Keinesfalls dürfen Sie darunter, wie in manchen Büchern fälschlich ausgesagt, ein „Probierverfahren" verstehen!

Um den Vorgang der Iteration zu verdeutlichen, wählen wir als Beispiel Ihnen bereits bekannte Fälle aus Kapitel 4.2 und der zugehörigen Übung.

Das Programm *ITERATIO.VBP* verdeutlicht verschiedene Möglichkeiten, zeigt aber gleichzeitig die Einsatzgrenzen des Verfahrens auf. So können Sie z.B. nicht durch Iteration an den

Schnittpunkt zweier Graphen herankommen, wenn die Graphen sich unter gleichen Winkeln schneiden bzw. parallel verlaufen (Schnittpunkt liegt im Unendlichen). In diesen Fällen erzeugen Sie eine *Endlosschleife*, die Sie innerhalb des Projekts abfangen müssen. Das Beispiel „Schneiden unter gleichem Winkel" kann im Programm gesichtet werden, das andere können Sie als Programm-Erweiterung selbst entwikkeln. **Bild 4.24** zeigt den Ablauf der Iteration bei dem Ihnen bekannten Beispiel x/2 = cos(x) (vgl. Übung 4.2).

Bild 4.24:
Iteration,
am Beispiel
x/2 = cos(x)
gezeigt

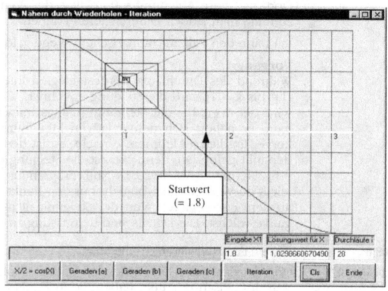

Eine weitere Lösung (Programm-Button mit Caption „Geraden(c)") sei nachstehend noch im Bild vorgestellt (**Bild 4.25**).

Bild 4.25:
Iteration,
am Beispiel
von Geraden-
gleichungen
gezeigt

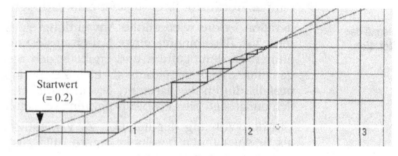

Der Startwert war mit 0.2 festgelegt. Die Iteration erfolgt hier in der Art von kleinerwerdenden Stufen.
Das Programmlisting – auf den Abdruck wird aus Raumgründen verzichtet – sollten Sie genau analysieren.

4.3.7

Lösung in:
KP4_3_7
KREISU
KREISU.VBP
Begriff
Rektifizieren

Bogenlänge bestimmen – Rektifizieren

In der Technik taucht das Problem, Längen von Bögen zu bestimmen, des Öfteren auf. Beispiele sind: Bestimmung des Kreisumfangs und Bestimmung des Ellipsenumfanges. Um das Verfahren des **Rektifizierens** – eine Art *Strecken* gekrümmter Linien, so dass Geraden entstehen – zu verdeutlichen, habe ich als Beispiel die Bestimmung eines Kreisumfangs gewählt. Sehr genau – jedem ist dies bekannt – wird er nach der Formel U = d * π ermittelt. Eine Näherungsrechnung wäre also nicht erforderlich. Das Beispiel Kreisumfang ist aber insbesondere wegen der leichten Überprüfbarkeit der Güte der Näherung geeignet. So wird also der Lösungsalgorithmus an ihm und nicht an der Ellipse (da gibt es keine exakte Bestimmungsgleichung) verdeutlicht. Das Programm *KREISU.VBP*, die Benutzeroberfläche sehen Sie in **Bild 4.26**, gibt im oberen Bildteil Informationen über den Algorithmus. Es ist dR = R/N, dx = (d1 – d2)/2 und dU = Sqr(dx^2 + dR^2). Auf diese Weise wird der Umfang des Bogens näherungsweise bestimmt. Die Auswertung der Rechnung erfolgt nach Eingabe der Schichtenzahl auf der rechten Seite des Formulars.

Bild 4.26:
KREISU.VBP
(Benutzer-
oberfläche)

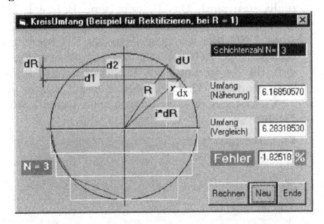

Um die Güte der Berechnung einschätzen zu können, wird eine Fehlerbestimmung vorgenommen. Der Algorithmus ist – etwas verkürzt – in nachstehendem Listing aufgeführt. Bereits bei geringen Schichtenzahlen gelingt eine relativ genaue Bestimmung des Kreisumfangs.

Bogenlänge, Auszug: *(KP4_3_7\KREISU\KREISU.VBP)*

```
Private Sub Command1_Click()
On Error GoTo FehlerMeldung
```

```
N = Val(Text2.Text)
dR = R / N
d1 = 2 * R
  For i = 1 To N
    d2 = 2 * Sqr(R ^ 2 - (i * dR) ^ 2)
    dx = (d1 - d2) / 2
    dU = Sqr(dx ^ 2 + dR ^ 2)
    U = U + 2 * dU      'Summe Halbkreisumfang
    d1 = d2
  Next
U = 2 * U                'verdoppelt ergibt Kreisumfang
Text1(0) = Str(U)
UVergleich = 2 * R * PI
Text1(1) = Str(UVergleich)
Fehler=(Val(Text1(0))-Val(Text1(1)))/Val(Text1(1))*100
Fehler = Format(Fehler, "#.#####0")
Text1(2) = Str(Fehler)
Command2.SetFocus
Exit Sub
FehlerMeldung:
MsgBox "Schichtenzahl 1->10000 eingeben!",48,"Hinweis"
Text2.SetFocus
End Sub
```

Lösung in:
KP4_3_7
ELLIPSU
ELLIPSU.VBP

Zur Bestimmung des Ellipsenumfanges finden Sie in der mathematischen Literatur diverse verschiedene Näherungslösungen, die auf numerischem Weg in Programmen einfach zu realisieren sind. Das beigegebene Beispiel *ELLIPSU.VBP* veranschaulicht unterschiedliche Wege (**Bild 4.27**). Auf die Lösung UN6 bin ich gestoßen, als ich mich grundlegend mit dieser Frage befasste. Sie hat gegenüber den meisten Lösungen, die Sie in gängigen Tabellenbüchern finden, den Vorteil, dass sie über den gesamten Bereich relativ genau ist. Es liegen meist nur Abweichungen weit unter 1,5% vor. Näheres s. Programm.

Bild 4.27:
ELLIPSU.VBP
(Benutzer-
oberfläche)

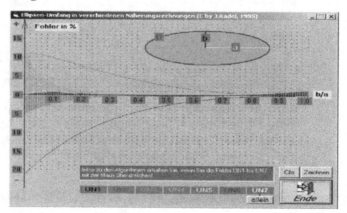

4.3.8

Lösung in:
KP4_3_8
KASTEN.VBP

Maximum-Aufgabe – „Das Kasten-Problem"

Zum Abschluss sollen zwei Beispiele zu typischen Minimax-Rechnungen vorgestellt werden. Als erstes habe ich das oft verwendete Kastenproblem gewählt. *Grundgedanke:* Aus einem quadratischen Blech wird durch Ausschneiden von Ecken (*Ausklinken*) ein Zuschnitt derart hergestellt, dass durch Biegen längs der angedeuteten Biegekanten ein Kasten entsteht. Gefragt ist nun, bei welchen Abmessungen der Kasten das größtmögliche Volumen aufweist. Wesentliche Aussagen, die numerische Lösung dieses Problems betreffend, sind der Benutzeroberfläche des Programms (**Bild 4.28**) bzw. dem Programmlisting-Auszug (s. unten) zu entnehmen.

Bild 4.28:
KASTEN.VBP
(Benutzer-
oberfläche)

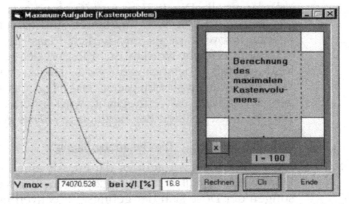

Die Laufvariable x, in der *For...Next* von 0 bis l/2 (hier 50) verändert, wird zur Berechnung des Kastenvolumens verwendet. Die Aufzeichnung erfolgt als Funktion V(l) [Volumen „V" als Funktion der Kantenlänge „l"] in einer PictureBox. Man sieht, dass das maximale Volumen bei etwa 16,8% von l (genau l/6) vorkommt. Bei x = 0 bzw. x = l/2 wird V = 0.

Wordwrap

Beim Label rechts („Berechnung...") ist als besondere Eigenschaft **Wordwrap** = True gesetzt worden. Dies bewirkt, dass der zur Laufzeit dem Label zugewiesene Ausgabetext (Caption = „Berechnung...") in mehrere Zeilen umgebrochen wird. Allerdings kann ein automatisches Trennen von Worten nicht erfolgen. Dies ist durch Eingabe in der entsprechenden Programmzeile (→„Kastenvolu- mens") zu erzwingen.

Ein kurzer Listing-Auszug mag diese Aussagen beschließen:

Das Kasten-Problem, Auszug: *(KP4_3_8\KASTEN.VBP)*

```
For X = 0 To 1 / 2 Step 0.1'Auszug aus Command1_Click()
    V = (1 - 2 * X) ^ 2 * X / 1000 'Volumen des Kastens
    Picture2.PSet (X, V), QBColor(12)
    If Flag = True Then GoTo weiter
        If Vm > V Then
            Picture2.Line (X, 0)-(X, V), QBColor(13)
            Flag = True : Text1.Text = Str$(V * 1000)
            Text2.Text = Str$(X / 1 * 100)
        End If
    Vm = V
    weiter:
Next
```

In der *For...Next* wird zuerst das jeweilige Kastenvolumen berechnet und danach in der PictureBox2 (links) die Funktion V(l) dargestellt. Die *If-Then-End If* unten hat nur die Aufgabe, das Maximum von **V** zu markieren und zahlenmäßig festzuhalten. Insoweit ist es erforderlich, dass sie, nachdem das Maximum erreicht worden ist, während des restlichen Schleifendurchlaufs übersprungen wird. Hierzu wird der *GoTo*-Befehl wirkungsvoll eingesetzt. Das Flag, das das Überspringen der *If-Then* erst ermöglicht, wird innerhalb der *If-Then-End If* – nach Erfüllen der Bedingung – *True* gesetzt.

4.3.9

Lösung in:
KP4_3_9
DOSE.VBP

Minimum-Aufgabe – „Die Dosenoberfläche"

Im zweiten Beispiel geht es darum, für eine Dose (Werkstoff Dünnblech, Inhalt 1 Liter) festzustellen, bei welchen Abmessungen der Dose sich der geringste Blechverbrauch ergibt.

Nach Start des Programms und Anklicken des „Rechne"-Buttons (**Bild 4.29**) wird die Rechenschleife gestartet. In einer PictureBox wird der Verlauf der Funktionen A(d) und h(d) aufgezeichnet [Begriffe s. Eintrag in der PictureBox!].

Bild 4.29:
DOSE.VBP
(Benutzer-
oberfläche)

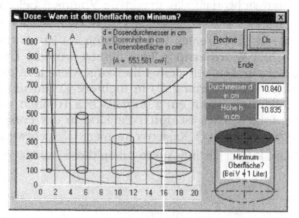

Das Minimum der Oberfläche wird im Bild markiert. Die in diesem Moment vorliegenden Rechenwerte für **d** und **h** der Dose werden in den TextBoxen rechts festgehalten. Die ermittelte minimale Flächengröße **A** selbst wird mittels *Picture1.Print* (unter Verwendung von *CurrentX* und *CurrentY*) in der PictureBox ausgegeben. Die in der Box dargestellten Dosenskizzen sind mit *Shape* und *Line* gezeichnet und sollen die tendenzielle Änderung der Dosenabmessungen während des Rechendurchlaufs veranschaulichen. Anfangs, also direkt nach dem Start des Programms, werden diese Bilder abgedeckt und somit versteckt. Weitere Besonderheiten des Programms können Sie, da Ähnlichkeiten mit dem Kastenproblem gegeben sind, anhand des nachstehenden Code-Auszuges bzw. des Listings selbst erforschen (Analyse).

Dosenoberfläche, Auszug: *(KP4_3_9\DOSE.VBP)*

```
Private Sub Command1_Click()
A1 = 10000
For d = 1 To 20 Step 0.002              'd in cm
  DoEvents
  h = V * 4 / (d ^ 2 * PI)              'h in cm
  A = d ^ 2 * PI / 2 + d * PI * h
  If A < A1 Or i = 1 Then GoTo weiter
  i = i + 1
  Picture1.Line (d, A)-(d, 0), QBColor(14)
  Text1 = Str(d): Text2 = Str(h)
  Line7.Visible = True
  Amin = A                             'Minimumfläche merken
weiter:
  A1 = A
  If A < 1000 Then Picture1.PSet (d, A), QBColor(9)
  If h < 1000 Then Picture1.PSet (d, h), QBColor(12)
Next

'Nachstehnde Programmzeile zeichnet Hintergrund für
'die Begriffe in der PictureBox (d =...)

Picture1.Line (8, 1100) - (20, 830), QBColor(7), BF
Picture1.CurrentX = 8.2
Picture1.CurrentY = 1100
Picture1.ForeColor = QBColor(0)
Picture1.Print "d = Dosendurchmesser in cm"
Picture1.CurrentX = 8.2
Picture1.CurrentY = 1050
Picture1.ForeColor = QBColor(12)
Picture1.Print "h = Dosenhöhe in cm"
Picture1.CurrentX = 8.2
Picture1.CurrentY = 1000
Picture1.ForeColor = QBColor(9)
Picture1.Print "A = Dosenoberfläche in cm²"
Picture1.CurrentX = 9.6: Picture1.CurrentY = 900
```

```
'Nächste Zeile: Runden auf 3 Stellen
Amin = Int(Amin * 1000 + 0.5) / 1000
Picture1.Print "(A = " & Str(Amin) & " cm²)"
For i = 0 To 7
   Shape3(i).Visible = True
   Line6(i).Visible = True
Next
Picture1.ForeColor = QBColor(12)
Picture1.CurrentX = 1: Picture1.CurrentY = 1070
...
End Sub
```

Übung 4.3: Vermischte Aufgaben *(in KP4_3_Ue)*

In dieser Übung sind verschiedene Projekte abgelegt, die eine Vertiefung der Sachinhalte dieses Kapitelabschnitts ermöglichen (Stichworte: Dreieck, Ellipse, Integral, Parabel). Zu empfehlen ist eine intensive Analyse. Auch könnten Sie eine „Nachentwicklung" der Programme versuchen. Hierzu Programm starten und – ohne ins Listing zu gehen – Infos zum Programm sammeln (Analyse zur Laufzeit).

4.4   Nützlichkeit gefragt – Tafeln/Tabellen

4.4.1   Rechentafel

Lösung in:
*KP4_4_1\
TAFEL.VBP*

In technischen Handbüchern und Tabellenbüchern werden für Rechentafeln erhebliche Seitenzahlen vorgesehen. Solch eine Rechentafel zu programmieren ist einfach. Mittels Text-Box (vgl. **Bild 4.30**, Eingabe) wird der zu verwendende Zahlenwert ans Programm übergeben. Unzulässige Eingaben werden mittels „Sieb" (s. früher) abgefangen.

Bild 4.30:
TAFEL.VBP
(Benutzer-
oberfläche)

Zu beachten ist lediglich, dass das Minuszeichen (Ascii-Code-Nummer 45) mit zuzulassen ist, da Minuswerte bei bestimmten Rechenoperationen durchaus sinnvoll sein können. Die nicht sinnvollen Operationen müssen programmtechnisch ausgeschlossen werden. Die Vorteile gegenüber einer gedruckten Tabelle sind offenkundig: Nachkommastellen zulässig, Minuswerte bei Eingabe erlaubt, Tabelle beliebig erweiterbar, (fast) keine Begrenzung bei der Zahlenwertgröße, die Zahl der möglichen Nachkommastellen ist erheblich größer, keine Interpolationen ... (weitere Aussagen vgl. Prog-Info!).

Da das Listing sehr einfach zu durchschauen ist, wird in diesem Fall auf einen Abdruck und eine Erklärung verzichtet.

Vorteile einer programmierten Rechentafel

4.4.2   Winkelfunktionen – Tafel/Tabelle

• Tafel

Lösung in:
KP4_4_2\TAFEL\ WINKELF.VBP

In diesem Projekt können Sie in einer TextBox (s. **Bild 4.31**) einen Winkel bis zur Größe 360⁰ eingeben. Für die TextBox ist wieder das „Sieb" (mit Select Case) eingerichtet. Errechnet werden die üblichen Funktionswerte *sin, cos, tan* und *cot*. Die Ausgabe der Zahlenwerte erfolgt in TextBoxen. Zur Rundung wird die **Format**-Funktion verwendet. Im Bild unten werden am Einheitskreis die entsprechenden Werte als Linienlängen zugewiesen. Die Verknüpfung zu den Zahlenwerten wird mittels gleicher Farben erreicht. Die Darstellung erfolgt für alle 4 Quadranten. Die Eigenschaft *Default* ist für den Command1-Button auf *True* gesetzt.

Bild 4.31:
WINKELF.VBP
(Benutzer-
oberfläche)

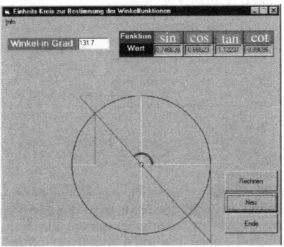

Erstmalig findet in einem Projekt ein kleines Menü (es besteht nur aus dem Wort „Info") Verwendung. Hier dient es lediglich zum Aufruf einer Info-Form. Die Codezeile, mit der dies gelingt, lautet:

Menü zum Aufruf der Show-Methode

```
Form2.Show 1    '1 = gebunden, Ausblenden erforderlich
```

Wie man in VB-Projekten Menüs einrichtet, wird, da dieses Beispiel zur Erklärung nicht geeignet ist, später genauer erläutert. Angemerkt sei, dass der Aufruf der Info-Form auch mit dem *ShortCut* [Alt] +[I] erfolgen kann. Entfernen mit [Esc].

Der Listingauszug gibt weitere Einblicke.

Winkelfunktionen – Tafel, Auszug: *(KP4_4_2\TAFEL\WINKELF.VBP)*

```
Private Sub Command1_Click()
    ...
    winG = Val(Text1.Text)        'Winkel in Grad einlesen
    If winG=90 Or winG=180 Or winG=270 Or winG=360 Then
        MsgBox "Ein Ergebnis wird unendlich. Abweichenden
        Wert, z.B. 90.1, eingeben", 48, "Achtung"
        Text1.Text = "": Text1.SetFocus: Exit Sub
    End If
    On Error GoTo Ende            'Wirkung wie Exit Sub
    WinB = winG / 180 * PI        'Umrechnung in Bogenmaß
    Y1 = Sin(WinB):X1 = Cos(WinB) 'Funktionswerte
    Y2 = Tan(WinB):X2 = 1 / Y2    'berechnen
    Text2.Text = Format$(Y1, "0.######")...  'und weitere
    ' Nachstehende For...Next zur Winkelbetonung
    For i = 0.15 To 0.17 Step 0.001
        Circle (0, 0), i, QBColor(12), 0, WinB
    Next
    If winG <= 45 Then
        Line (0, 0)-(X2, 1), QBColor(9)
    ElseIf winG < 90 Then
        Line (0, 0)-(1, Y2), QBColor(9)
    ElseIf winG = 90 Then
        Line (0, 0)-(1, Y2), QBColor(9)
        X1 = 0: X2 = 0
    ElseIf winG <= 180 Then
        Line (1, Y2)-(X2, 1), QBColor(9)
    ElseIf winG <= 225 Then
        Line (X1, Y1)-(X2, 1), QBColor(9)
    ElseIf winG <= 270 Then
        Line (X1, Y1)-(1, Y2), QBColor(9)
    ElseIf winG <= 360 Then
        Line (1, Y2)-(X2, 1), QBColor(9)
    End If
    Label1(0).ForeColor = QBColor(12)...      'und weitere
    Line (X1, 0)-(X1, Y1), QBColor(12)...     'und weitere
Ende:
End Sub
```

Im Programm eine Zeile!

Winkel mittels Circle-Befehl als Bogen betont (breite Linie)

Form_Activate

Zum Abschluss sei noch darauf hingewiesen, dass im Programm an Stelle der Form_Load die **Form_Activate** verwendet worden ist. Hierdurch werden die ausführbaren Anweisungen – ohne expliziten Aufruf der *Show*-Methode – beim Laden direkt ausgeführt.

Unload Me
beendet das
Programm.

Das Beenden des Programms erfolgt hier alternativ zu *End* mit *Unload*. Allerdings ist das *VB-Schlüsselwort* **Me** (= Objektbezeichnung der aktuellen, aktiven Form) anzuhängen.

• Tabelle

Lösung in:
KP4_4_2\TAB
SINUSTAB.VBP

Zum Abschluss dieses Kapitels wird Ihnen ein Programm vorgestellt, das die Winkelfunktionen in Tabellenform aufruft. Die Benutzeroberfläche, im Auszug für die Sinustabelle dargestellt, ist in **Bild 4.32** gezeigt.

Bild 4.32:
SINUSTAB.VBP
(Benutzer-
oberfläche)

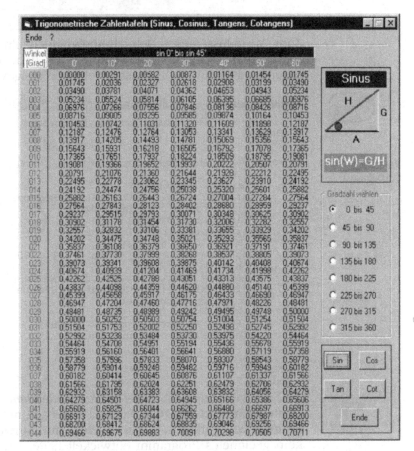

Über das Menü *?/Vorzeichen* (Das Untermenü *Demo...* ist nicht belegt!) können Sie eine Hilfsform aufrufen, die über die Vorzeichen der Funktionswerte, die je nach Quadrant unterschiedlich sein können, Auskunft gibt. Diese Form zeigt in einem Bild die Lage der Quadranten an und gibt in einer Tabelle die Vorzeichen (+ bzw. -) aus (**Bild 4.33**).

Bild 4.33:
SINUSTAB.VBP
(Info–Form)

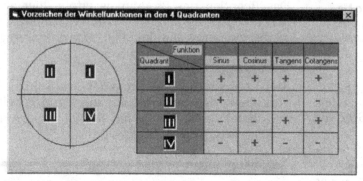

Zum Abschluss dieser Betrachtungen noch ein Blick in die „Berechnen"-Prozedur (zur Analyse). Ich habe hier nur den Bereich mit den verschachtelten Schleifen ausgewählt.

Winkelfunktionen – Tabelle, Auszug: *(KP4_4_2\TAB\SINUSTAB.VBP)*

```
Private Sub Berechnen(Startwert, Endwert)
  Beep
  Zeile = BegPosZe: Spalte = BegPosSp

  For grad = Startwert To Endwert - 1 Step 1
      i = i + 1
      Zeile = BegPosZe + i * 3
      CurrentY = Zeile: CurrentX = BegPosSp - 12
      Form1.ForeColor = QBColor(12)
      Print Format$(grad, "000")
      Form1.ForeColor = QBColor(0)
    For Min = 0 To 60 Step 10
      Bogen = (grad * 60 + Min) * PI / 60 / 180
      Spalte = Min / 10
      Spalte = Spalte * Schritt + BegPosSp
      CurrentY = Zeile: CurrentX = Spalte
      If Flag = Sinus Then
        Wert = Sin(Bogen)
        Print Format$(Wert, "0.00000")
      ElseIf Flag = Cosinus Then
        ...
    Next
  Next
End Sub
```

Verschachtelte
Schleifen

Auf das vielseitige *MSFlex-Tabellen-Steuerelement*, ein OCX-Control (**MSFlxGrd.OCX**, Symbol links), konnte ich in den ersten zwei Auflagen dieses Buches nur hinweisen, da ich kein geeignetes Programm entwickelt hatte. Dies ist jetzt anders, so dass ich an dieser Stelle – quasi in einem kleinen Exkurs – ein Projekt vorstellen kann, in dem diesem Control eine zentrale Bedeutung zukommt. Auf die Programmidee bin ich durch das Internet gekommen, denn ich fand dort ein Programm, das genau dieser Frage nachging. Allerdings war es ein EXE-Programm, so dass mir der Quellcode verborgen blieb. Analyse zur Laufzeit war also der einzige Weg.

Um was ging es?

Es wurde mit dem *FlexGrid* eine Tabelle aufgebaut, in der die **255 Ascii-Codezeichen**, die man beim Programmieren immer wieder benötigt, attraktiv aufgelistet sind. Nach „Analyse zur Laufzeit", die ich nur jedem Programmierer dringend empfehlen kann, und intensiver Programmierarbeit erzielte ich folgendes Resultat (**Bild 34**). Die Details des Programms sollten Sie selbst erforschen. Nur müssen Sie, bevor es mit der Programmierarbeit losgehen kann, das Steuerelement, das ja nicht zu den VB-Standard-Steuerelementen gehört, in der Werkzeugleiste integrieren. Und wie dies geht, ist schnell gesagt: Klick mit der rechten Maustaste auf ein freies Feld der VB-Werkzeugsammlung, dann im Kontextmenü *Komponenten* anklicken und danach im sich öffnenden Fenster suchen. Vom sachlichen Ergebnis her ist dieses Projekt mit dem von mir vor Jahren entwickelten Tabellenprogramm zur Auflistung des Ascii-Codes (vgl. KP7.4.12) durchaus vergleichbar, nur ist dieses Projekt ungleich schöner und man kann die einzelnen Felder mit der Maus aktivieren, so dass sich zusätzliche Informationen einbinden lassen.

Bild 4.34:
ZEICHEN-
TAB.VBP
(zeigt den ASCII-
Code an.)

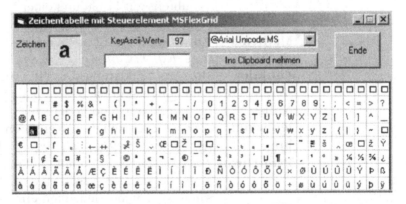

Übung 4.4: Tabellen formatieren *(in KP4_4_Ue)*

In dem kleinen Programm *FORMAT.VBP* sind verschiedene Möglichkeiten der Formatierung von Zahlen innerhalb von Tabellenspalten aufgezeigt. Verwendung findet die *Format-*Funktion. Eine Programmanalyse wird empfohlen.

Es sind Metho-
den, Ereignisse,
Anweisungen
u.a. zusammen-
gefasst.

Methode...	Syntax bzw. Besonderheiten
Auto-Redraw	[Objekt.]*AutoRedraw* [= Boolesch]. Ermöglicht es, Grafiken bzw. Text, die zur Laufzeit „geschrieben" wurden, in die HintergrundBitmap zu integrieren. Dann mit *Cls* nicht löschbar. Zu Beginn AutoRedraw *True* setzen, dann *False*.
Call	**Call** <Prozedurname> (Argument(e)) bzw. <Prozedurname> Argument(e). Dient zum Aufruf von Prozeduren in einem Projekt.
DoEvents	Gibt kurzzeitig Systemzeit frei, so dass andere Aufgaben erfüllt werden können.
Do...Loop	**Do** [While *Bedingung*] Anweisungen [If *Bedingung* Then Exit Do] **Loop** [Until *Bedingung*]
GoTo	Unbedingter Sprungbefehl. Nur *innerhalb* einer Prozedur möglich. Sprungmarke bzw. Zeilennummer angeben. Sprungmarke im Listing setzen und mit „:" abschließen!
Iteration	Ist die wiederholte Anwendung eines Rechenverfahrens zur Ermittlung einer Näherungslösung. Es ist kein „Probierverfahren"!
Mathematische Funktionen in VB	VB verfügt über 12 mathematische Funktionen (*Abs, Exp, Fix, Int, Log, Sgn, Sqr, Cos, Sin, Tan, Atn, Rnd*). Erklärung s. S. 110. Abgeleitete Funktionen sind hieraus zu bilden.
Nullstellenermittlung	Drei Verfahren sind gebräuchlich: *Regula falsi, Newton'sches* Näherungsverfahren und die *Intervallschachtelung*. Näheres s. S. 117ff.
PrintForm	*Form1.PrintForm*. Abschluss: Printer.EndDoc. Methode, die den Ausdruck einer Form mit sämtlichen Steuerelementen ermöglicht.
Runden von Zahlen	Mit **Y = Int(Y * Zahl + 0.5)/Zahl** oder mit der **Format**- bzw. **Format$**-Funktion (s. Online).
Style	Ab VB 5.0 können CommandButton Grafiken anzeigen. Style-Eigenschaft auf *1-Grafisch* einstellen u. über *Picture* die Grafik integrieren.
ToolTip-Text	Diese Eigenschaft ermöglicht es seit VB 5.0, bei Steuerelementen einfach *Hotspots* zuzuweisen.

5 Praxisprobleme lösen – Technik

In diesem Kapitel finden Sie Informationen zu ...

- Grundlagenwissen erarbeiten an Beispielen aus der Mechanik, Physik usw. (Resultierende, Momenten- u. Biegelinie, Hydrostatik, Wärmedehnung fester Körper, Reibung an Zapfen, Schwerpunktlehre, Trägheitsmomente...).
- Medien fördern mit Pumpen und Verdichtern.
- Beispiele der Motorenkunde (Gaskompression, Kreisprozess, Bewegungsverhältnisse am Kolben, Torsionskraft).
- Beispiele der Metalltechnik (Hydraulische Presse, Kurbelschleife – ein Beispiel aus der Getriebelehre, Spannkurve – ein Beispiel aus dem Vorrichtungsbau, Rauhtiefe – ein Beispiel aus der Zerspanungslehre, in dem das Programmieren von Nomogrammen gezeigt wird).
- Demo- und Lernprogramme an Beispielen aus der Kunststoffverarbeitung und der Elektrotechnik.
- Programmtechnisches, das in diesen Beispielen realisiert wird (Icons erstellen, Einrichten von Symbolleisten und Pulldown-Menüs, Nutzen der Windows-GDI u.a.).

5.1 Grundlagenwissen – Mechanik u.a.

5.1.1 Resultierende bestimmen

Lösung in:
KP5_1_1
RESULT.VBP

Ein in der Mechanik häufig zu lösendes Problem besteht darin, für Kräfte, die an einem Punkt angreifen, die Ersatzkraft (Resultierende) zu ermitteln. Das hier vorgestellte Programm ermöglicht es, beschreibende Größen von maximal fünf Kräften nacheinander dem Programm bekannt zu machen. Eingabedaten sind Kraftgröße in Newton und Winkel in Grad, unter dem die jeweilige Kraft angreift.

Die Eingabegrößen, in Variablen abgelegt, werden in der Weise verarbeitet, dass die Kräfte zuerst in ihre y- und x-Komponenten zerlegt werden. Die Komponenten werden vorzeichengerecht aufaddiert, um danach aus den Summen die Resultierende bilden zu können. Die Rechnung ist grafikunterstützt, so dass der Vorgang visuell auf dem Bildschirm verfolgt werden kann. Als Ausgabedaten erhält man am Ende der Rechnung die Größe der Resultierenden in Newton (N) und den Angriffswinkel in Grad, von der positiven x-Achse aus gerechnet. Die Ausgabe der Werte für die Resultierende erfolgt in TextBoxen.

In **Bild 5.01** ist die Benutzeroberfläche des Programms gezeigt. Mit OptionButton wird die Zahl der einzugebenden Kräfte festgelegt. Je nach Wahl werden entsprechende Eingabeboxen (je zwei für eine Kraft) sichtbar.

Die KeyPress-Prozeduren der TextBoxen sind so programmiert, dass Sie die Eingabe mit ⌈Return⌉ abschließen sollten.

Bild 5.01:
RESULT.VBP
(Benutzer-
oberfläche)

Augenscheinliche Schwäche des Programms:
Linien ohne Pfeilspitzen.
Dies soll geändert werden
(siehe Kap6.2)

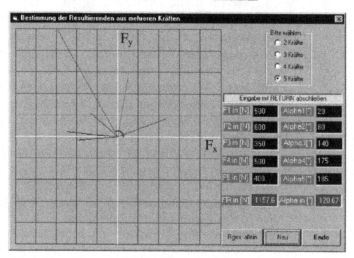

Hierbei erfolgt dann automatisch der Wechsel zu den weiteren Boxen etc. Während der Eingabe werden die Kräfte grafisch dargestellt und die einzelnen Resultierenden eingezeichnet. Folgt danach eine weitere Einzelkraft, so wird die alte Resultierende im Diagramm gelöscht und dafür die neu berechnete gezeichnet. Die zuletzt dargestellte Resultierende ist die gesuchte Ersatzkraft.

Resultierende, Auszug: *(KP5_1_1\RESULT.VBP)*

```
Private Sub Text1_KeyPress(Index As Integer, KeyAscii
As Integer)          'im Programm ist dies eine Zeile
   If Index = 0 Then          'betrifft linke TextBox(1)
      Select Case KeyAscii    'Sieb Select Case
      Case 13                 'Return-Taste
         If Text1(0) = "" Then
            Text1(0).SetFocus: Exit Sub    'MsgBox möglich
         Else
            Text1(1).SetFocus    'setzt Fokus in rechte Box
         End If
      Case 44: KeyAscii = 46  'aus Komma wird Punkt
      Case 8, 46, 48 To 57    'Backspace, Punkt, Zahlen
```

```
                  Case Else: KeyAscii = 0 'sperrt sonstige Tasten
               End Select
               ElseIf Index = 1 Then       'betrifft rechte TextBox1
                 Select Case KeyAscii      'Sieb Select Case
                   Case 13
                     If Text1(1) = "" Then
                       Text1(1).SetFocus: Exit Sub    'MsgBox möglich
                     Else
                       GoTo weiter 'überspringt unteres Exit Sub, wenn
                     End If       'Eingabe mit Return beendet wird.
                   Case 44: KeyAscii = 46
                   Case 8, 46, 48 To 57:              'leer
                   Case Else: KeyAscii = 0
                 End Select
               End If
               Exit Sub  'verlässt Prozedur nach Eingabe von Zahlen
               weiter:
                 F1 = Val(Text1(0))  'Auswertung TextBox1 (Kraft)
                 AG1 = Val(Text1(1)) 'Auswertung für Winkel in Grad
                 AB1 = AG1 * PI / 180 'Umrechng. Winkel in Bogenmaß
                 Fx = F1 * Cos(AB1)    'Zerlegung in Komponenten
                 Fy = F1 * Sin(AB1)    'wie vor
                 AutoRedraw = True    'sichert Linie im Hintergrund
                   Line (0, 0)-(Fx, Fy), QBColor(5) 'zeichnet Kraft
                 AutoRedraw = False
                 Call Resultierende(Fx, Fy)          'Prozeduraufruf
                 Text2(0).SetFocus  'setzt Fokus nach Text2(0)
               End Sub
               Private Static Sub Resultierende(Fx, Fy)
                 Cls                  'löscht Form
                 FRx = FRx + Fx       'Summenbildung für x-Komponente
                 FRy = FRy + Fy       'wie vor, y-Komponente
                 FR = Sqr(FRx ^ 2 + FRy ^ 2)'Resultierende mit Pyth
               '     Winkel A der Resultierenden im Bogenmaß
                 ARB = Atn(Abs(FRy) / Abs(FRx))
                 ARG = ARB / PI * 180              'Umrechnung in Grad
                 If FRy >= 0 And FRx >= 0 Then
                   ARG = ARG                             'Quadrant I
                 ElseIf FRy >= 0 And FRx < 0 Then
                   ARG = 180 - ARG                       'Quadrant II
                 ElseIf FRy < 0 And FRx < 0 Then
                   ARG = ARG + 180                       'Quadrant III
                 ElseIf FRy <= 0 And FRx > 0 Then
                   ARG = 360 - ARG                       'Quadrant IV
                 End If
                 ARB = ARG * PI / 180'neuer Winkel ARG in Bogenmaß
                 Text6(0) = Str(FR)  'Ausgabe von FR in TextBox6(0)
                 Text6(1) = Str(ARG) 'Ausgabe Winkel in Grad
                 If Text2(0) = "" Then Exit Sub
                 If Farbe = 7 Then Farbe = 8  'grau wird dunkelgrau
                 For Rad = 50 To 60  'Betonung des errechn. Winkels
                   Circle (0, 0), Rad, QBColor(7), 0, ARB
                   Circle (0, 0), Rad, QBColor(Farbe), 0, ARB
                 Next
                 Line (0, 0)-(FRx, FRy), QBColor(12)    'zeichnet FR
                 Farbe = Farbe + 1 'ändert Farbe für Winkelbetonung
               End Sub
```

Den GoTo-
Befehl nutzen

Fx, Fy als Argu-
mente übergeben

Winkel mit Circle-
Anweisung betonen

Hinweise zur KeyPress-Prozedur

Je zwei nebeneinander liegende TextBoxen nehmen die Daten für eine Kraft auf (Kraftgröße links, Winkel rechts). Sie sind als Steuerelementefeld angelegt (Je Kraft ein Feld). Für jedes Steuerelementefeld ist eine *KeyPress*-Prozedur eingerichtet. Das vorstehende Listing zeigt beispielhaft die des Feldes Text1. Der Index „0" bezieht sich auf die links angeordnete TextBox (Kraftgröße), Index „1" auf die rechte (Winkel). Mittels „Sieb" *Select Case* wird die Eingabe organisiert. Bleiben Boxen leer, so wird die Prozedur verlassen und der Fokus in die Box zurückgesetzt. Auf MessageBoxen, die möglich wären, habe ich verzichtet.

Wird die Eingabe in der jeweils rechts liegenden Box mit Return beendet (Winkel), so werden die TextBoxen ausgewertet und die Kraftkomponenten (Fx, Fy) bestimmt. Mit der *Line*-Methode wird die Kraft als farbige Linie eingezeichnet. *AutoRedraw* sichert sie in der Hintergrundbitmap (beständige Bitmap). Abschließend erfolgt mit *Call* der Aufruf der allgemeinen Prozedur „Private Static Sub Resultierende (Fx, Fy)".

Prozeduren können *Static* gesetzt werden.

Static in der ersten Zeile bewirkt, dass die Variablen mit ihrem jeweiligen Wert bei Verlassen der Prozedur erhalten bleiben, was für das Aufsummieren der Kraftkomponenten bedeutsam ist. Ein Deklarieren der Variablen als *Static* wäre auch möglich gewesen. Weiter sieht man, dass der Prozedur die in der *KeyPress* errechneten Kraftkomponenten Fx und Fy als Argumente übergeben werden (in Klammern wegen *Call*).

Hinweise zur allgemeinen Prozedur

Jetzt noch ein Blick in diese allgemeine Prozedur:

Mit *Cls* wird die Form gelöscht, was nur die nicht gesicherten Forminhalte (z.B. die zuletzt gezeichnete Resultierende) betrifft. Die Fx- und Fy-Werte werden den FRx- und FRy-Werten zuaddiert (Summenbildung zur Ermittlung der Resultierenden). Über den Pythagoras wird das jeweils gültige FR (Resultierende) errechnet. Dann erfolgt die Winkelbestimmung (erst in Bogen, dann in Grad). In der If...Then danach wird – je nach Lage der Resultierenden innerhalb der Quadranten – der Winkel so umgerechnet, dass er von der positiven x-Achse aus zählt. Nach Rückrechnung in Bogenmaß kann jetzt mit der *Circle*-Methode die Winkelbetonung grafisch erfolgen.

Die Ausgabe der Rechenwerte (Größe und Winkel der Resultierenden) erfolgt in den unten angeordneten TextBoxen Text6(0) u. Text6(1). Mit der *Line*-Methode wird die Resultierende gezeichnet. *AutoRedraw* fehlt hier, so dass Löschen mit *Cls* möglich bleibt.

5.1.2

Lösung in:
KP5_1_2
MOMENT.VBP

Querkraft– und Momentenlinie

Zu den grundlegenden Statikkenntnissen gehört es, für einfache Belastungsfälle von Trägern auf zwei Stützen die Biegemomente ermitteln zu können. Wie dies programmtechnisch angegangen werden kann, sei am einfachsten Fall – einzelne Punktlast – dargelegt. Der Grund für diese Begrenzung liegt einzig in der für andere Fälle aufwendigeren Grafikprogrammierung. Die reinen Rechnungen dagegen ließen sich leicht realisieren (Berechnungsformeln s. *Dubbel*, vgl. Kap.7.6 o.a.).

In **Bild 5.02** sehen Sie das Formular des Programms *MOMENT.VBP* zur Entwurfszeit. Zu erkennen sind die Auflagerstellen (Pfeile in Images, links sei Auflager A, rechts sei B), der Kraftpfeil der Einzellast, zwei Rechteck-Shapes und Linien für die Darstellung des Momentenverlaufs (Line-Steuerelemente). Auf der rechten Seite der Form sind Frames für die Ein- und Ausgabe der Daten vorgesehen. Darunter angeordnet sind 4 Befehlsschaltflächen (CommandButton).

Bild 5.02:
MOMENT.VBP
(Oberfläche zur
Entwurfszeit)

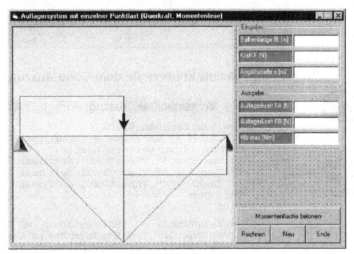

Bei der Eingabe können Sie Balkenlänge **lB**, Kraftgröße **F** und die Angriffsstelle **x** der Kraft festlegen. Betätigen Sie zur Laufzeit nach Eingabe der Daten in den TextBoxen jeweils die [Return] -Taste, so wird der Fokus in die nächste Box gesetzt bzw. am Ende (nach Eingabe von x) die Rechnen_Click aufgerufen. Die Ergebnisse der Rechnung (Auflagerkräfte FA, FB und das maximale Biegemoment M) werden in den Ausgabe-TextBoxen angezeigt. In der PictureBox links, die zur Ausgabe der Grafik vorgesehen ist, werden die Rechteck-Shapes (zeigen Querkraft-Diagramm) größenmäßig angepasst.

Der Kraftpfeil wird bei „x" angeordnet und die Momentenlinie in rot dargestellt. Durch Betätigen des CommandButtons (Caption „Momentenfläche betonen") wird die Fläche farbig markiert. Dies erfolgt mit zwei For...Next-Schleifen, in denen der Strahlensatz Verwendung findet (**Bild 5.03**).

Bild 5.03:
MOMENT.VBP
(Benutzer-
oberfläche)

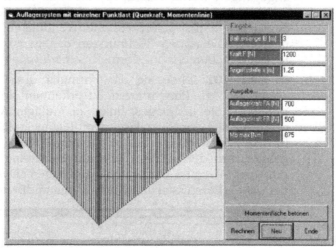

Weitere Details können Sie dem Code-Auszug entnehmen:

Querkraft- u. Momentenlinie, Auszug: *(KP5_1_2\MOMENT.VBP)*

```
Private Sub Rechnen_Click()
    If Text1 = "" Or Text2 = "" Or Text3 = "" Then
        MsgBox "Erst Werte eingeben!", 0, "Achtung"
        If Text3 = "" Then Text3.SetFocus
        If Text2 = "" Then Text2.SetFocus
        If Text1 = "" Then Text1.SetFocus
        Exit Sub
    End If

    1B = Val(Text1)       'Balkenlänge im
    F = Val(Text2)        'Kraftgröße in Newton
    x = Val(Text3)        'Angriffspunkt in m (von A aus)
    FB = F * x / 1B       'Auflagerkraft FB
    FA = F - FB           'Auflagerkraft FA
    M = FA * x            'Maximales Moment in Nm
    Text4 = Str(FA)       'Ausgabe der Ergebnisse (FA)
    Text5 = Str(FB)       'wie vor (FB)
    Text6 = Str(M)        'wie vor (M)
    1x = 100 * x / 1B     '1x = Maß x im Screenmaßstab
    Image1(2).Left = 1x - 4       'Position Kraftpfeil
    Image1(2).Visible = True

    Shape1.Height = FA / F * 50   'Rechteck-Shape links
    Shape1.Top = Shape1.Height    'maßlich anpassen
    Shape1.Width = 1x             'Breite
    Shape1.Visible = True
```

Setzt den Fokus in die *oberste* freie TextBox

```
Shape2.Height = FB / F * 50        'wie bei Shape1
Shape2.Top = 0
Shape2.Width = 100 - lx
Shape2.Left = Shape1.Left + Shape1.Width
Shape2.Visible = True

Line1.X1 = lx: Line1.X2 = lx  'Max. Moment, senkr.
Line1.Y2 = Line1.Y1 - M / 20  'Linie in rot

 'Schlusslinien, die Momentenverlauf beschreiben.
Line2.X2 = lx: Line2.Y2 = Line1.Y1 - M / 20'
Line3.X2 = lx: Line3.Y2 = Line2.Y2
Line1.Visible = True
Line2.Visible = True 'Zum Test (s.u.) mit Rem raus
Line3.Visible = True ' "
Shape2.ZOrder 1    'bringt Shape2 hinter Auflager B
 'Testen Sie folgende Zeilen durch Herausnahme von
 'Picture1.Line (0, 0)-(lx, Line1.Y2), QBColor(12)
 'Picture1.Line (100, 0)-(lx, Line1.Y2), QBColor(12)
 M_Fläche.SetFocus
End Sub
```

ZOrder bestimmt Schicht des Steuerelements

5.1.3

Lösung in:
*KP5_1_3\
DREIECKS-
LAST.VBP*

Balken mit Dreieckslast

Zu den typischen Aufgaben der Mechanik gehört die Bestimmung von Biegemomenten- und Querkraftverlauf. Ist der Belastungsfall aber derart, dass der Balken mit einer Dreieckslast (Giebelwand eines Hauses o.ä.) belastet wird, dann ist die Rechnung normalerweise nur mittels Höherer Mathematik zu bewältigen. Wir haben aber die Numerik und lösen es auf diesen Wegen.

Die Benutzeroberfläche nach Abarbeitung der Aufgabenstellung wird in **Bild 5.04** gezeigt.

Bild 5.04:
*DREIECKS-
LAST.VBP
Bestimmung von
Momentenlinie
und Lage des
größten Biege-
momentes.*

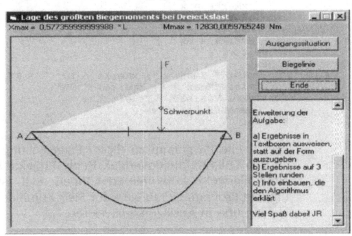

143

Ein Blick in das Programmlisting soll die Abläufe verdeutlichen. Die Details kann man herausbekommen, wenn man beim Test einzelne Zeilen durch Auskommentieren kurzzeitig unwirksam macht.

Dreieckslast, Auszug: *(KP5_1_3\DREIECKSLAST.VBP)*

```
Private Sub Command1_Click() 'Ausgangssituation
  h = 3        'max. Höhe des Dreiecks in m (angenommen)
  'Balkenlast darstellen
  For x = 0 To 1 Step 0.01
    y = x * h / 1              'Strahlensatz
    Picture1.Line (x, 0)-(x, y), &HC0E0FF
  Next
  'Die nächsten Schritte stichwortartig benannt
  'Kraftpfeil
  'Kraftbenennung F einschreiben
  'Lagerstelle A
  'Lagerstelle B
  'Balken (als gewichtslos angenommen)
  'Balkenhälfte markieren
  'Schwerpunkt der Last markieren
  'Und hier die wichtige Zeichenprozedur mit Markierung
  'des MomentenMaximums
  Private Sub Command2_Click() 'Biegelinie bestimmen
  Cls
  FA = F / 3
  For x = 0 To 1 Step 0.0001
    Fx = F * x ^ 2 / 1 ^ 2
    Mx = FA * x - Fx * x / 3
    Picture1.PSet (x, -Mx / 4000)
    If Flag = True Then GoTo weiter
    If Mx < Mmerke Then
      Flag = True
      xMerke = x
      Picture1.Line (x, 0)-(x, -Mx / 4000), QBColor(14)
    End If
    Mmerke = Mx
  weiter:
  Next
    Print " Xmax = "; xMerke / 10; " * L",
    Print "Mmax = "; Mmerke; " Nm"
    Text1.Visible = True
    Command3.SetFocus
End Sub
```

Das zweite Programm zu dieser Fragestellung ermittelt explizit den Querkraftlinienverlauf. Beide Projekte hätte man auch sinnvollerweise kombinieren können. Evtl. ist dies eine geeignete Programmieraufgabe für Sie!? Zumindest sollten Sie es sichten und in Ansätzen analysieren.

5.1.4

Lösung in:
KP5_1_4
BIEGELIN.VBP

Biegelinie

Der kleine Statik-Exkurs wird mit diesem Programm beschlossen. Für einen Balken auf zwei Stützen soll für eine mittig angreifende Punktlast die Biegelinie und damit die maximale Durchbiegung ermittelt werden. Die notwendigen Variablen (l = 2000 mm, Balkenlänge; F = ... N, Kraft; I = ..., Flächenträgheitsmoment; E = ..., Elastizitätsmodul) werden in der Form_Activate durch Zuweisung dem Programm bekannt gemacht. Zur Berechnung habe ich aus dem *Dubbel I* (s. Kap. 7.7) eine Berechnungsformel entnommen, die im Programm Verwendung findet (s. unten stehendes Listing). Die Formel hat nur einen Gültigkeitsbereich bis x <= l/2, wie im *Dubbel* ausgesagt wird. Der Nachweis für die Richtigkeit dieser Aussage ist schnell gebracht. Logisch ist, dass allein schon aus Symmetriegründen beide Seiten des Balkens einen gleichen Verlauf der Biegelinie haben müssen. Lässt man jedoch in der *For...Next* den gesamten Bereich der Balkenlänge l durchlaufen, so zeigt sich der Fehler deutlich (**Bild 5.05**).

Bild 5.05:
BIEGELIN.VBP
(Ausschnitt):
Formel aus
Dubbel I

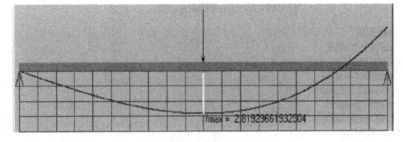

Will man diesen Fehler programmtechnisch vermeiden, so ist eine Möglichkeit darin zu sehen, dass man die Rechenwerte der Formel gleichzeitig links (bei laufendem **x**) und rechts (bei Balkenlänge – **x**) aufträgt. Störend ist nur, dass die Zeichnung des Graphen von links (Auflager A) und rechts (Auflager B) gleichzeitig zur Mitte hin erfolgt (**Bild 5.06**), wo sie in der Diagramm-Mitte zusammenlaufen.

Bild 5.06:
BIEGELIN.VBP
Ausschnitt:
Gleichzeitig
rechts und links
die Rechenwerte
antragen

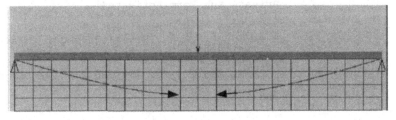

Datenfeld (Array, Feld) dimensionieren

Dies lässt sich elegant dadurch umgehen, dass man die Rechenwerte, die man während des Durchlaufs bis zur Balkenmitte hin ermittelt, zwischenzeitig speichert. Um diese Speicherung zu ermöglichen – VB muss sich in unserem Fall ca. 1000 Werte merken – muss ein **Datenfeld (Array, Feld)** deklariert werden, was im Programm mit der Zeile

```
Dim fy(1000) As Single
```

geschieht. Das *Datenfeld* hat hier den Namen „fy" (fy = Durchbiegung in y-Richtung). Es besteht an sich aus 1001 Elementen, da VB standardmäßig mit einem Index „0" beginnt. Nur durch die Anweisung

Option Base

```
Option Base 1
```

wird die Untergrenze modulweit auf „1" festgelegt, so dass 1000 Elemente vorbereitet werden. Die Rechenergebnisse hierfür werden in dem Feld „**fy**" abgelegt und von dort im zweiten Teil des Durchgangs in umgekehrter Reihenfolge wieder abgerufen. Die Unterscheidung der Elemente erfolgt über den Index, der in ( ) angefügt ist. Das Rechenergebnis sehen Sie in **Bild 5.07**.

Bild 5.07:
BIEGELIN.VBP
Ausschnitt:
Durchlauf von einer Seite möglich (durch Verwendung eines Arrays bzw. Feldes)

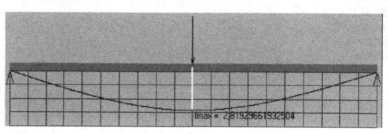

Weitere Details siehe Listing bzw. Programm.

Datenfeld dimensionieren

Biegelinie, Auszug: *(KP5_1_4\BIEGELIN.VBP)*

```
Option Base 1
Dim fy(1000) As Single
' Alternativ zu obigen Zeilen ist auch möglich:
' Dim fy(1 To 1000) As Single
Dim l!, F!, E!, I!

Private Sub Form_Activate()
l = 2000   ' l = Balkenlänge in [mm]
F = 25000  ' F = Kraft in [N]
E = 215000 ' E = Elastizitätsmodul in [N/mm²]
I = 6874000' I = Flächenträgheitsmoment in [mm^4]
AutoRedraw = True                'Sichern gegen Cls
   Form1.Scale (-20, 10)-(2020, -10) 'Koordinatensystem
   ...
End Sub
```

Zu Bild 5.05

```
Private Sub Command1_Click()          'Dubbel
' Einzelne Punktlast in der Mitte des Balkens
' S. Dubbel I, S. 386, Fall 2. Gültig nur für x <= l/2
For x = 1 To 2000 Step 0.5
  DoEvents
  y = F*l^3 / (16*E*I) * x/l * (1 - 4/3*x^2 / l^2)
  PSet (x, -y), QBColor(9)
  If x = 1000 Then
    Print " fmax = "; F * l ^ 3 / (48 * E * I)
    Line (x, 0)-(x, -y), QBColor(12)
    Beep
  End If
Next
End Sub
```

Zu Bild 5.06

```
Private Sub Command2_Click()       'Gegenläufig zeichnen
For x = 1 To 1000 Step 0.5
  y = F*l^3 / (16*E*I) * x/l * (1 - 4/3*x^2 / l^2)
  PSet (x, -y), QBColor(3)            'läuft von links
  PSet (2000 - x, -y), QBColor(3)  'läuft von rechts
Next
Print " fmax = "; F * l ^ 3 / (48 * E * I)
Line (1000, 0)-(1000, -y), QBColor(12)
End Sub
```

Zu Bild 5.07

```
Private Sub Command3_Click()             'Array bzw. Feld
For x = 1 To 1000 Step 1
  y = F*l^3 / (16*E*I) * x/l * (1 - 4/3*x^2 / l^2)
  PSet (x, -y), QBColor(9)
  fy(x) = y       'y-Werte werden in Feld fy eingelesen.
Next
Print " fmax = "; F * l ^ 3 / (48 * E * I)
Line (1000, 0)-(1000, -y), QBColor(12)

'fy-Werte werden in umgekehrter Reihenfolge wieder
'abgerufen.
For x = 1 To 1000 Step 1
  PSet (1000 + x, -fy(1001 - x)), QBColor(4)
Next
End Sub
```

5.1.5

Lösung in:
KP5_1_5
SEITENDR.VBP

Hydrostatik I – Seitendruck

In diesem Programm wird beispielhaft gezeigt, wie man in Flüssigkeitsbehältern Wanddrücke, daraus resultierende Kräfte und die Lage des Druckmittelpunktes auf der Seitenwand ermitteln kann. Zwei Fälle sind realisiert, nämlich Rechteckfläche und symmetrische Dreiecksfläche. Ohne besonderen Aufwand kann das Programm auf weitere Wandflächen erweitert werden, z.B. auf Kreisflächen. Ausschnitte der Benutzeroberfläche sind in **Bild 5.08** gezeigt.

Bild 5.08:
SEITENDR.VBP
Ausschnitt oben:
- Rechteckfläche
Ausschnitt unten:
- Dreiecksfläche

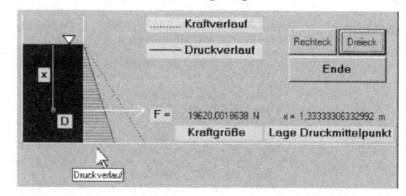

Die Rechteckfläche ist besser ausprogrammiert als die Dreiecksfläche.
→ Analyse!

Die senkrechte Seitenwand des Behälters (Füllhöhe= 2 m), wird in waagerecht liegende Streifen (hier 1000) zerlegt.

Für den Mittelpunkt der einzelnen Streifen wird dann der hydrostatische Druck (**p = hx * Rho * g**), die Streifenbreite (beim Rechteck konstant, beim Dreieck über den Strahlensatz) und die Kraft der Flüssigkeit auf diesen Streifen errechnet. Die Kraft multipliziert mit dem Abstand zum freien Flüssigkeitsspiegel ergibt ein *Kraftmoment*, das für die Bestimmung des Druckmittelpunktes gebraucht wird. *Zur Erklärung:* Unter *Druckmittelpunkt* versteht man den Angriffspunkt auf der Seitenwand eines Behälters, in dem alle Teilseitenkräfte vereinigt gedacht werden können.

Druckmittelpunkt
(Begriff)

Mit einfachen Zählern (F = F + Fx, ...) wird die Gesamtkraft **F** und das Gesamtmoment **M** errechnet (vgl. *For...Next* im ProgrammCode-Ausschnitt unten). Dann erfolgt die Ausgabe des Druck- und Kraftverlaufs mit *PSet*.

Die Lage des Druckmittelpunktes **x** unter dem freien Spiegel findet sich hiernach einfach durch den Quotienten aus **M** und **F**. Die so ermittelten Werte werden mit *Print* auf der Form ausgedruckt (Bild 5.07). Man erkennt, dass der Druckmittelpunkt bei Rechteckflächen in 2/3 der Rechteckhöhe unter dem freien Spiegel liegt. Bei Dreiecken (Spitze nach unten) liegt er auf der halben Dreieckshöhe.

Hinweis:
Ein Verändern von „h" führt zu einer Bildverzerrung. Dies lässt sich nur durch weiteren programmtechnischen Aufwand abstellen.

Hydrostatik I, Auszug: *(KP5_1_5\SEITENDR.VBP)*

```
Const h = 2: Const t = 1      'Konstantendeklaration
Const g = 9.81: Const Rho = 1000: Const N = 1000

'Begriffserklärungen:
'h = Füllstandhöhe im Behälter in m
't = Wandflächenbreite in m (nur bei Rechteck const)
'g = Erdbeschleunigung in m/s^2
'Rho = Dichte von Wasser in kg/m^3
'N = Zahl der Schichten bei Rechnung

Private Sub Command2_Click()      'Dreieck
  Call Init                       'Löscht Formular
  For i = h To 0 Step -0.01       'Färbt Dreiecksfläche
    j = j + 1
    Line(-37 + j*17/200,i)-(-3 - j*17/200,i),QBColor(9)
  Next
  Line (-40, 0)-(50, 0), QBColor(12)      'Bodenlinie
  Line (-40, 2.4)-(-20, 0), QBColor(15) 'Behälterrand
  Line (0, 2.4)-(-20, 0), QBColor(15)  'Behälterrand
  Line (0, 2.4)-(0, 0), QBColor(15)      'Senkr. Linie

  dh = h / N                             'Schichtendicke
  For hx = 0.5 * dh To h Step dh
    px = hx * Rho * g                    'Seitendruck
    bx = t / h * (h - hx)                'Streifenbreite
    dA = bx * dh                         'Streifenfläche
    Fx = px * dA                         'Kraft auf Streifen
    Mx = Fx * hx                         'Kraftmoment
    F = F + Fx                           'Summiert Kräfte
    M = M + Mx                           'Summiert Momente
    PSet (Fx, h - hx), QBColor(5)        'Kraftlinie
    PSet (px / 1000, h - hx), QBColor(3) 'Druckverlauf
  Next
  x = M / F    'Druckmittelpunkt vom freien Spiegel aus
  Line (0, h - x)-(F / 100, h - x), QBColor(11)
  ForeColor = QBColor(3): Print F, x,
' Markiert Druckmittelpunkt, setzt Fokus
  Circle (-20, h - x), 1, QBColor(11)
  Command1.SetFocus
End Sub
```

Wenn Sie die Analyseübung zum Vergleich der Code-Abschnitte für die Rechteck- und Dreiecksfläche durchgeführt haben, so ist Ihnen sicher das Image1 (∇ - Symbol), das den freien Flüssigkeitsspiegel symbolisiert, aufgefallen. Suchen Sie dieses Symbol (s. Randspalte) unter den VB mitgegebenen Icons (.ico), so bleibt dies ohne Erfolg, es ist nämlich von mir im **Image Editor** von VB (auch Icon Editor genannt) selbst erstellt worden. Das Vorgehen hierbei sei kurz erklärt.

Mit dem
Image Editor
Icons erstellen

Den *Image Editor*, Sie finden ihn auf der VB 5.0-CD unter *D:\TOOLS\IMAGEDIT\IMAGEDIT.EXE* (in VB 6.0 siehe Verzeichnis *\COMMON\TOOLS\IMAGEDIT*), können Sie sich auf Ihre Festplatte kopieren oder direkt von der CD aus starten. Start im Explorer mit Doppelklick auf den Dateinamen *IMAGEDIT.EXE*. Klicken Sie dann auf *File* (das Menü ist englischsprachig!) und *New...*, so öffnet sich ein Fenster mit Titel „*Resource Type*". Hier klicken Sie auf den OptionButton „Icon" und bestätigen mit *OK*. Ein zweites Fenster („*New Icon Image*") öffnet. In diesem wählen Sie „EGA/VGA 16-Color 32 x 32" an und bestätigen wiederum mit *OK*. Jetzt haben Sie die Entwicklungsoberfläche des Editors (**Bild 5.09**).

Bild 5.09:
IMAGEDIT.EXE
(zur Entwicklung
von Icons, Cursor
und Bitmaps)

Arbeitsfläche

Werkzeug-
sammlung

Iconanzeige
(klein)

Farbwahl

Auf der Arbeitsfläche entwickeln Sie das Icon. Bei komplizierteren Darstellungen sollten Sie einen Vorentwurf auf Papier machen. *Hinweis*: Mit dem Icon-Hilfsprogramm (s. Kapitel 7.4.6) können Sie hierfür Raster ausdrucken!

Bei unserem „FreierSpiegel"-Symbol (s. Randspalte) war darauf zu achten, dass der Hintergrund in derselben Graufarbe angelegt wird, wie sie später die Formularoberfläche erhält. Beachten Sie, dass Sie – da der Editor nur wenige Farben zur Verfügung stellt – nicht alle Grautöne verfügbar haben.

5.1.6

Lösung in:
KP5_1_6
AUFTRIEB.VBP

Hydrostatik II – Auftrieb

Die Eintauchtiefe schwimmender Körper (im Programm wird eine Baumstamm zu Grunde gelegt) zu bestimmen, ist numerisch relativ einfach. Es sind auf Grund der Zylinderform und der Flüssigkeitsdichte solange Zylinder-Schichten zu addieren, bis das verdrängte Wasservolumen – in kg umgerechnet – gleich der Baumstamm-Masse ist. Aus Raumgründen wird lediglich auf die Command1_Click (Caption „Rechnen") verwiesen, die zu analysieren ist.

Die Benutzeroberfläche ist in **Bild 5.10** abgebildet.

Bild 5.10:
AUFTRIEB.VBP
(Benutzer-
oberfläche)

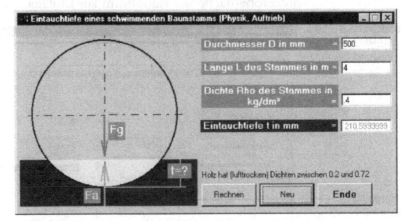

Kurzerklärung: Die drei Eingabe-TextBoxen sind als Steuerelementefeld angelegt. Bisher haben wir, um unser „Sieb" Select Case anzuwenden, für jede der TextBoxen einen eigenen KeyPress-Abschnitt mit „Sieb" benötigt. In diesem Programm ist es nur einmal integriert. Es wird von allen drei TextBoxen gemeinsam genutzt. Wie geht dies?

Das Geheimnis liegt in den Zeilen hinter Case 13. Der Index der TextBox wird für *SetFocus* von „0" aus um „1" erhöht; ist er „2", so wird gerechnet.

Zeilenumbruch

Einzeilige Schreibweise möglich!
Doppelpunkt
beachten!

```
Private Sub Text1_KeyPress(Index As Integer, _
  KeyAscii As Integer)
    Select Case KeyAscii
        Case 13                    'Return
          If Index = 2 Then Call Command1_Click: Exit Sub
          Text1(Index + 1).SetFocus
        Case 44: KeyAscii = 46
        Case 8, 46, 48 To 57:     'leer
        Case Else
          KeyAscii = 0
    End Select
End Sub
```

5.1.7

Lösung in:
KP5_1_7
WAERME.VBP

Wärmedehnung fester Körper

Das hier vorgestellte Programm zur Berechnung der Wärmedehnung von Festkörpern ist ursprünglich als Projektarbeit
meiner Schüler entstanden (s. InfoProg-Bildschirm im Programm). Es vermittelt Ihnen einige weitere Kenntnisse zum
effektiven Programmieren. So verwendet es u.a. einen Startbildschirm, der zeitgesteuert entladen werden kann. Das Programm ist so eingerichtet, dass der Startbildschirm als blauer
Hintergrund für die Hauptform erhalten bleibt. Dies haben Sie
bereits im Kapitel 2 kennen gelernt. **Bild 5.11** zeigt die Benutzeroberfläche der Hauptform zur Laufzeit.

Bild 5.11:
WAERME.VBP
(Benutzer-
oberfläche)

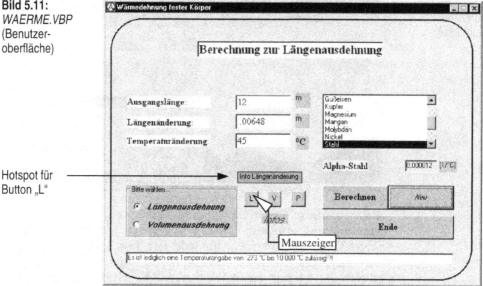

Hotspot für
Button „L"

Kommen wir jetzt zur Betrachtung einiger Programmdetails:

**Startbildschirm
zeitgesteuert
mittels Timer**

Interval – wich-
tige Eigenschaft

• Sichten Sie den Startbildschirm in der Entwicklungsumgebung, so sehen Sie zentral eine Bilddarstellung und links zwei
Timer-Steuerelemente (Symbol s. Randleiste). Diese Steuerelemente – sie sind zur Laufzeit nicht sichtbar – dienen als
Zeitgeber. Timer1 legt fest, wie lange das eigentliche Startbild
zu sehen ist, Timer2 gibt die Zeit vor, die nach Bildwechsel
noch verbleibt, ehe die Hauptform eingeblendet wird. Für die
Zeitfestlegung ist die Timer-Eigenschaft **Interval** zuständig.
Standardmäßig ist Interval = 0 eingestellt (s. Eigenschaftenfenster des Timers). Für Timer1 wurde dieser Wert auf Interval =
5000 abgeändert. Diese Zahl entspricht 5000 Millisekunden
(also 5 Sek.), die zwischen Aufrufen an das *Timer-Ereignis*

vergehen. In diesen Zeitabständen würde beständig das Timer-Ereignis aufgerufen werden, wenn nicht nach erstmaligem Aufruf Interval = 0 (Timer1.Interval = 0) gesetzt würde. Im Programm wird zur selben Zeit für Timer2 die Eigenschaft Interval auf 2000 gesetzt (Timer2.Interval = 2000) und der Bildwechsel vorgenommen. Nach 2 Sek. wird das Timer2-Ereignis aufgerufen, Interval = 0 gesetzt und die Hauptform geladen. Hierzu s. ProgrammCode der Startform!

• In der Benutzeroberfläche (Bild 5.11) finden Sie drei CommandButton mit den Aufschriften „L", „V" und „P". Sie sind zur Erläuterung mit QuickInfos belegt, die Sie – wie erwähnt – ab VB 5.0 leichter mit der Eigenschaft *ToolTipText* festlegen können. Auf eine Änderung habe ich verzichtet. Ein Anklicken der Button bewirkt den Aufruf von Hilfebildschirmen (zur **L**ängenänderung, **V**olumenänderung u. **P**rogramm).

Beachten Sie die Form_Unload der FrmProfile

• Die aufgerufenen Bildschirme können durch Betätigen der ⎡Esc⎤ - Taste (Ascii-Code = 27) wieder ausgeblendet werden. Dies bewirkt die nachstehende Zeile:

```
If KeyAscii = 27 Then InfoL.Hide
```

Diese finden Sie in der jeweiligen Form_KeyPress-Prozedur.

AutoSize passt die Länge des Labels der Textlänge an.

• Betrachten Sie die Hauptform zur Entwurfszeit, so fallen Ihnen mehrere Bezeichnungsfelder (Label) auf, die stark verkürzt und ohne Text auf die Form gebracht worden sind. Sie erhalten erst zur Laufzeit Text zugewiesen, der zudem noch in seiner Länge wechselt. Hier ist die **AutoSize**-Eigenschaft der Label auf True gesetzt worden. Sie bewirkt ein automatisches Anpassen der Länge des Labels an die Textlänge.

ListBox (s.a. Kap. 7.4.7)
- List
- Sorted...

• Zum Abschluss noch ein Blick auf die **ListBox**, rechts auf der Form. Sie enthält die Namen gängiger Werkstoffe, für die die Berechnung der Wärmedehnung Sinn macht. Die Namen sind alphabetisch gereiht, da die Eigenschaft *Sorted* auf True gesetzt worden ist. Das Eingeben der Bezeichnungen ist zur Entwurfszeit vorgenommen worden. Hierzu selektiert man im Eigenschaftenfenster der *ListBox* die Eigenschaft **List** – rechts ist „(Liste)" eingetragen – und klickt dort auf den Dreiecks-Button. Ein Listenfeld öffnet sich, in das Sie den gewünschten Text eingeben können.
Zu beachten: In nächste Zeile mit ⎡Strg⎤ + ⎡Return⎤.

Einige Besonderheiten von ListBoxen seien angeführt: ListBoxen können Sie z.B. Text zur Laufzeit zuweisen. Dies geschieht in der Form_Load bzw. in unserm Fall in der Form_Activate. Ich habe Ihnen dort ein Beispiel eingeschrie-

Methoden:
AddItem
RemoveItem
Clear

ben, das, da es in unserm Zusammenhang ohne Sinn ist, direkt auffällt:

```
'   List1.AddItem "Hallo"
```

Wenn Sie nach Entfernen des Hochkommas aus obiger Zeile das Programm starten, dann erkennen Sie direkt, dass „Hallo" – nach dem Alphabet einsortiert – in der ListBox vorkommt. Das Entfernen einzelner Einträge geschieht mit **RemoveItem** (Index angeben), sämtliche Einträge werden mit **Clear** gelöscht. „Hallo" hat nach seiner Position in der ListBox die 8. Stelle, damit den Index 7, denn gezählt wird ab Index 0. Unsere Befehlszeile zum Entfernen des Eintrags, z.B. einem Test-CommandButton in der Click-Prozedur hinterlegt, lautet:

```
List1.RemoveItem (7)      'löscht Eintrag an Pos. 8
List1.Clear               'löscht sämtliche Einträge
```

Wie ein weiterer Werkstoff „bleibend" dem Programm zugewiesen werden kann, wird in Kap. 6.6 erklärt.

Zurück zum Programm: Nach vollzogener Werkstoffwahl müssen die Alpha-Werte zur weiteren Verarbeitung zugewiesen werden. In der List1_Click-Prozedur erfolgt hierzu ein Aufruf der allgemeinen Prozedur Werkstoffwahl, von der Sie nachstehend einen kurzen ProgrammCode-Auszug sehen:

Wärmedehnung, Auszug: *(KP5_1_7\WÄRME.VBP)*

```
Private Sub WerkstoffWahl()
   If List1.Text = "Blei" Then
      al = 29 * 10 ^ -6        'Ausdehnungskoeffizient
      bezeichnung = "Blei"     'für die Längenänderung
   ElseIf List1.Text = "Stahl" Then
      al = 12 * 10 ^ -6
      bezeichnung = "Stahl"
   ElseIf List1.Text = "Aluminium" Then
   ...
   ElseIf List1.Text = "Cobalt" Then
      al = 15 * 10 ^ -6
      bezeichnung = "Cobalt"
   End If
   werkbez = bezeichnung
   ausgangslänge.SetFocus
   längenänderung = ""
   temperaturänderung = ""
   Gamma = 3 * al
   If label5 = "Alpha-" Then   'Ausgewählte Zahlen etc.
      Label11 = al             'anzeigen
   Else: Label11 = Gamma       ': Wegen einzeiliger
   End If                      'Schreibweise notwendig
End Sub
```

Die Verarbeitung der Werte aus den TextBoxen und der ListBox erfolgt dann in der Prozedur Berechnen_Click.

5.1.8

Lösung in:
KP5_1_8
REIB.VBP

Reibung am Spurzapfen

Ein weiteres typisches Beispiel aus der Mechanik, die Reibung beim Spurzapfen, sei vorgestellt. **Bild 5.12** zeigt die Benutzeroberfläche. Der sich mit **n** (Drehfrequenz in 1/min) drehende Stirnzapfen wird mit der Kraft **F** gegen das Gleitlager gepresst. Je nach Werkstoffpaarung, hiervon hängt u.a. der Reibkoeffizient ab, entstehen unterschiedlich große Reibkräfte und Reibmomente. Die Reibkoeffizienten μ sind für die üblichen Reibsituationen und Werkstoffpaarungen bekannt und können im Programm in einer Tabelle nachgesehen werden (CommandButton „Info zu μ").

Bild 5.12:
REIB.VBP
(Benutzeroberfläche mit
HScrollBar)

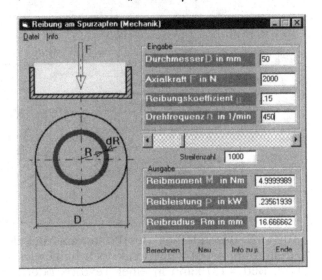

In der Praxis wird oft aus Gründen der Arbeitsersparnis mit einem angenommenen Reibradius gerechnet. Üblicherweise wird bei nicht hohlgebohrtem Zapfen ein **r** von Zapfenradius/2 (bei obigen Zahlen also 12,5 mm), bei hohlgebohrtem Zapfen ein **r** = (D/2 + d/2)/2 angesetzt (s. Kap. 7.7, *Böge*, Mechanik u. Festigkeitslehre). Mittels Programm ist dies jedoch genauer zu ermitteln. Wie man hierbei vorgeht, zeigt der Algorithmus, der im Programm in einer Hilfeform erklärt ist (vgl. Menü *Info/Algorithmus*). Der Einfachheit halber wird diese Form nachstehend im **Bild 5.13** gezeigt.

Wie Sie den beiden Bildern 5.12 u. 5.13 entnehmen können, wird die berührte Fläche, an der Pressung und Reibung entstehen, in kreisringförmige Streifen unterteilt. Die gleichmäßig verteilt anzunehmende Flächenpressung (p = F/A) ergibt, mit der Streifenfläche multipliziert, den Kraftanteil, der auf diesen Streifen entfällt. Das Produkt aus Reibkraft am Streifen und jeweiligem Radius bringt somit das anteilige *Reibmoment*. Summiert man die Anteile auf, so erhält man *Gesamtreibkraft* und *Gesamtreibmoment*. Dies ermöglicht die Bestimmung der *Reibleistung* (P = M * ω), wobei **ω** die *Kreisfrequenz* 2 * π * n ist. Das Reibmoment dividiert durch die Reibkraft ergibt den *Reibradius*, in obigem Fall 16.621 mm, also deutlich mehr als die erwähnte Annahme.

Bild 5.13:
REIB.VBP
(Info zum Algo-
rithmus)

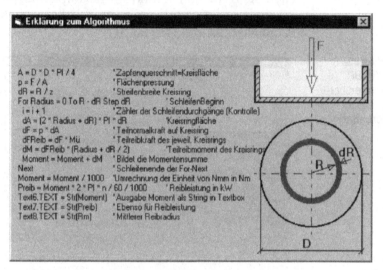

In Printzeilen
wird die
Tab-Anweisung
verwendet!
(s. Programm)

Auf eine Besonderheit des Programms bei der Eingabe der Streifenzahl sei abschließend noch hingewiesen. Die Eingabe (vgl. Bild 5.12) kann in einer TextBox oder mittels der *Hori-zontalScrollBar* vorgenommen werden. Eine Vorbelegung erfolgt in der Load-Prozedur durch

```
HScroll1.Value = 1000        'Vorbelegung.
```

Als Eigenschaften wurden zur Entwurfszeit festgelegt: **Max =** 5000, **Min = 0, LargeChange = 100, SmallChange = 10.** Hierbei stellen die Eingaben bei *Max* und *Min* die einstellbaren Grenzwerte der HScrollBar dar, *SmallChange* ergibt sich als geänderter Wert bei Klick auf PfeilButton. Klickt man ins graue Feld der HScrollBar, so erhält man *LargeChange*.

HScrollBar
(mit den Eigen-
schaften:
*Max, Min,
LargeChange* u.
SmallChange)

In der *HScroll1_Change* wird die Drehfrequenz (Zahl) in die TextBox5 eingelesen und somit weiter verarbeitbar.

```
Private Sub HScroll1_Change()
    Zahl = HScroll1.Value
    Text5.Text = Str$(Zahl)
End Sub
```

5.1.9

Lösung in:
*KP5_1_9\
SCHWERPK.VBP*

Schwerpunktlehre

Die Bestimmung von Schwerpunkten geometrischer Gebilde (Linien, Flächen, Körper) hat in der Technik besondere Bedeutung. In der Statik geht es u.a. um Fragen des Gleichgewichts und des Kräfteangriffs. Bei Schneidwerkzeugen zum Ausschneiden von Blechkonturen ist der Linienschwerpunkt bedeutsam usw.

Im hier vorgestellten Programm werden Ihnen die Programmierung von Linienschwerpunkten (am Beispiel Halbkreisbogen) und die von Volumenschwerpunkten (am Beispiel Halbkugel) vorgestellt. Das Programm ist so angelegt, dass Sie es zur Übung ohne großen Aufwand erweitern können (vorbereitet ist die Schwerpunktbestimmung von Halbkreisflächen). Die Benutzeroberfläche des Programms – hier wurde die Schwerpunktlage einer Halbkugel bestimmt – ist dem **Bild 5.14** zu entnehmen.

Bild 5.14:
SCHWERPK.VBP
(Benutzer-
oberfläche)

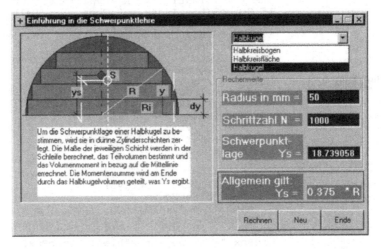

ComboBox

Links in der PictureBox wird der Algorithmus erklärt, rechts oben in der **ComboBox**, einem Kombinationsfeld-Steuerelement (Symbol s. Randleiste), kann die Auswahl des Objekts vorgenommen werden. Für oben stehendes Bild wurde die ComboBox geöffnet, so dass Sie die vorgenommenen Einträge erkennen können. In unserem Fall ist der Eintrag auf drei Fälle begrenzt, wobei die Halbkreisfläche nicht ausprogrammiert ist. Hier können Sie aktiv werden. Hilfen gibt das Programm selbst, aber auch Kap. 4.1.3 (Kreisfläche).

Die Einträge in die ComboBox können zur Entwurfszeit (Eigenschaft **List**) bzw. zur Laufzeit (mit **AddItem**) vorgenommen werden. Im ersten Fall wird im Eigenschaftenfenster der ComboBox bei Eigenschaft **List** [rechts steht „(Liste)"] die Liste zur Texteingabe geöffnet. Das Vorgehen ist wie bei der ListBox. Die **Style**-Eigenschaft wird beim Standard (*0–Dropdown-Kombinationsfeld*) belassen. In der Combo1_Click (Standard ist die Change-Ereignisprozedur) werden die PictureBoxen aufgerufen. Hier wird verteilt nach dem **ListIndex** der ComboBox. Der erste Eintrag hat den *ListIndex 0*, der zweite *1* usw. Nach diesem Index, den Sie durch Anklicken eines Eintrags in der Box auswählen, wird dann in der Command1_Click (Caption „Rechnen") der zugehörige ProgrammCode ausgeführt. Der zur Halbkugel gehörige Codeausschnitt ist nachstehend auszugsweise wiedergegeben.

Style
List
ListIndex

Schwerpunktlehre, Auszug: *(KP5_1_9\SCHWERPK.VBP)*

```
Private Sub Command1_Click()
    R = Val(Text1(0)): N = Val(Text1(1))
    If Combo1.ListIndex = 0 Then        'Halbkreisbogen
    ...                                 'hier weggelassen
    ElseIf Combo1.ListIndex = 1 Then    'Halbkreisfläche
        'nicht belegt
    ElseIf Combo1.ListIndex = 2 Then    'Halbkugel
On Error GoTo Meldung
    dy = R / N
    For i = 1 To N
        Ri = Sqr(R ^ 2 - (i * dy) ^ 2)
        Vi = Ri ^ 2 * PI * dy
        V = V + Vi
        Mi = Vi * (i - 0.5) * dy
        M = M + Mi
    Next
    ys = M / V
    Text1(2).Text = Str(ys)
    Command2.SetFocus
    Text1(3) = "0.375"
    Exit Sub
    Else
    MsgBox "Erst Objekt wählen!(ComboBox) ",48,"Hinweis"
    Combo1.SetFocus
    Exit Sub
    End If
    Command2.SetFocus
    Exit Sub
Meldung:
    MsgBox "Werte eingeben! ", 48, "Achtung"
    Text1(0).SetFocus
End Sub
```

Zeile ***
(Siehe unten)

Die Zeile *** führt hier zum Erfolg, denn wenn **N** fehlt (leere Box), kommt es, da VB für N „0" setzt, zum Fehler *Division durch Null.* Dies wird abgefangen u. zur Meldung genutzt.

5.1.10

Lösung in:
KP5_1_10
PROFILE.VBP

Trägheitsmomente u. a.

Mit dem hier vorgestellten Programm können Sie für gängige Profile (Rechteck, Kreis, Hohlprofile etc.) technisch bedeutsame Daten, so z.B. die Flächenträgheitsmomente, die Widerstandsmomente, die Masse des Stabes je laufenden Meter und die Lage der Schwerelinien, ermitteln. Die Benutzeroberfläche (**Bild 5.15**) gibt bereits wesentliche Auskunft über das Projekt. Bei den Erklärungen, die unten noch folgen, geht es jedoch vorrangig um programmiertechnische Fragen, weniger um die sachlichen Lösungen. Letztere wiederum sind immerhin für die ersten vier Profile (s. die ersten 4 Button links in der Symbolleiste) ausprogrammiert. Der Rest wird Ihrer eigenen Aktivität überlassen.

Bild 5.15:
PROFILE.VBP
(Benutzer-
oberfläche)

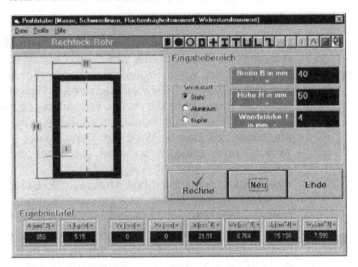

THREED32.OCX
erlaubt ein Ver-
feinern der
Oberfläche.

Die Oberfläche des Formulars lässt, was die verwendeten Steuerelemente betrifft, deutlich erkennen, dass es sich hierbei nicht um die Standardelemente von VB handeln kann. Insbesondere an der erhabenen Schrift (3D-Alternative), den Frames, Labels... ist dies zu sehen. Das Werkzeug zur Verfeinerung der Oberfläche liefert VB Ihnen als Zusatzsteuerelement aber mit. Es ist das *ActiveX-Steuerelement* „Sheridan 3 D Controls" (**THREED32.OCX**, Symbole s. Randleiste), welches Sie über *Projekt/Komponenten.../Steuerelemente* Ihrem Programm hinzufügen können. Schneller geht dies, wenn Sie mit der rechten Maustaste auf die Werkzeugsammlung klicken u. im Kontextmenü *Komponenten* wählen! Zu beachten ist jedoch, dass Sie ab VB 5.0 die THREED32.OCX selbst einrichten müssen! Sie finden die Datei bei VB 6.0 im Verzeichnis

D:\COMMON\TOOLS\VB\CONTROLS. Sie müssen sie ins Verzeichnis WINDOWS\SYSTEM auf Ihren Rechner kopieren. Danach ist Registrieren erforderlich. Zusätzlich ist nachzuweisen, dass Sie auch die erforderliche Lizenz zur Verwendung besitzen. Da der gesamte Vorgang etwas aufwendig und kompliziert ist, es sich aber m.E. doch lohnt, habe ich Ihnen eine detaillierte Erklärung auf der CD beigegeben (**INFO\ Registrieren von THREED32.OCX**).

Auf der VB-CD wird das Vorgehen in der *README.TXT* unter COMMON\TOOLS\VB\CONTROLS erklärt.

Symbolleiste bzw. Menü einrichten

Die Form ist (s. Bild 5.15) im oberen Bereich mit einer *Symbolleiste* und einem *Menü* ausgestattet. Nachstehend wird erklärt, wie man beim Einrichten dieser Bausteine vorgeht.

• Symbolleiste einrichten

Die Basis für eine Symbolleiste ist im Normalfall eine **PictureBox** (hier Picture1), die üblicherweise im Kopfbereich einer Form platziert wird. Setzen Sie hierzu die **Align**-Eigenschaft der PictureBox auf *1-Oben ausrichten* (Standard: *0-Kein*), so wird die Box über die volle Formularbreite gestreckt angeordnet. Ist ein Menü bereits vorhanden, dann geschieht dies unterhalb des Menüs. Wird ein Menü später eingerichtet (wird weiter unten erklärt), so wird die Symbolleiste etwas nach unten verschoben.

Align-Eigenschaft nutzen

Dann Höhe der PictureBox festlegen. Entscheidend hierfür ist die gewünschte Größe der CommandButton, die in der PictureBox – sie dient als *Container* – platziert werden sollen.

CommandButton integrieren

Jetzt wählen Sie in der Toolbox von VB den CommandButton (SSCommand) an und ziehen ihn *in* der PictureBox zur richtigen Größe auf. *Tipp*: Positionieren Sie den ersten CommandButton etwas rechts vom linken PictureBox-Rand, denn so können Sie besser das Einfügen der anderen Button verfolgen. Um dann diese Button zu integrieren, empfiehlt sich nachstehend beschriebenes Vorgehen:

- Ersten Button durch Mausklick markieren.
- Eigenschaft **Caption** („Command1") löschen und – falls Sie die normalen CommandButton von VB verwenden – die **Style**-Eigenschaft auf *1-Grafisch* setzen. Bei den SSCommandButton ist dies nicht nötig. Beim Kopieren werden die Zuweisungen den weiteren Button automatisch „vererbt".
- *Menü Bearbeiten* wählen und *Kopieren* anklicken.
- PictureBox durch Anklicken markieren.

- *Menü Bearbeiten* wählen und *Einfügen* anklicken.
- Die Frage, ob Sie ein Steuerelementefeld anlegen wollen (MessageBox von VB), mit *Ja* beantworten.
- Den neu eingefügten CommandButton – er wird in der PictureBox ganz links angeordnet – an seine Position rechts vom 1. Button verschieben und ausrichten.

Die nächsten Schritte bestehen aus den Aktionen *Menü Bearbeiten/Einfügen* wählen, Button verschieben, ausrichten usw.

Icons zuweisen

Abschließend müssen Sie nur noch den einzelnen CommandButton die von Ihnen gewählten oder erstellten Icons zuweisen. *Vorgehen*: Button markieren, Picture-Eigenschaft selektieren, Drei-Punkte-Button anklicken und im sich öffnenden Fenster (Titel „Bild laden") das gewünschte Icon wählen. Abschluss über den Button „Öffnen".

Bei kleinen Buttonmaßen sollten Sie beim Erstellen Ihrer Icons im Image Editor die Arbeitsfläche nur auf 16 x 16 (nicht 32 x 32) einstellen. So vermeiden Sie Randüberschreitungen.

Noch einige *Details zum Projekt*: Die Index-Reihe läuft von 0 (links stehender 1. Button) bis 15 (BeendenButton, ganz rechts). Einige Button sind unbelegt (Reserve). Die *QuickInfos* sind – obwohl dies bei den SSCommandButton nicht notwendig gewesen wäre – nach einem „alten" System programmiert (Picture3 als Container trägt Label2). Die Bezeichnungen

**Tag-Eigenschaft,
manchmal nützlich**

wurden den **Tag**-Eigenschaften der Button zugewiesen (= String-Eigenschaft). Im MouseMove-Ereignis wird die Anzeige des Hotspots bewirkt. Da dies zur Analyse geeignet scheint, habe ich so programmiert. Man hätte aber auch, wie mehrfach erwähnt, direkt mit *ToolTipText* arbeiten können.

Für die Button des Projekts wurden die Icons im *Image Editor* erstellt. Sie sind im Verzeichnis VBPROGS\ICONBUCH auf der Buch-CD abgelegt.

**ProgrammCode
hinterlegen**

Wird dann den verschiedenen Button ProgrammCode hinterlegt, so kann die Symbolleiste genutzt werden. Im Code-Auszug unten ist die Programmierung des 4. Buttons von links (Rechteck-Rohr mit Index 3, im Bild 5.14 gezeigt) verdeutlicht. In der SSCommand1_Click bewirkt das Anklicken eines Buttons der Symbolleiste, dass die zugehörige Grafikdarstellung in der PictureBox3 erfolgt (wird hier nicht näher betrachtet). Vorher wurde aber der Index des Buttons in einem *Flag* (Signal) abgelegt. Nach diesem Flag (ist gleich dem Index) verzweigt das Programm in der SSCommand2_Click (*If...Then...ElseIf*), die für die Berechnungen zuständig ist.

Als erste Eingabe wird die *Werkstoffdichte* festgelegt (SSOpti-on1). Bei Flag = 3 (entspricht dem 4. Button) erfolgt die Bestimmung der Rechenwerte für das Rechteck-Rohr. Der erste Schritt dort ist das Auslesen der Eingabewerte **B**, **H** und **t** aus den TextBoxen (vgl. Bild 5.14). Wegen der Umwandlung von mm in cm wird durch 10 geteilt.

Trägheitsmomente u.a., Auszug: *(KP5_1_10\PROFILE.VBP)*

Code für die Symbolleiste (4. Button, Rechteck-Rohr)

Begriffe siehe *Dubbel* u.a. (Kap. 7.6)

Verzweigung mittels If...End If bzw. mit **Select Case**

```
Private Sub SSCommand2_Click()        'Zur Berechnung!!!
...                                   'MessageBoxen, s. Listing
l = 1                                 'Länge in m (= 1000 mm)
If SSOption1(0) = True Then
   Rho = 7.85                         'Dichte Stahl in kg/dm³
ElseIf SSOption1(1) = True Then
   Rho = 2.7                          'Dichte Aluminium
Else
   Rho = 8.9                          'Dichte Kupfer
End If

If Flag = 0 Then                      'Rechteck
...                                   'übersprungen
ElseIf Flag = 3 Then                  'Rohr (rechteckig)
   B = Val(Text1(0)) / 10 'Variablen festlegen (in cm)
   H = Val(Text1(1)) / 10               'Fläche in mm²
   t = Val(Text1(2)) / 10
   A = (B * H - (B - 2*t) * (H - 2*t)) * 100
   m = A * 1 * Rho / 1000                'Masse [kg]
'Flächen-Trägheitsmomente in cm^4, x-Achse u. y-Achse
   Jx = B * H ^ 3 / 12 - (B - 2*t) * (H - 2*t) ^ 3 / 12
   Jy = H * B ^ 3 / 12 - (H - 2*t) * (B - 2*t) ^ 3 / 12
' Flächen-Widerstandsmomente in cm^3
   Wx = Jx / (H / 2): Wy = Jy / (B / 2)
Else
   'Rest nicht belegt
End If
Select Case Flag                      'Ausgabe der Werte
Case 0 To 5, 9                        'wegen Symmetrie
   SSPanel3(2).Caption = 0: SSPanel3(3).Caption = 0
Case 6, 7
   SSPanel3(3).Caption = 0
End Select
   A = Int(A * 1000 + 0.5)/1000  'Runden auf 3 Stellen
   m = Int(m * 1000 + 0.5) / 1000
   Jx = Int(Jx * 1000 + 0.5) / 1000
   Wx = Int(Wx * 1000 + 0.5) / 1000
   Jy = Int(Jy * 1000 + 0.5) / 1000
   Wy = Int(Wy * 1000 + 0.5) / 1000
   SSPanel3(0).Caption = Str(A)   'Ausgabe der Werte
   SSPanel3(1).Caption = Str(m)   'am unteren Bildrand
   SSPanel3(4).Caption = Str(Jx)  'in den
   SSPanel3(5).Caption = Str(Wx)  'Bezeichnungsfeldern
   SSPanel3(6).Caption = Str(Jy)
   SSPanel3(7).Caption = Str(Wy)
End Sub
```

Zusatzsteuerele-
ment *Toolbar* ist
nicht in Einsteiger-
Edition integriert.
(COMCTL32.OCX)

Zum Abschluss der Ausführungen über das Anlegen von Symbolleisten noch ein *Hinweis:* Ab der Professional-Edition von VB ist ein Zusatzsteuerelement namens *Toolbar* beigegeben, mit dem Sie sehr leicht eine Symbolleiste einrichten können. Die Einsteiger-Edition hat dieses Zusatzsteuerelement (Microsoft Windows Common Controls 5.0) nicht. Doch kann man, wie ich meine, mit den hier gegebenen Möglichkeiten durchaus zufrieden sein, denn eine Symbolleiste ist auf dem gezeigten Weg auch schnell eingerichtet.

Dies geschieht in VB komfortabel mit dem **Menü-Editor**. Er zählt auch zu den Standardsteuerelementen, ist jedoch nicht in der Werkzeugsammlung (Toolbox) untergebracht. Das Öffnen dieses Menü-Editors kann in VB auf zwei Wegen vorgenommen werden:

1. Durch Anklicken des Symbols des Menü-Editors, der sich in der Symbolleiste von VB befindet (s. Randleiste).
2. Durch Aufruf über das VB-Menü *Extras/Menü-Editor...*

Der Editor, als Dialogfeld dargestellt, ist in **Bild 5.16** gezeigt. Ich habe ihn aus dem Projekt *PROFILE.VBP* heraus aufgerufen, so dass das dort eingerichtete Menü auch angezeigt wird.

Bild 5.16:
Der Menü-Editor

Im oberen Bereich erfolgt die Eingabe der gewünschten Begriffe und Namen (*Unentbehrlich*: Caption u. Name), im unten liegenden Listenfeld organisiert man die Menüstruktur.

Wie Sie feststellen können, sind die Menütitel unseres Menüs (Datei, Profile, Hilfe) im Listenfeld ganz links am Rand angeordnet (oberste Ebene).

Zugriffstaste

Das kaufmännische **&**, das Sie mit eingegeben finden, sorgt dafür, dass der dem & folgende Buchstabe zur Laufzeit einen Unterstrich erhält. Sie haben eine sog. *Zugriffstaste* festgelegt, über die von der Tastatur aus auf das Menü zugegriffen werden kann. Das Menü öffnen Sie mit Alt + unterstrichenem Buchstaben des Menütitels, beim Menü selbst bzw. den Untermenüs genügt danach die dort markierte Zugriffstaste.

Namenskonventionen hilfreich

Die verwendeten Namen der einzelnen Menüelemente müssen eindeutig sein, denn sie dienen zum Aufruf der zugehörigen Click-Prozeduren. Ich habe, um den Unterschied zu anderen Prozeduren deutlich zu machen, die Buchstaben „mnu" (→ steht für Menü) der gewählten Bezeichnung vorangestellt.

Einrichten der Menüstruktur

Oberhalb des Listenfeldes sind 4 Pfeiltasten angeordnet, die beim Festlegen der *Menüstruktur* hilfreich sind. Will man einen Titel *in* das eigentliche Menü (*Pulldown*) schreiben, so wird vor der Eingabe von Caption der nach rechts weisende Pfeil angeklickt (Einrücken zu einer tieferen Ebene). Danach erfolgt die Eingabe. Ändern kann man leicht durch Selektieren und Pfeil klicken. Pfeil nach links rückt eine Ebene hinauf, die auf- und abgerichteten Pfeile verändern die Position des Begriffs innerhalb des Menüs.

Untermenü

Zweimaliges Betätigen des nach rechts weisenden Pfeils erzeugt ein *Untermenü* (Sie sehen den Unterschied an den Abständen). Ich habe zur Demonstration welche im Menü Profile vorgesehen (**Bild 5.17**). Haben Sie ein Untermenü eingerichtet, so erkennt man das an einem nach rechts weisenden Pfeilsymbol, das VB im Pulldown rechts neben dem Untermenütitel anzeigt. *Tipp*: Begrenzen Sie die Anzahl der Untermenüs (möglichst keins, höchstens eins). Der Benutzer Ihrer Programme wird es Ihnen danken.

Bild 5.17: Untermenü

Shortcuts

Auch *Shortcuts* kann man festlegen (Beispiel s. „Beenden"). Die Auswahlmöglichkeiten sind vorgegeben (ComboBox unter dem CommandButton „Abbrechen"). Haben Sie gewählt, so erscheint die Angabe im Listenfeld und später im Menü.

Trennlinie

Zwischen den Begriffen „Initialisieren" und „Beenden" (s. Listenfeld) ist als Caption lediglich ein *Trennzeichen* eingegeben worden. Dieses erzeugt im Menü eine **Trennlinie**. So kann man die Elemente eines Menüs in logische Gruppen gliedern. Einen Namen müssen Sie aber auch hier festlegen!

Weitere CommandButton

Haben Sie einen Eintrag im Listenfeld durch Anklicken mit der Maus selektiert, so können Sie diesen Eintrag löschen (Button „Löschen"). Betätigen Sie dagegen die Taste „Einfügen", so wird *oberhalb* des selektierten Eintrags eine Lücke erzeugt, in die Sie einen neuen Menütitel eingeben können. Die vorhandene Einrückebene bleibt erhalten. Ist der letzte Eintrag der Liste selektiert und Sie klicken auf „Nächster", so wird unterhalb des selektierten Buttons ein Feld frei für Ihren Eintrag. Wiederum bleibt die Einrückstufe erhalten.

Mit dem Menü-Editor sollten Sie etwas experimentieren. Weitere Hinweise zur Verwendung finden Sie im Handbuch. Ergänzende Stichworte seien lediglich genannt: *Checked, Enabled, Visible,* aber auch *Index, WindowsList*.

Übung 5.1: Vermischte Aufgaben *(in \KP5_1_Ue)*

1. Für einen Doppel-T-Träger (Eingabegrößen seien Breite **B**, Höhe **H** und Stegdicke **t**) sollen – auf die Schwerelinien bezogen – die Flächenträgheitsmomente bestimmt werden. *Anmerkung*: Der Träger sei zur Vereinfachung der Berechnung aus Rechteckstäben zusammengesetzt gedacht (keine gerundeten Übergänge). Eine mögliche Lösung finden Sie unter *\TRAEGMOM\TRAEG.VBP*.

2. Aus einem zylindrischen Baumstamm vom Durchmesser D ist ein rechteckiger Balken derart herauszusägen, dass er das größtmögliche Flächenwiderstandsmoment aufweist. Die errechneten Balkenmaße (Breite B und Höhe H) sind in Text-Boxen auszugeben. Zusätzlich soll in einer grafischen Darstellung das Widerstandsmoment als Funktion von B aufgezeichnet werden. Eine Betonung des maximalen Widerstandsmomentes innerhalb der Grafik ist erwünscht.

3. Die restlichen beigegebenen Programme sind als Analyseübung gedacht. *Hinweis*: Das Programm Linienschwerpunkte bei Kreisbögen wurde von einem meiner Schüler entwickelt.

5.2   Medien fördern – Pumpen/Verdichter

5.2.1

Lösung in:
KP5_2_1
KUGELBEH.VBP

Füllen bzw. Entleeren von Behältern

Dem hier vorgestellten Programm ist ein Behälter in Kugelform zugrundegelegt. Hier ist der Lösungsalgorithmus für die anstehenden Fragen – es geht insbesondere um Füllvolumen bzw. Füllzeitbestimmung – gegenüber Behältern mit senkrechten Seitenwänden (Quader, aufrechtstehender Zylinder) etwas anspruchsvoller. Leicht übertragbar ist die Lösung auf zylindrische Behälter, die waagerecht liegen (Tankwagen u.ä.). Fragen der angedeuteten Art sind auf klassischem Wege entweder gar nicht lösbar oder erfordern hohen mathematischen Aufwand. Numerisch dagegen sind die Probleme schnell, leicht und genügend genau zu bewältigen.

Bild 5.18:
KUGELBEH.VBP
(Start-Demo)

Starten Sie das Programm *KUGELBEH.VBP*, so wird zuerst in einer PictureBox eine räumlich wirkende Kugelform in einer Art Demo – hier einen Eingangsbildschirm ersetzend – dargestellt und mit dem Thema („Füllzeit...") überlagert (**Bild 5.18**). Der Ablauf der Demo wird in der Form_Activate-Prozedur bewirkt. Der dort verwendete Lösungsalgorithmus findet auch im eigentlichen Rechenteil des Programms, wo es um die Volumen- bzw. Füllzeitbestimmung geht, Anwendung. Nach einer kurzen Zeit (3 Sekunden) wird die PictureBox ausgeblendet und das Startbild, in dem die Eingabegrößen **D** (Behälterdurchmesser) und **H** (Füllhöhe) maßlich markiert sind, aufgebaut. Die Größen **D** und **H** muss der Benutzer des Programms rechts in TextBoxen eingeben. **Bild 5.19** zeigt die Oberfläche zur Laufzeit.

Rechts oben auf der Form (in einem Frame angeordnet) sehen Sie zwei OptionButton, mit denen Sie zwischen Füllen und Entleeren des Behälters wählen können. Die Option „Behälter füllen" ist standardmäßig vorgewählt (Value = *True*). Klicken Sie auf Option „Entleeren", so erhalten Sie eine Meldung, die Ihnen kundtut, dass dieser Bereich des Programms nicht ausprogrammiert ist. Sie können hier selbst eine Erwei-

terung vornehmen. Tipps dazu, die Sie – falls Sie sich dran-
geben – beachten sollten, finden Sie weiter unten.

Bild 5.19:
KUGELBEH.VBP
(Benutzer-
oberfläche)

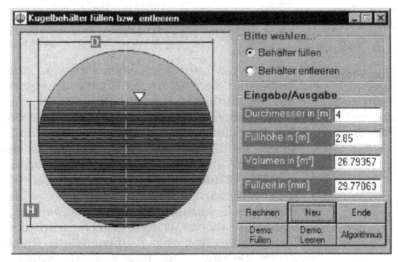

Eine Fülldemo ist programmiert, das Symbol „Freier Spiegel"
(Image) integriert und gewisse Fehlermöglichkeiten sind abgefangen. Nachstehend der den Rechenbereich des Algorithmus' betreffende ProgrammCode, wie gewohnt im Auszug.
Die restlichen Programmdetails überlasse ich Ihrer Analyse.

Füllen von Behältern, Auszug: *(KP5_2_1\KUGELBEH.VBP)*

```
Public Sub Rechnen()
  If H > D Then
    MsgBox "Füllhöhe muss <= D sein!", 48, "Fehler"
    ...                      'Msg-Bereich verkürzt, s. Listing
  End If
  If Option1(0) = True Then    'Füllen
    Call Command1_Click(3)     'Demo
    For i = -R + dy / 2 To yi Step dy
      Ri = Sqr(R ^ 2 - i ^ 2)  'Schichtenradius
      Ai = Ri ^ 2 * PI         'Schichtenfläche
      Vi = Ai * dy             'Schichtenvolumen
      V = V + Vi               'Volumensumme bilden
      ti = Vi / Vp             'Füllzeit für Schicht
      t = t + ti               'Gesamtzeit in Sekunden
    Next
    t = t / 60                 'Gesamtzeit in Minuten
    Text1(2) = Str(V) :        'Ausgabe in TextBox
    Text1(3) = Str(t)          'w.o.
  Else                         'Entleerung nicht
    'nicht belegt              'ausprogrammiert
  End If
  Command1(1).SetFocus
End Sub
```

```
Public Sub Pause(PausenZeit)
  Dim StartZeit As Variant
  StartZeit = Timer   'Startzeit festhalten
  Do                  'While Timer <= StartZeit+PausenZeit
    DoEvents           'System nicht blockieren
    If Timer >= StartZeit + PausenZeit Then Exit Do
  Loop                'Until Timer >= StartZeit+PausenZeit
End Sub
```

While = Solange,
Until = Bis

Pause-Prozedur
[Aufruf mit
Call Pause(3)
oder
Pause 3]

Anmerkungen zur allgemeinen Prozedur **Pause(Sekunden):**
Sie bewirkt die 3 Sekunden Überbrückung bis zum Wegblenden des Startbildes. Diese Prozedur ist ein nützlicher Baustein auch in anderen Programmen. Kurze Erklärung: Beim Aufruf der Prozedur durch *Call Pause(3)* oder durch *Pause 3* übergeben Sie die gewünschte Pausenzeit als Argument (hier 3 Sekunden). Die Beginnzeit der Pause wird mittels der internen Uhr (**Timer** → Gibt die Anzahl von Sekunden zurück, die seit Mitternacht vergangen sind.) in der Variablen *StartZeit* festgehalten. Solange die Summe aus *StartZeit* und *PausenZeit* kleiner ist als die Jetztzeit (Timer), wird die Schleife ausgeführt. Alternativen zur *If...Then*-Zeile s. Kommentare in den Zeilen *Do* bzw. *Loop*. Eine gute Alternative ist **SLEEP,** eine *API-Funktion* (s. CD: VBPROPS\KP5_2_1\SLEEP).

SLEEP

Hinweise zur
Entleerung von
Behältern

Zum Abschluss noch einige Hinweise zur nicht erledigten Frage nach der *Entleerungszeit* eines Kugelbehälters. Öffnen Sie ein im Behälterboden (Tiefststelle) liegendes Ventil, so strömt die Flüssigkeit hier heraus; auf Grund des sich verändernden Flüssigkeitsstandes jedoch mit sinkender Austrittsgeschwindigkeit. Wie lösen wir dieses Problem?

Vorgehen: Sie bilden wiederum sehr dünne Schichten (dy = h/N) und ermitteln für die oberste Schicht das Volumen. Aus der vorliegenden Füllhöhe errechnen Sie dann die momentane Ausflussgeschwindigkeit mit dem Lehrsatz des *Torricelli*:

```
v = Sqr(2 * g * h)
```

Die *Ausflussziffer* bleibe unberücksichtigt, ebenso die Massenbeschleunigung. Die Multiplikation von Austrittsquerschnitt **Aa** mit **v** ergibt das in der Sekunde ausströmende Volumen („Durchsatz"). Das Schichtenvolumen, durch dieses Volumen dividiert, ergibt den benötigten Zeitanteil **ti**, der zur Gesamtzeit aufsummiert werden muss (vgl. Listing Füllvorgang). Ist die erste Schicht ausgeströmt (Zeit ti, 1. Schleifendurchgang), dann ist **h** um **dy** gesunken und die Rechnung ist mit diesem neuen **h** zu wiederholen. Mögliche Schleife:

```
For y = h To 0 Step -dy
  (Anweisungen)
Next
```

5.2.2

Lösung in:
KP5_2_2
GERINNE1.VBP

Wandreibung minimieren – Offenes Gerinne

Ein offenes, rechteckiges Gerinne (stellen Sie es sich als eine Strömungsrinne aus drei Bohlen vor, Strömungsquerschnitt ist rechteckig⌐⌐) habe eine Querschnittsfläche von 1 m². Es sind die festzulegenden Maße gesucht, bei denen der *benetzte Umfang* der Rinne ein Minimum erhält. Dies ist ein so genannter hydraulisch günstiger Querschnitt, der – bei sonst gleichen Bedingungen – die geringste Wandreibung erzeugt.

Um dieses Programm kennen zu lernen, starten wir sofort mit der Benutzeroberfläche (**Bild 5.20**).

Bild 5.20:
GERINNE1.VBP
(Benutzer-
oberfläche)

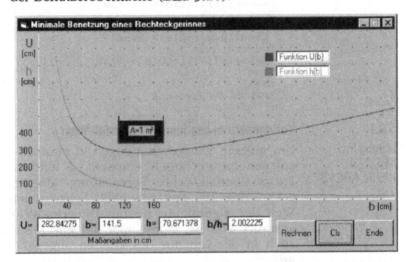

Logisch einsichtig ist, dass der *benetzte* Umfang **U** (= Breite + 2 * Höhe) eines Rechteckprofils, dessen Strömungsquerschnitt konstant gehalten wird, bei Veränderung von **b** irgendwo ein Minimum aufweisen muss! Die obere Kurve – sie stellt den Funktionsgraphen **U(b)** dar – zeigt dies auch deutlich. Die Funktion **h(b)** ist eine Hyperbel und liegt unterhalb. Der nachstehende Code-Auszug ist selbsterklärend. Ich schließe daher hiermit die Betrachtung zu diesem Projekt ab.

Offenes Rechteckgerinne, Auszug: *(KP5_2_2\GERINNE1.VBP)*

```
Private Sub Command1_Click()
  A = 10000   'Fläche in cm² (= 1 m²)
  'Diagrammwerte werden berechnet etc.
  For b = 10 To 500 Step 0.5
    DoEvents                 'Testen! Mit Rem rausnehmen
    h = A / b                'Höhe des Gerinnes
    U = 2 * h + b            'benetzter Umfang
'   durch 10 wegen Zeichenmaßstab
    PSet (b, U / 10), QBColor(12)
    PSet (b, h / 10), QBColor(8)
```

169

```
        If Um > U Then
'         Line (b, 0)-(b, U), QBColor(14)  'Testen Sie dies
          Text1(0).Text = Str$(U)     'Hält gesuchte Werte fest
          Text1(1).Text = Str$(b)
          Text1(2).Text = Str$(h)
        End If
        Um = U         'Zuweisung
      Next
        U = Val(Text1(0)) / 10        'Ausgabe für Line, s.u.
        b = Val(Text1(1)): h = Val(Text1(2))
        Text1(3).Text = Str$(b / h)  'Verhältnis Breite/Höhe
        Line (b,0)-(b,U),QBColor(14) 'Markiert Lage Minimum
        'Macht Symbol Strömungsrinne etc. sichtbar
        For i = 0 To 5
          Line1(i).Visible = True
        Next
          Shape1.Visible = True
          Label13.Visible = True
        For i = 0 To 1
          Label16(i).Visible = True: Label17(i).Visible =
        True
        Next
      Command2.SetFocus
      End Sub
```

5.2.3   Volumenstrom bestimmen – Überfall-Wehr

Lösung in:
KP5_2_3
WEHR_KRS.VBP

Um größere Flüssigkeitsmengen in Pumpen- bzw. Turbinen-anlagen messtechnisch erfassen zu können, finden in der Praxis Überfall-Wehre Verwendung. Meistens sind es Drei-ecks-Wehre (90^0-Spitzenwinkel, Spitze unten, symmetrisch). Weil der Algorithmus für ein Dreiecks-Wehr etwas weniger anspruchsvoll ist, wurde hier auf ein *Kreisbogen-Wehr*, das auch in der Literatur des Öfteren angegeben ist, zurückge-griffen.

Die Benutzeroberfläche (**Bild 5.21**) wird vollkommen zur Laufzeit erstellt. Es finden also in diesem Programm keinerlei Steuerelemente Verwendung.

Bild 5.21:
Kreisförmiges
Überfall-Wehr
(Benutzer-
oberfläche)

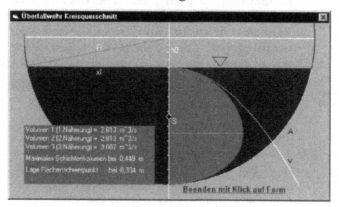

Dies bedeutet natürlich, dass Sie alle Daten, die das Programm zur Berechnung benötigt, durch *Zuweisung* festlegen müssen. Das Programm, vor Jahren im alten *QBasic* geschrieben, wurde für *Visual Basic* umgeschrieben. Sichten Sie das Ergebnis, so sehen Sie, dass sich fast der gesamte Quellcode innerhalb einer Prozedur befindet (hier Form_Activate). Dass dies nicht gerade übersichtlich und strukturiert programmiert ist, leuchtet ein. Ich habe es aus Übungsgründen aber so gelassen. Sie können nämlich versuchen, dieses Programm in sinnvolle Einzelprozeduren zu überführen, so dass es mehr Struktur erhält. Meine verbesserte Lösung finden Sie in der Übung zu diesem Kapitel (*KP5_2_Ue\WEHR\WEHR_KRS*).

Ein kurzer Code-Auszug, hier die strömungstechnische Seite betreffend, ist nachstehend abgedruckt.

Kreisförmiges Überfall-Wehr, Auszug: *(KP5_2_3\WEHR_KRS.VBP)*

```
Private Sub Form_Activate()
...                            'Zuweisung etc. s. Listing
'*)-- Schleife (Volumen 1) --
For h = h0 To R Step dh
    Y = Sqr(R ^ 2 - h ^ 2)  'Streifenbreite
    dA = 2 * Y * dh          'Rechteckstreifenfläche
    A = A + dA               'Summiert Streifenflächen
    dM = dA * h              'Berechnet Teilflächenmoment
    M = M + dM               'Summiert Flächenmomente
    w = Sqr(2 * g * (h - h0 + dh/2)) 'mittleres w (m/s)
    dV = dA * w              'Teilvolumen
    Vges1 = Vges1 + dV       'Summiert Teilvolumen
Next

'*)-- Schleife für Näherung Volumen 2, y*SQR(x)-Kurve
For h = -h0 To -R Step -dh
    Y = Sqr(R ^ 2 - h ^ 2) 'Abstand von h-Achse bis Rand
    X = Abs(h) - h0 + dh / 2 'Schichtmitte bis Spiegel
    z = Sqr(X)                'Wurzel aus dem Abstand x
    yKurve = Y * z          'Abstand von h-Achse bis Kurve
    df = yKurve * dh        'Flächenstreifen unter Kurve
Do
    If Marke$ = "#" Then Exit Do
    If yKurve <= dSp Then
        Beep                 'Piepston bei Maximum
        Marke$ = "#"         'Setzt Marke$ auf "#"
        sHydr = h            'max. Schichtenvolumen (Lage)
        ymax = yKurve        'Maximum der yKurve
    End If
    dSp = yKurve             'Bestimmt Maximum der Kurve
Loop While Marke$ = "#"
    Vf = Vf + df             'Summiert Fläche (Planimetrieren)
    xWand = Sqr(R ^ 2 - h ^ 2)
' Markiert Flüssigkeitsquerschnitt
    Line (-xWand, h)-(xWand, h), RGB(20, 50, 250)
```

Ausflussgesetz des *Torricelli*

```
' Markiert Feld unter der Kurve
  Line (0, h)-(yKurve, h), RGB(10, 200, 80)
  PSet (yKurve, h), QBColor(13) 'Zeichnet Kurvenpunkt
  PSet (z, h), QBColor(15)  'Zunahme Schichtgeschw.
  PSet (Y, h), QBColor(14)  'Abnahme Querschnittfläche
' Markiert Schicht-Maximum
  Line (0, sHydr)-(ymax, sHydr), QBColor(11)
Next
  Vges2 = Vf * Sqr(2 * g) * 2              'Bestimmt Vges2
  ...                                       'Auslassung
'*)-- Flächenschwerpunkt, Geschw. dort, Volumen 3 --
  xS = M/A - h0  'Abstand Schwerpunkt - freier Spiegel
  wSP = Sqr(2 * g * xS)       'Geschwindigkeit bei xS
  Vsp = A * wSP               'Näherungsvolumen 3
' Lage der max. Schichtenströmung
  maxSchicht = sHydr + h0 ...
  End Sub
```

FontName u.a.

Erwähnt sei noch, dass für die Ausgabe der Meldung „Beenden mit Klick auf Form" eine *With...End With*-Kontrollstruktur realisiert wurde, in der verschiedene Vorgaben für die Schrift (*FontName* = Schriftart, *FontBold* = Fett, *FontUnderline* = Unterstrichen, *FontSize* = Schriftgröße) festgelegt worden sind.

Jetzt noch ein wichtiger *Exkurs*:

Windows-GDI

Sicher ist es Ihnen bei der Lektüre dieses Buches nicht entgangen, dass in den Programmen, immer wenn es um Anlegen farbiger Flächen ging, ein relativ großer Aufwand hierfür getrieben worden ist (Integrieren von Bitmaps, Schleifen mit Anwendung der Line-Methode). Jetzt wird es Zeit, auch hier – die Windows-Ressourcen nutzend – etwas professioneller zu werden. Die Rede ist von den Zeichenfunktionen der **Windows-GDI**. Es bietet sich an, sie hier einzuführen, da u.a. Kreisabschnitte (z.B. der Querschnitt des Kreis-Überfall-Wehrs) auf diese Weise viel einfacher zu füllen sind.

Was versteht man unter **GDI**?

Die Routinen des Windows-Systems sind in sog. **DLL's** (**D**ynamic **L**ink **L**ibrarys) abgelegt. Diese sind durch Beigabe der Datei *Win32api.txt*, in der wichtige Deklarationen der **Windows-API** (**A**pplication **P**rogramming **I**nterface) abgelegt sind, von Microsoft offen gelegt worden. Ab der Professional-Edition von VB wird diese Datei mitsamt dem API-Viewer im VB-Paket mitgeliefert. So sind die Windows-API mit einer Unmenge von Funktionen für den Programmierer nutzbar. Die Windows-**GDI** (*G raphical D evice I nterface*) sind der Teil dieser API, die Grafikausgaben ermöglichen. Und diese wollen wir in unseren Programmen nutzen. Wie dies geht, soll an einem kleinen Beispielprogramm verdeutlicht werden.

Chord-Funktion zeichnet Kreis-abschnitte.

Um einen Kreisabschnitt darzustellen und farbig zu markieren, ist die GDI-Funktion **Chord** erforderlich. Im Programm *(KP5_2_3\GDI\GDI.VBP)* finden Sie außer dieser Funktion auch noch **Arc** (Kreisbögen darstellen), **Pie** (Kreisausschnitt), **Polygon** (Vieleck), **Polyline** (Linienzug aus Geraden) und **RoundRect** (Rechteck mit gerundeten Ecken). Letztere werden hier nicht erklärt, sondern nur erwähnt.

Die Benutzeroberfläche des Programms *GDI.VBP* sei auch hier unser Ausgangspunkt (**Bild 5.22**):

Bild 5.22:
GDI.VBP
(Benutzer-oberfläche)

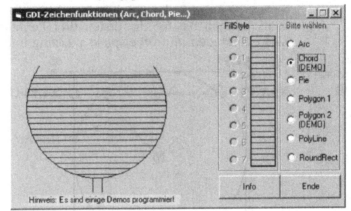

Haben Sie das Programm geladen, so entdecken Sie, dass sich im Projekt außer der Form noch ein *BAS-Modul* (hier *GDI.BAS* genannt) befindet. Dies fügen Sie über *Menü Projekt/Modul hinzufügen* in Ihr Programm ein. In dieses BAS-Modul werden die GDI-Deklarationen hineinkopiert. Als Beispiel ist die Deklaration für *Chord* abgedruckt:

Deklaration der Chord-Funktion

```
Declare Function Chord Lib "gdi32" (ByVal hdc _
As Long, ByVal X1 As Long, ByVal Y1 As Long, _
ByVal X2 As Long, ByVal Y2 As Long, ByVal X3 _
As Long, ByVal Y3 As Long, ByVal X4 As Long, _
ByVal Y4 As Long) As Long
```

API-Deklarationen können Sie mittels API-TextViewer (ist erst ab Professional-Edition beigegeben) problemfrei aus der *Win32api.txt*, die Sie als Datenbank laden sollten, entnehmen, in die Zwischenablage kopieren und dann ins BAS-Modul einfügen. Zu beachten: *Declare* stellt lediglich einen Verweis auf die *DLL* bzw. *Funktion* dar, *Chord* ist der Name und *Lib* (Library) die Bibliothek (hier die *GDI32.DLL* aus *C:\Windows\System*). *ByVal* (by value = als Wert) bedeutet die Übergabe eines Argumentes als Wert, *hdc* stellt das so genannte *Handle* auf den Gerätekontext dar.

Hierunter ist eine Zugriffsnummer (bei 32 Bit ein Long-Wert) zu verstehen, mit der Windows ein sichtbares Objekt (Form...) kennzeichnet. In VB verfügt jedes Fenster bereits über diese Eigenschaft, so dass Sie sich hierum nicht zu kümmern brauchen.

Beim Aufruf der Funktion müssen Sie verschiedene Punkte (x1, y1...) wertmäßig als Koordinatenpunkte übergeben. Angabe unbedingt in **Pixel**! Bei *Arc*, *Chord* und *Pie* sind es 4 Punkte (also acht Werte), bei RoundRect 3 Punkte (sechs Werte). Die Lage der Punkte innerhalb des Koodinatensystems können Sie für die ersten drei Funktionen dem **Bild 5.23** entnehmen. Aufrufbeispiele s. Listing unten.

Bild 5.23:
Lage der Koordinatenpunkte

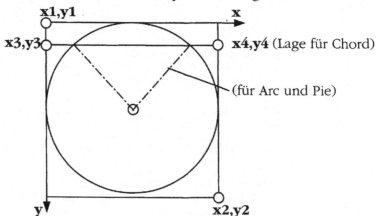

Bei *RoundRect* sind die Werte x3, y3 die Achsen des in den Ecken gezeichneten Kreises (bzw. der Ellipse), der die Rundung festlegt! Ist *FillStyle* der Form ungleich 1, dann wird die Figur, sofern sie geschlossen ist, mit der Füllfarbe gefüllt.

GDI-Zeichenfunktionen, Auszug: *(KP5_2_3\GDI\GDI.VBP)*

```
Private Sub Option1_Click(Index As Integer)
Cls
If Index = 0 Or Index = 4 Or Check1.Value = 0 Then
    FillStyle = 1
Else 'Füllt geschlossene Kontur farbig oder mit Muster
    FillStyle = 0          '0 = Solid! Wechseln, z.B. mit 7
    FillColor = QBColor(9) 'Hellblau
End If
Select Case Index
Case 0                      'Aufruf Windows-GDI Kreisbogen
    Arc hdc, 0, 0, 200, 200, 100, 0, 200, 100
Case 1     'Windows-GDI Kreisabschnitt (hier mit Call)
    Call Chord(hdc, 20, 20, 220, 220, 20, 50, 220, 50)
    ...
End Select
End Sub
```

5.2.4

Lösung in:
*KP5_2_4\
KRPUMPE.VBP*

Kreiselpumpe – Betriebsverhalten

Um den Einsatz von Arbeitsmaschinen, hier wird als Beispiel die Kreiselpumpe betrachtet, in bestimmten Praxisfällen abschätzen zu können, muss insbesondere das *Betriebsverhalten* der Pumpen untersucht werden. Im nachstehend vorgestellten Programm werden die grundlegend bedeutsamen Komplexe in der Art eines Lernprogrammes dargestellt (Kennlinien für die Pumpe und die Anlage, Drosselung, ...). Nicht alle Bereiche sind voll durchprogrammiert, so dass der interessierte Leser auch hier ein Feld für Übungen findet.

Vorab seien Ihnen in zwei Bildern (**Bild 5.24** und **Bild 5.25**) mögliche Ergebnisse der Betrachtung gezeigt.

Bild 5.24:
KRPUMPE.VBP
(Benutzeroberfläche: Drosselung)

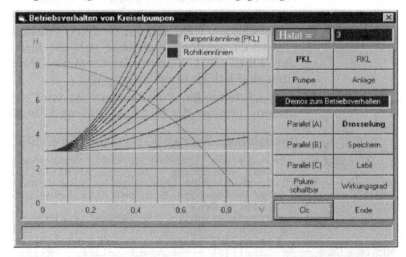

Bild 5.25:
KRPUMPE.VBP
(Benutzeroberfläche: Speichern bei parallelgeschalteten Pumpen)

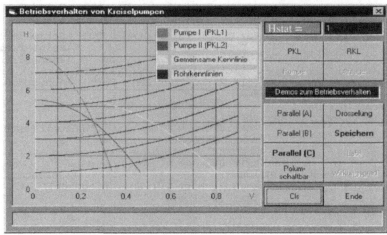

Nach Eingabe von **Hmax** (max. Förderhöhe der Pumpe) bzw. **Hstat** (statische Höhe) in der TextBox oben rechts können durch Anklicken diverser CommandButton Demos abgerufen werden. Zur Kennzeichnung der gedrückten Button wird ihre Benennung (Caption) fett markiert (FontBold = *True*). Eine Überlagerung verschiedener Graphen ist möglich (Bild 5.24: Pumpenkennlinie PKL wurde mit Drosselkurven überlagert). Das in der PictureBox rechts oben befindliche Frame kennzeichnet die dargestellten Kurven (Farbe) und wird – je nach Zahl der Angaben – in seiner Größe angepasst (Frame1.Height). Bei der Wahl bestimmter Darstellungen (z.B. Parallelschaltungen) werden andere Darstellungen verhindert (CommandX.Enabled = False), was in Bild 5.25 gezeigt ist.

Die Hinterlegungen von Button „Pumpe" und „Anlage" sind unvollständig. Hier können Grafiken entwickelt oder weiterentwickelt werden. Auch lässt sich die Anzeige von Text in der Statuszeile verfeinern (MouseMove). Ansätze für die Lösung sind jedoch überall vorgestellt.

Im nachstehenden Programmauszug wird der Teil des Algorithmus' gezeigt, der Bild 5.24 (PKL und Drosselung) betrifft.

Kreiselpumpe, Auszug: *(KP5_2_4\KRPUMPE.VBP)*

Auch ohne Caption zulässig (Standardeigenschaft) ➤

```
Private Sub Command1_Click()  'Pumpenkennlinie
   Hmax = 0: Hstat = 0          'Initialisieren
   If Text2 = "" Then GoTo Meldung  'Werte eingeben!!
 ' Für Frame-Anpassung bei Betätigung mehrerer Button
   Flag1 = True
   Frame1.Height = 1.2: Frame1.Visible = True
 ' oberste Label im Frame, Farbsymbol und Schriftfeld
   Label3(0).Visible = True: Label4(0).Visible = True
   Label4(0) = " Pumpenkennlinie (PKL)"
   Picture2.Visible = False    '2. PictureBox unsichtbar
   Hmax = Val(Text2)           'Wert aus TextBox lesen

   For X = 0 To 10 Step 0.001  'Schleife für PKL-Parabel
      DoEvents                 'zeigt Frame direkt an
      Y = Hmax - X ^ 2 / 10    'Parabelfunktion
      Picture1.PSet (X, Y), QBColor(13) 'zeichnet Kurve
      If Y < 1 Then Exit For   'Abbruchbedingung
   Next
     Label2.Caption = "Hstat="
     Beep
   Text2.Text = ""             'Löscht TextBox für Eingabe
   Text2.SetFocus              'Setzt Fokus nach Text2
   Command1.FontBold = True    'Schrift auf Button fett
   Exit Sub
 Meldung:                      'Sprungmarke bei Fehler
   MsgBox "Wert für Hmax eingeben!", 48, "Achtung"
   Text2.SetFocus
 End Sub
```

```
Private Sub Command9_Click()          'Drosselung
  If Label2 = "Hmax=" Or Text2 = "" Then
    Label2 = "Hstat="
    MsgBox "Wert für Hstat eingeben!", 48, "Achtung"
    Text2.SetFocus: Exit Sub
  End If
  'wenn vorher PKL o. Polumschaltung gewählt worden ist
  If Flag1 = True Then                'passt Frame an etc.
    Frame1.Height = 2
    Label3(1).BackColor = QBColor(4)
    Label3(1).Visible = True: Label4(1).Visible = True
    Label4(1) = " Rohrkennlinien "
  ElseIf Flag2 = True Then            ' Parallelschaltung
    Frame1.Height = 3.7
    Label3(3).BackColor = QBColor(4)
    Label3(3).Visible = True: Label4(3).Visible = True
    Label4(3) = " Rohrkennlinien "
  End If

  Hstat = Val(Text2.Text)             'Hstat einlesen
  'Waagerechte Orientierungslinie (weiß) in Hstat-Höhe
    Picture1.Line (0, Hstat)-(10, Hstat), QBColor(15)
    For i = 0.01 To 0.4 Step 0.04     'Doppelschleife für
      DoEvents                        'Drosselvorgänge
      For X = 0 To 9 Step 0.01        'Rohrkennlinie (RKL)
        Y = Hstat + i * X ^ 2         'rechnen u. zeichnen
        Picture1.PSet (X, Y), QBColor(4)
    Next
  Next
  Command9.FontBold = True            'Schrift fett
  Command13.SetFocus                  'Fokus auf Cls
End Sub
```

Verschachtelte Schleifen (margin note, beside the `For i` block)

Infos zu den anderen Demos siehe Listing.

Zum Abschluss seien einige Hinweise bezüglich Tests komplexer Programme (Fehlersuche) angeführt. Mit der an beliebiger Stelle des Programm-Listings eingefügten Anweisung

Debug (margin note)

Debug.Print „Variablenbeschreibung", Variablenname

können Sie zur Laufzeit den Wert einer Variablen ausgeben lassen. *Debug* ruft Testfenster auf, *Print* schreibt Information.

Stop unterbricht den Programmablauf. (margin note)

Vielfach ist es auch hilfreich, ein Programm zur Laufzeit nur bis zu einer bestimmten Marke auszuführen. Hierzu können Sie an beliebiger Stelle im Listing ein einfaches **Stop** einfügen. Besser kann derselbe Effekt durch so genannte *Breakpoints* (Haltepunkte) erreicht werden. Eingefügt werden sie ab VB 5.0 durch Mausklick auf den linken Rand des Code-Fensters (**Bild 5.26**).

Bild 5.26: Breakpoint setzen

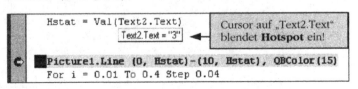

```
Hstat = Val(Text2.Text)
        Text2.Text = "3"  ◄—
```
Cursor auf „Text2.Text" blendet **Hotspot** ein!

```
 ⟲ █Picture1.Line (0, Hstat)-(10, Hstat), QBColor(15)
   For i = 0.01 To 0.4 Step 0.04
```

Nur wenn die Codezeile eine „ausführbare" Zeile ist, wird der Haltepunkt gesetzt. Kommentarzeilen, Sprungmarken usw. können nicht markiert werden. Klickt man erneut auf den Punkt, so entfernen Sie den Breakpunkt wieder. Dies ist auch über das *Menü Testen/Haltepunkte ein/aus* möglich. Vorher den Cursor aber in die Zeile des Haltepunktes setzen!

IntelliSense-
Funktionen, eine
Art sensitive Hilfe
ab VB 5.0
(u.a. „QuickInfo",
„DataTips" und
„Complete Word")

Starten Sie jetzt das Programm, so wird es zur Laufzeit am Haltepunkt unterbrochen (rote Haltepunktmarkierung durch gelb überschrieben). Gehen Sie dann ins Codefenster – das Programm befindet sich noch im Status „Laufzeit" – so können Sie auf einfache Weise Variable, Inhalte von TextBoxen etc. abfragen. Vorgehen: Cursor auf Variable setzen! Eine QuickInfo über den momentanen Inhalt wird angezeigt (Bild 5.26). Text2 ist mit einem String („3") belegt, Hstat mit der Zahl 3 (wegen Val-Funktion). Die sog. „IntelliSense-Funktionen" des Code-Editors sind ab VB 5.0 nutzbar und beim Editieren und Testen sehr hilfreich.

5.2.5

Lösung in:
KP5_2_5
KOMPR.VBP

Kolbenkompressor – Arbeitsdiagramme

Zum Abschluss dieses Kapitelabschnitts wird Ihnen ein Programm vorgestellt, in dem es um Arbeitsdiagramme von Kolbenkompressoren geht. Kompressoren sind *Verdichter,* mit denen in der Technik Gase zusammengepresst (komprimiert) werden können. Anwendung finden sie u.a. in Füllanlagen für Gasflaschen usw., bei denen hohe Fülldrücke vorliegen können. **Bild 5.27** zeigt den Aufbau von Arbeitsdiagrammen.

Bild 5.27:
KOMPR.VBP
(Arbeitsdiagram-
me bei Kolben-
kompressoren)

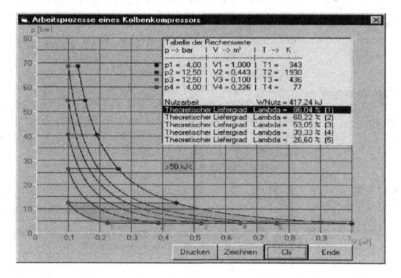

Bei Kolbenkompressoren versteht man unter einem Arbeitsdiagramm – etwas verkürzt gesagt – einen kompletten Kreis-
prozessdurchlauf innerhalb eines Zylinders, der druck- und
volumenbezogen aufgezeichnet wird. Die einzelnen Pro-
zessphasen bei Kompressoren sind: Ansaugen, Verdichten,
Ausschieben, Rückexpansion.

Das Programm zeigt auf, wie man den theoretischen *Liefer-*
grad für einstufige Kolbenkompressoren ermitteln kann. Der
wirkliche Liefergrad ist allerdings kleiner, da das geförderte
Volumen auf den Ansaugzustand zurückzurechnen ist. Dies
wurde in diesem Projekt nicht berücksichtigt.

In Bild 5.27 ist ein Arbeitsdiagramm farblich hervorgehoben
und weitere, bei höheren Behälterdrücken, sind überlagert.
Um die Hervorhebung der Fläche zu erzielen, müssen wir erneut die Windows-GDI bemühen. Als Funktion hilft uns

Mit Floodfill
geschlossene
Flächen farbig
markieren.

diesmal **Floodfill**, deren Deklarations-Code – eingefügt in ein
BAS-Modul – nachstehend abgedruckt ist:

```
Declare Function FloodFill Lib "gdi32" (ByVal hdc _
As Long, ByVal x As Long, ByVal y As Long, ByVal _
crColor As Long) As Long
```

Die hier übergebenen Werte **x** und **y** müssen innerhalb des
farbig zu markierenden Feldes liegen. Gelingt dies nicht, so
wird die gesamte umliegende Formoberfläche eingefärbt.

Hinweis:
Auf der CD fin-
den sich einige
Hilfsprogramme
zu Floodfill, die
Sie erforschen
sollten (sie sind
in der Übung zu
diesem Kapitel
abgelegt).

Also: Maßstab beachten und Koordinatenpunkte danach
wählen. Wichtig ist zudem, dass die Fläche völlig geschlossen
ist, da es sonst zu dem unerwünschten Effekt des „Auslau-
fens" der Farbe kommt. Probieren ist angesagt! Aus der
Command1_Click (Caption „Zeichne") hierzu ein Auszug:

```
'*)--- Arbeitsfläche farblich markieren (Windows-GDI)
ScaleMode = 3          'Windows verwendet Pixel
 '*)--- Um x und y für Floodfill zu bestimmen,
 '*)--- d.h. die richtigen Koord. x, y zu finden,
 '*) -> Floodfill mit Rem rausnehmen u. Line hinein
 'Line (280, 325)-(300, 500), QBColor(15)
FillStyle = 0          'Solid
If Farbe = 11 Then
 FillColor = QBColor(Farbe) 'Zyan hell
 FloodFill hdc, 280, 325, ForeColor
End If
 '*)-- Zurücksetzen des KoordinatenSystems
ScaleMode = 0          'Benutzerdefiniert
Scale (-0.06, 85)-(1.1, -12)
```

Auf den Rechengang zur Bestimmung der Eckpunkte des Ar-
beitsprozesses soll, da er sehr speziell ist, nicht eingegangen
werden. Der wärmetechnische Fachmann wird ihn aus dem
Listing heraus verstehen. Wir wollen dagegen das Augenmerk

auf die Tabelle richten. Sie ist in einer ListBox eingefügt (durch *AddItem*, mehrfach in einer *With...End With*-Struktur verwendet). Besondere Aufmerksamkeit sollten Sie auf die Verwendung der Format-Funktion richten. Durch sie erreicht man die richtige Positionierung der Zahlen untereinander; auch ohne „führende" Nullen (vgl. die Temperaturspalte).

Gosub Return

Die Tabelle selbst wird hier aus der Schleife heraus „angesprungen". Dies gelingt ohne den Aufruf einer anderen Prozedur mit einem Relikt aus alten Basictagen, der **Gosub Return**. Mit

```
Gosub Tabelle
```

Wichtig ist der Doppelpunkt!

wird zur *Sprungmarke* „Tabelle:" verzweigt und nach Abarbeiten der *With...End With* mit *Return* zurück. Der Rücksprung erfolgt in die Zeile, die der Gosub-Zeile unmittelbar folgt. *Achtung*: Vor der Sprungmarke „Tabelle:" muss ein *Exit Sub* stehen, da sonst – nach Verlassen der Rechenschleife – die With...End With noch einmal durchlaufen würde. Folge: Das *Return* am Ende, ohne vorhergehendes *Gosub* erreicht, veranlasst VB zu der Fehlermeldung: „Return ohne Gosub".

Übung 5.2: Trapez-Gerinne u.a. *(in \KP5_2_Ue)*

1. Das in *KP5_2_3* vorgestellte Programm *WEHR_KRS.VBP* kann so umgeschrieben werden, dass einzelne logische Bausteine in separate Prozeduren kommen. Dies ist ein Beitrag zur strukturierten Programmierung. Meine Lösung ist unter *KP5_2_UE\WEHR_KRS\WEHR_KRS.VBP* abgelegt.

2. Aus drei gleich breiten Holzbohlen soll eine Strömungsrinne hergestellt werden. Eingabegröße für das Programm (\TRAPEZ\TRAPEZ.VBP) sei die Breite der Bohle in Meter. Der Grundgedanke für den Lösungsalgorithmus wird, als Hilfe gedacht, in einer Skizze (**Bild 5.28**) verdeutlicht.

Bild 5.28:
Strömungsrinne aus drei gleich breiten Bohlen (Programm mit Demo, Floodfill..)

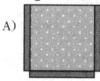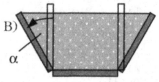

Ordnet man die senkrechten Bohlen nach Darstellung B an, so ergibt sich ein trapezförmiger Strömungsquerschnitt. Fragen: Unter welchem Winkel α sind die seitlichen Bohlen schrägzustellen, damit der Strömungsquerschnitt ein Maximum wird? Wie groß ist der Strömungsquerschnitt in m^2?

Um Sie auf die – wie ich meine – interessanten Programme der Übung **KP5_2_UE** hinzuweisen, werden auf den folgenden 2 Seiten die nicht näher erörterten Projekte dieser Übung in willkürlich ausgewählten Projektbildern vorgestellt.

A) **Dreieckswehr** (von einem meiner Schüler programmiert):

Bild 5.29:
Dreickswehr
(Lösung A)

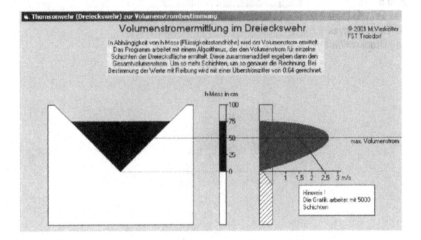

B) **Dreickswehr** (sehr viel einfacher, von mir)

Bild 5.30:
Dreickswehr
(Lösung B)

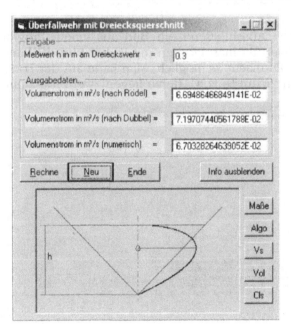

181

B) **Druckverlauf in Düse – Diffusor**

Zu Beginn liegt an Stelle d4 des Strömungssystems eine Düse, die dann allmählich in einen Diffusor übergeht. Hierbei wird der Druck vor Düsen- bzw. Diffusorbeginn graphisch verfolgt. Der Rechenablauf ist graphisch veranschaulicht (Demo).

Bild 5.31:
Das Projekt Düse - Diffusor (Analyse des Druckverlaufs)

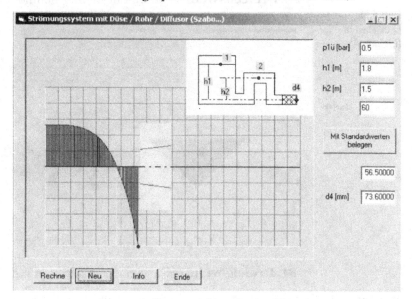

C) Abschließend ein Bild aus einem Programm zur Frage: Wie füllt man Flächen mit Farbe? **Floodfill** aus der Windows-GDI macht es möglich. Man kann auf der Form zeichnen oder in PictureBoxen. Hierzu liegen zwei Programme vor.

Bild 5.32:
Demo zur Wirkung von **Floodfill** (GDI)

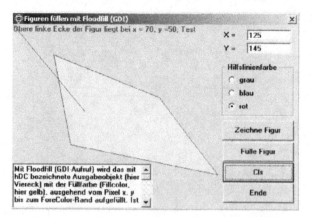

5.3 Aus der Metalltechnik

5.3.1 Hydraulische Presse

Lösung in:
*KP5_3_1\
PRESSE.VBP*

In den unterschiedlichsten Bereichen der Technik ist es erforderlich, große Kräfte, z.B. zum Heben von Lasten, Richten von Wellen, Einpressen von Buchsen usw., aufzubringen. Hier finden u.a. hydraulisch betätigte Pressen häufig Anwendung. Ihr Aufbau ist dadurch gekennzeichnet, dass Zylinder-Kolben-Systeme über Pumpen mit speziellem Hydrauliköl versorgt werden. Kombiniert mit einem *Druckverstärker* (Druckübersetzer) kann man große Kräfte erzeugen.

Im hier vorgestellten Projekt wird ein Zylinder-Kolben-System durch eine Handkolbenpumpe versorgt. Das Programm erfordert die Eingabe von sieben verschiedenen Eingabegrößen (vgl. **Bild 5.33**). Da dies während der Entwicklungsphase einen großen Eingabeaufwand erfordert, wurden die Eingabe-TextBoxen mit Standardwerten vorbelegt. Die Änderung einzelner Werte kann in der jeweiligen Box nachträglich erfolgen. Auf diese Weise konnte beim Entwurf von Anfang an mit den Eingabeboxen, also ohne die sonst übliche Zuweisung von Standardwerten innerhalb des ProgrammCodes, gearbeitet werden. Die Pressendarstellung mit dem unten angeordneten Druckverstärker ist als Demo (Animation) ausgelegt, die über die obere CommandButton-Reihe (Spannen I, Spannen II, usw.) ausgeführt wird.

Bild 5.33:
PRESSE.*VBP*
(Benutzer-
oberfläche)

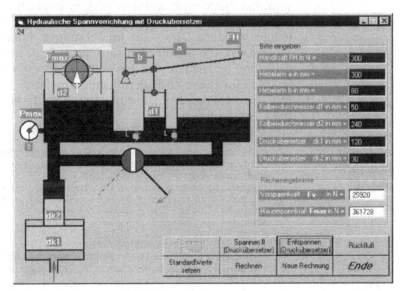

Der Lösungsalgorithmus für die Berechnung der Presse ist hier auf zwei Prozeduren verteilt. Die Vorspannkraft wird in der allgemeinen Prozedur *RechnenFV* bestimmt, die Hauptspannkraft in der Command6_Click (Caption „Rechnen"). Zur Anwendung gelangen das *Hebelgesetz* (FH * a = F1 * b) und das *Pascal'sche* Druckfortpflanzungsgesetz. Da der Lösungsalgorithmus keine besonderen Ansprüche stellt, wird hier auf eine nähere Erläuterung verzichtet.

Zur Animation der Pressenfunktion

Die **Animation**, soll sie in allen Phasen gelingen, erfordert natürlich einen größeren programmtechnischen Aufwand. Hier muss auf die Analyse des Listings verwiesen werden. Nur einige Besonderheiten seien erwähnt:

* Anfangs- bzw. Endlagen gewisser Elemente (z.B. Handhebel) werden dadurch betont, dass die nicht zu zeigende Position durch Setzen von Visible = *False* erreicht wird.

MouseDown, MouseUp

* Um eine Art „Pumpeffekt" (Hebelbetätigung) sichtbar zu machen, wurden die Ereignisse **MouseDown** und **MouseUp** mit einbezogen. Klicken Sie die linke Maustaste über dem Command1 (Caption = „Spannen I") an, so wird der Handhebel der Kolbenpumpe herunterbewegt (MouseDown), lassen Sie die Maustaste los, so geht der Hebel in die Ausgangslage zurück (MouseUp). Mit diesen Bewegungen gemeinsam müssen weitere zusätzlich erfolgen (Ventilbetätigung, Verschieben der zu spannenden Welle zum obenliegenden Prisma usw.).

* Wichtig ist noch, dass Sie in den jeweiligen Endlagen bestimmter Bauelemente dafür sorgen müssen, dass diese Endlagen trotz weiterer Betätigung des CommandButtons beibehalten werden. Dies wird im Programm über bestimmte Bedingungen, die abzufragen sind, festgelegt. Insbesondere wird die *Top*-Eigenschaft der jeweiligen Steuerelemente (z.B. der Shapes) für diese Endlagen festgeschrieben.

Ein kurzer Programmauszug zum Abschluss soll einen Einblick bringen:

Prozedur Command1_ MouseDown (Auszug)

```
Private Sub Command1_MouseDown(Button As Integer, _
Shift As Integer, X As Single, Y As Single)
    Call Command5_Click 'Standardwerte vorbelegen
    'Container und Welle wandern nach oben
    Picture1.Top = Picture1.Top - 20    'Container
    Shape5(0).Top = Shape5(0).Top - 20  'Welle
    Shape3(3).Visible = False  'Ventilkugel Druckventil
    Shape3(4).Visible = True   '  "              "
    Shape3(5).Visible = True   '  "          Saugventil
    Shape3(6).Visible = False  '  "              "
    If Shape5(0).Top <= 800 Then
        Line48(1).Visible = True 'Manometer (Vordruck)
        Label4.Visible = True    'FV oben am Prisma
        ...
```

5.3.2

Lösung in:
KP5_3_2
HÄRTE.VBP

Härteprüfung

In der Metalltechnik sind u.a. Härteprüfverfahren nach *Brinell*, *Vickers* und *Rockwell* gebräuchlich. Im vorgestellten Programm, das nicht voll ausprogrammiert ist, sind die Verfahren von *Brinell* und *Vickers* vorbereitet. Die Messwerte und die Verfahren können jedem gängigen Tabellenbuch entnommen werden. Insoweit ist es leicht möglich, das Programm um diese Details zu erweitern. Hier wurden lediglich die Teile des Programms vorbereitet, die für die Animation der Vorgänge beim Prüfen der Härte bedeutsam sind.

Bei der Brinell-Demo findet die **Move-Methode** Anwendung, bei Vickers wird erneut die Windows-GDI (hier Polygon und Polyline) eingesetzt. In **Bild 5.34** sehen Sie die Benutzeroberfläche, wie sie sich nach Ablauf der Demos einstellt.

Bild 5.34:
HÄRTE.VBP
(Benutzer-
Oberfläche:
a) Vickers-Ver-
fahren und
b) Brinell-Ver-
fahren)

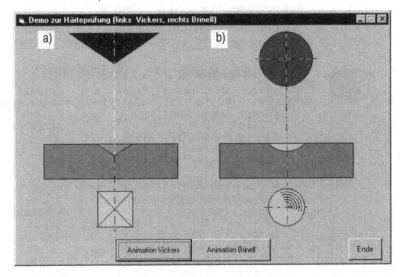

Brinell-
Härteprüfung

Vickers-
Härteprüfung
(Verwendung von
DrawStyle zum
Linien zeichnen)

Beim Brinell-Verfahren wird bekanntlich als Prüfkörper eine gehärtete Stahlkugel oder eine Hartmetallkugel verwendet. Der eingepresste Prüfkörper hinterlässt im zu prüfenden Werkstück einen Eindruck (= Kalotte), von dem zwei Durchmesser – senkrecht aufeinanderstehend – messtechnisch erfasst werden. Aus den Messwerten d_1 und d_2 wird ein mittlerer Durchmesser d_m [= $(d_1 + d_2)/2$] errechnet. Mit dem Wert **d_m**, dem Prüfkörperdurchmesser **D** und der Prüfkraft **F** wird die Brinellhärte **HB** ermittelt.

Beim Vickers-Verfahren wird als Prüfkörper eine Diamantpyramide mit 136° Spitzenwinkel eingesetzt. Sie hinterlässt im Werkstück einen pyramidenförmigen Eindruck, dessen Diagonalen aus der Draufsicht heraus messtechnisch (optisch) erfasst werden. Auch hier wird der Mittelwert gebildet und für die Bestimmung der Vickershärte **HV** verwendet.

Begriff Härte

In beiden Fällen ist die *Härte* als Quotient aus Prüfkraft und Eindruck-Oberfläche festgelegt. Weitere Angaben sind Tabellenbüchern, in denen die sonstigen Bedingungen angeführt sind, zu entnehmen.

Move bzw. **Top** nutzbar

Aus nachstehendem Programmauszug ist ersichtlich, wie die Bewegung der Brinellkugel (Shape3) erreicht wird. Man kann die Move-Methode verwenden oder, als Alternative, die Top-eigenschaft für das Shape festlegen.

Vergleicht man die Bewegungsvorgänge bei *Brinell* und *Vickers*, so erkennt man, dass bei letzterem der Bewegungsablauf fast flimmerfrei erfolgt. Bei Anwendung der Move-Methode ist ein gewisses Flackern gegeben.

Wiederum schafft die Windows-GDI mit der *Chord*-Funktion Abhilfe (vgl. *KP5_3_2\CHORD\VERSUCH.VBP*).

Härteprüfung, Auszug: *(KP5_3_2\HÄRTE.VBP)*

```
Private Sub Command1_Click()        'Brinell
For y = 100 To 1300 Step 0.3        'Kugel schnell runter
    Shape3.Move 1605, y
    'Shape3.Top = y                 'Alternative zu Move
    Y1 = y + 640: Y2 = Y1
    Line4.Y1 = Y1 + 0.1
    Line4.Y2 = Y2 + 0.1
Next

For y = 1300 To 1500 Step 0.05      'Kugel langsam runter
    Shape3.Move 1605, y
    'Shape3.Top = y                 'Alternative zu Move
    Y1 = y + 640: Y2 = Y1
    Line4.Y1 = Y1 + 0.01
    Line4.Y2 = Y2 + 0.01
Next
    Shape2.Visible = True
    Shape5.Visible = True
    Line3.Visible = True
For R = 0 To 400 Step 60            'Eindruckdelle markieren
    DoEvents
    Picture1.Circle (2235, 3930), R, , 6, 2
Next
For y = 1500 To 100 Step -0.3       'Kugel schnell hoch
    Shape3.Move 1605, y
    'Shape3.Top = y                 'Alternative zu Move
    Y1 = y + 640: Y2 = Y1
    Line4.Y1 = Y1 - 0.1
    Line4.Y2 = Y2 - 0.1
Next
End Sub
```

5.3.3

Lösung in:
*KP5_3_3\
SPANN.VBP*

Spannkurve

Die in dem Projekt SPANN.VBP vorgestellte Spannkurve, die im Vorrichtungsbau bei mechanischen Spannvorrichtungen Verwendung findet, basiert auf der *Archimedischen* Spirale (s.a. *\SONSTIGE\MATHE\ARCHISPI\ARCHIMED.VBP*). In beiden genannten Projekten wird die programmtechnische Verarbeitung von *Polarkoordinaten* vorgestellt.

Das Programm *SPANN.VBP* ist so aufgebaut, dass nach der Eingabe des maximalen Spannhubes und des Spannwinkels die Spannkurve berechnet und gezeichnet wird. Die Kurvenpunkte werden dann, in Polarkoordinaten angegeben, in einer ListBox eingetragen. Der Steigungswinkel, der für die Selbsthemmung bedeutsam ist, wird zusätzlich ausgewiesen. Weitere Details bestehen darin, dass – unter Annahme üblicher Werte (Handkraft, Hebelarm, Reibwert) – die Spannkraft der Spannkurve berechnet werden kann. Aktiviert man den obenliegenden OptionButton (Caption „Schritt klein", **Bild 5.35**), so erhält man in der ListBox für die ersten 6 Winkelgrade eine stärker unterteilte Tabellenauflistung.

Bild 5.35:
SPANN.VBP
(Benutzer-
Oberfläche)

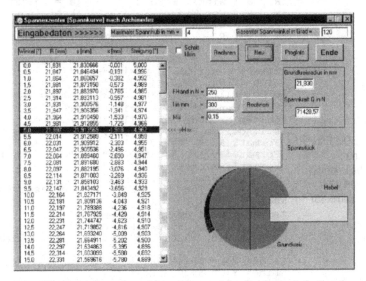

Die Kernpunkte des Algorithmus' befinden sich in der Command1_Click und der allgemeinen Prozedur *Rechnen* (s. Listing). Aus den Eingabedaten **S** und **AlphaGrad** werden die Größen **a** (Faktor der Spirale) und **Ro** (Grundkreisradius) berechnet. Danach erfolgt der Aufruf der Prozedur *Rechnen*. Da diese selbsterklärend ist, unterlasse ich weitere Erläuterungen.

Spannkurve, Auszug: *(KP5_3_3\SPANN.VBP)*

```
Private Sub Command1_Click()
  If Text1 = "" Or Text2 = "" Then
    ...
  End If
  'AlphaGrad = Spannwinkel
  aBogen = AlphaGrad / 180 * PI'Spannbereich im Bogenmaß
  'S = max. Spannhub
  a = S / aBogen       'Tangens des Steigungswinkels
  W = Tan(5 / 180 * PI) '5 = max. Steigungswinkel (5°)
  Ro = S * 360 / W / 2 / PI /AlphaGrad 'Grundkreisradius
  Text3.Text = Str(Ro)         'Zum Testen der Variablen
  Call Rechnen                 'Bei Test hier Haltepunkt
  If Check1.Value = 0 Then
    ...
  End If
  Command2.SetFocus
End Sub

Private Sub Rechnen()
  If Check1 = 1 Then Schritt = 0.01 Else Schritt = 0.5
  For Alpha = 0 To AlphaGrad Step Schritt
    i = i + 1             'Zähler für Schleifendurchgänge
    Winkel = (Alpha / 180) * PI 'Winkel im Bogenmaß
  ' Abstand von Mitte Spannkurve bis Bahnpunkt,
  ' Ro = Grundkreisradius
    R = a * Winkel + Ro          'a = Faktor der Spirale
    x = R * Cos(Winkel - PI / 2) 'Koordinaten > x-Achse
    y = R * Sin(Winkel - PI / 2) 'Koordinaten > y-Achse
    z = a / R             'Tangenswert
    zBogen = Atn(z)       'Bogenmaß
    zGrad = 180 * zBogen / PI    'Steigungswinkel in Grad
    xTwips = x * 56.7: yTwips = y * 56.7 'Umrechnung
    Line (7200, 5520)-(7200 - xTwips, 5520 + yTwips), _
    QBColor(1) 'Zeile zu lang > Umbruch, zeichnet Spirale
  'Nachfolgende 5 Zeilen sind im Programm eine Zeile!
  'AddItem-Methode zum Füllen der ListBox
    List1.AddItem Format$(Alpha, "  ##0.0") + "       " + _
    Format$(R, "  ##0.000") + "        " + _
    Format$(-y, "  ##0.000000") + "       " + _
    Format$(-x, "##0.000") + "        " + _
    Format$(zGrad, "##0.000")
    If i = 600 Then Exit For     'Verlässt Schleife
  Next
  'Zeichnet Rest des Spannelements
    Circle (7200, 5520), Ro * 56.7
    Line (6240, 5520 - Ro * 56.7)-(8160, 5520 - RO *
  56.7)
    Line4.Y1 = 5520 - Ro * 56.7
    Line5.Y1 = 5520 - Ro * 56.7
    Line4.Visible = True: Line5.Visible = True
  'Abfrage für Spannkraft sichtbar (u. Ausgabebereiche)
    Frame1.Visible = True
    Option1.Visible = True: Option2.Visible = True
    Label4.Visible = True: Label5.Visible = True
    Label6.Visible = True: Shape3.Visible = True
End Sub
```

Hinweis: Die Formatierung der Tabelle kann verbessert werden! (s. Bild 5.35)

5.3.4

Rauhtiefe

In diesem Beispiel lernen Sie, wie man grafische Darstellungen, hier in Form eines *Nomogrammes* vorgestellt, programmieren kann. Zur Laufzeit werden für verschiedene Eckenradien eines Drehmeißels unterschiedliche Graphen in einem Diagramm (**Bild 5.36**) dargestellt. Die Graphen zeigen funktionale Abhängigkeiten von Rauhtiefenwerten (**Ra** bzw. **Rt**) über dem Vorschub, mit dem der Drehmeißel auf der Maschine bewegt wird. Ein Nomogrammausdruck ist möglich, so dass er später als Ablesehilfe Verwendung finden kann.

Bild 5.36:
RAUHTIEF.VBP
(Benutzer-
Oberfläche)

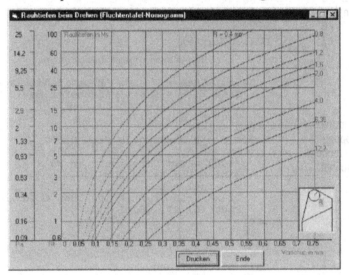

In einer PictureBox rechts unten auf dem Nomogramm ist die Draufsicht auf den Drehmeißel dargestellt. Der Eckenradius **R**, der den Übergang von Haupt- und Nebenschneide bestimmt, ist eingezeichnet. Die Begriffe könnten auf einer Informationsform, auf die hier verzichtet wurde, erklärt werden.

Rauhtiefe, Auszug: *(KP5_3_4\RAUHTIEF.VBP)*

```
Private Sub Command1_Click()
   flag = True
   Command1.Visible = False: Command2.Visible = False
   Form1.BackColor = QBColor(15)
   Form1.Width = 10215: Form1.ScaleWidth = 10100
   Call Form_Activate
   Form2.Show 1          'Aufruf eigener Meldebox, gebunden
   If DruckenFlag = True Then   'MessageBox aufrufen
      If MsgBox("Ist der Drucker vorbereitet?", 33, _
        "Zum Ausdrucken") = 6 Then
        PrintForm: Printer.EndDoc
      End If
   Else
```

MessageBox mit →
Rückgabewert
(hier 6 → Ja)

Diagrammpunkte
mittels Doppel-
schleife berechnet
und gezeichnet.

```
    Call Command3_Click: Exit Sub
  End If

With Command2:.Left = 0.55: .Visible = True: End With
With Command3
  .Left = 0.45: .Visible = True: .SetFocus
End With
End Sub

Private Sub Form_Activate()
  ScaleMode = 6           'Maßstab mm
  If flag = True Then
    Form1.Scale (-0.3, 105)-(0.82, -25)
    AutoRedraw = True
  Else
    Form1.Scale (-0.15, 105)-(0.82, -25)
  End If

  Call Diagramm

'*)------- Diagrammkurven berechnen --------------
  For i = 1 To 8
    Select Case i          'Ersetzt hier Read Data
      Case 1: R = 0.4      'früherer Basic-Versionen
        ...
      Case 8: R = 12.7
    End Select
    For f = 0.05 To 0.75 Step 0.002
      Rt = f ^ 2 / (8 * R) * 1000
      '1000 wegen Umrechnung in Mü
      Zahl = Log(Rt) / Log(100)
      x = Zahl * L
      If x < -10 Or Rt > 100 Then GoTo weiter
      PSet (f, x), QBColor(1)
weiter:
  Next
  Next

  Call Beschriftung

'*)------------ Benennung beim Drucken -----------
  If flag = True Then
    Form1.FontSize = 14: Print
    Print "          Rauhtiefen beim Drehen"
    Form1.FontSize = 8
    AutoRedraw = False
    Exit Sub
  End If
  Command1.SetFocus
End Sub
```

Read Data

In der Doppelschleife (s. Listing) wurde eine *Select Case* verwendet. Sie bewirkt die Veränderung der 3. Variablen (hier **R**)
und ersetzt die bei früheren Basic-Versionen oft verwendete
Read Data, die es in *Visual Basic* nicht mehr gibt.

Eigene Meldebox
(mit Einbezug des
Original-Sounds)

Da VB keine MessageBox mit den Button „Ja" und „Abbrechen" bereitstellt (möglich wären lediglich die Button „OK"
und „Abbrechen"), so wurde eine eigene Meldebox eingerichtet (Form2, MELDUNG.FRM). Diese wurde, mit Ausnahme

Sound realisieren

der Buttonbeschriftung, genauso gestaltet wie eine Original-box. Um es zu realisieren, war neben der Formgestaltung auch das Einbeziehen des Original-**Sound**s der MsgBoxen erforderlich. Dies geht nur mit der *Windows-API*. Der zugehörige Auszug (vgl. BAS-Modul *RAUHTIEF.BAS*) lautet:

```
Declare Function waveOutGetNumDevs Lib "winmm.dll" _
() As Long
Declare Function sndPlaySound Lib "winmm.dll" Alias _
"sndPlaySoundA" (ByVal lpszSoundName As String, _
ByVal uFlags As Long) As Long
Const SND_SYNC = &H0
Const SND_ASYNC = &H1
Public DruckenFlag As Boolean
```

Beim Aufruf von Form2 (Laden der Meldebox, Form_Load) wird zuerst überprüft, ob eine Soundkarte vorhanden ist. Wenn ja, dann erfolgt der Funktionsaufruf (**sndPlaySound**).

```
Private Sub Form_Load()        'Betrifft Form2, Meldung
  If waveOutGetNumDevs < 1 Then  'Soundkarte vorhanden?
  MsgBox "Soundkarte fehlt!", 16, "Hinweis"
    Exit Sub
  End If
'Pfad der .WAV erforderlich, Test: Chimes.wav..., &H0!
  Datei$ = "c:\windows\Media\Chord.wav"
  sndPlaySound Datei$, &H1  'Functionsaufruf, asynchron
End Sub
```

Übung 5.3: Kurbelschleife u.a. *(in \KP5_3_Ue)*

1. Als Analyseübung wird hier ein Beispiel aus der Getriebelehre angeboten. Die Benutzeroberfläche zur Laufzeit (**Bild 5.37**) zeigt eine pendelnde, gerade Kurbelschleife. Sie hat ihre Totlagen dann, wenn **R** senkrecht auf der um den Schwenkpunkt **S** pendelnden Schwinge **1** steht. Getriebetechnisch bedeutsam ist, dass der Vorlauf langsamer als der Rücklauf erfolgt. Theoretische Grundlagen hierzu s. *Kraemer*, Getriebelehre (Kapitel 7.6).

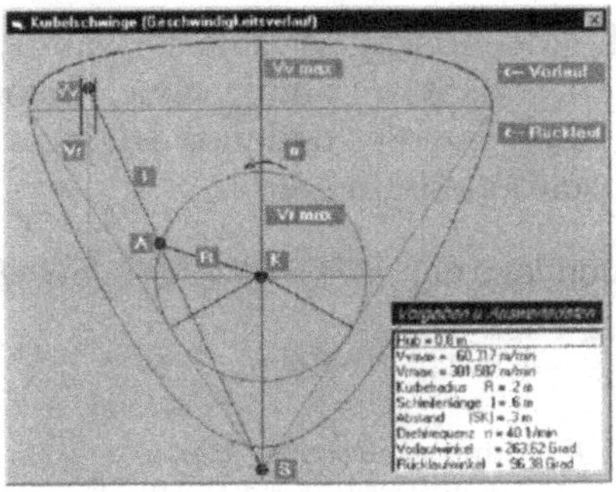

Bild 5.37:
Kurbelschleife, ein Beispiel aus der Getriebelehre *(SCHLEIFE.VBP)*

2. In dieser Übung finden Sie weitere interessante Programme zu techn. Themen („Aufzug", „Bremsen", „Federn", „Schaltgetriebe" u.a.). Sie sind sämtlich von meinem ehemaligen Schüler und jetzigem Kollegen *Norbert Schierl* entwickelt worden, dem ich an dieser Stelle für die Genehmigung zur Verwendung im Buch herzlich danke. Analyse ist angesagt.

5.4   Motorenkundliches

5.4.1   Energie speichern – Gaskompression

Lösung in:
KP5_4_1
ADPOLISO.VBP

Das Programm ADPOLISO.VBP zeigt auf, wie Kompressionsvorgänge bei Gasen programmiert werden können. Im Ansatz ist dies bereits im Kapitel 5.2.5 (Kolbenkompressoren) dargelegt worden. Hier wird nur verdeutlicht, worin die Unterschiede bei *adiabatischer* (AD), *polytroper* (POL) und *isothermer* (ISO) Kompression liegen und wie man numerisch die *technischen Gasarbeiten* bestimmen kann. In **Bild 5.38** ist die Benutzeroberfläche des Programms dargestellt.

Bild 5.38:
ADPOLISO.VBP
(Benutzer-
oberfläche)

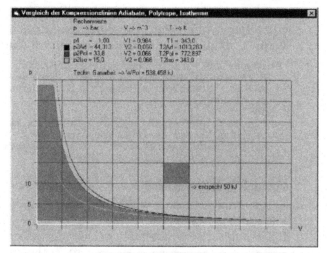

Der nachstehende Auszug ist selbsterklärend und wird nicht näher erläutert. Das Programm, ohne besonderen Aufwand geschrieben, kann in verschiedenen Details verbessert werden (Tabelle, Achsenbenennung etc.).

Gaskompression, Auszug: *(KP5_4_1\ADPOLISO.VBP)*

```
Private Sub Form_Load()
Form1.Scale (-0.1, 50)-(1.1, -5)
Show

p1 = 1     'Ausgangsdruck in bar
ta = 70    'Ausgangstemperatur in °C
R = 287    'Gaskonstante für Luft in [Nm/kgK]
k = 1.4    'Adiabatenexponent
m = 1      'Masse = 1 kg
n = 1.3    'Polytropenexponent (gewählt)
E = 15     'Verdichtungsverhältnis Epsilon [= V1/V2]

T1 = ta + 273                      'Umrechnung in Kelvin
V1 = m * R * T1 / p1 / 100000      'Spezielle Gasgleichung
V2 = V1 / E                        'Kompressionsvolumen
```

```
CIso = p1 * V1              'Konstante für Isotherme
CAd = p1 * V1 ^ k          '   "       "  Adiabate
CPol = p1 * V1 ^ n         '   "       "  Polytrope

p2Ad = CAd / V2 ^ k        'Enddruck bei Adiabate
p2Pol = CPol / V2 ^ n      'Enddruck bei Polytrope
p2Iso = CIso / V2          'Enddruck bei Isotherme
T2Iso = T1                 'T ist konstant bei Isotherme
T2Ad = p2Ad * V2 / m / R * 100000  'T2 bei Adiabate
T2Pol = p2Pol * V2 / m / R * 100000 'T2 bei Polytrope

'*)---- Techn. Gasarbeit darstellen u. berechnen ---
dp = (p2Pol - p1) / 400              '400 Streifen
For p = p1 To p2Pol Step dp
  For i = 1 To 3000: Next            'Verzögerungsschleife
  V = V1 * (p1 / p) ^ (1 / n)        'Volumenberechnung
  Line (V, p)-(0, p), QBColor(8)     'markiert Fläche
  dW = V * dp                        'Teilarbeit
  W = W + dW                         'Summenbildung
 Next
Wt = W * 100                         'Gasarbeit

'*)---------- Kompr.linien grafisch darstellen ---
For Vx = V1 To V2 Step -0.001
  For i = 1 To 3000: Next            'Verzögerungsschleife
  pAd = CAd / Vx ^ k
  pPol = CPol / Vx ^ n
  pIso = CIso / Vx
  PSet (Vx, pAd), QBColor(0)
  PSet (Vx, pPol), QBColor(12)
  PSet (Vx, pIso), QBColor(11)
Next
Line (0.5, 15)-(0.6, 10), QBColor(8), BF 'Vergleich
...
End Sub
```

5.4.2   Kreisprozess Otto-Motor

Lösung in:
KP5_4_2
OTTO.VBP

In diesem Projekt wird die Programmierung eines kompletten theoretischen Kreisprozesses für einen Otto-Motor vorgestellt. Wesentliche Teile des für die Gaskompression verwendeten Listings (s. Kap. 5.4.1) finden auch hier Anwendung. Nur besteht der Kreisprozess aus einer Aneinanderreihung von Zustandsänderungskurven, so dass am Ende der Ausgangspunkt (1) wieder erreicht wird. Nacheinander durchlaufen werden adiabatische Kompression, isochore Wärmezufuhr, adiabatische Expansion und isochore Wärmeabfuhr. Über die ermittelte Wärmemenge, die im Prozess umgesetzt wird, können leicht der theoretische Wirkungsgrad, die theoretische Arbeit und der Mitteldruck des Prozesses errechnet werden.

Die speziellen technischen Details diesbezüglich können dem Listing entnommen werden. Aus Raumgründen werden hier nur die programmspezifischen Besonderheiten berücksichtigt.

Die Benutzeroberfläche, die sich zur Laufzeit einstellt, zeigt das Arbeitsdiagramm mit den ermittelten Daten (**Bild 5.39**).

Bild 5.39:
OTTO.VBP
(Benutzer-
oberfläche)

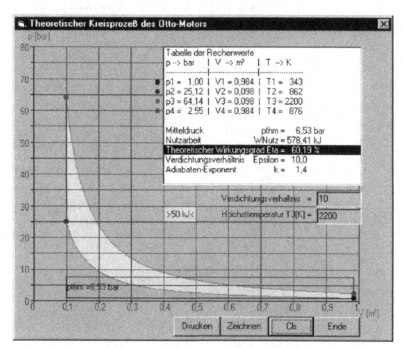

Die bedeutsamste Prozedur (Sub Zeichne) wurde auszugsweise in nachstehendem Listing abgedruckt. Sie zeigt, dass nach einer Sicherungsmeldung zuerst die Eckpunkte des Kreisprozesses errechnet werden. Anwendung finden hier die üblichen Gasgesetze (*Gasgleichung* u.a.). Die so ermittelten Werte erlauben die Bestimmung der zu- bzw. abgeführten Wärmemengen, der theoretischen Nutzarbeit u. des theoretischen Wirkungsgrades. Danach wird der Prozess im festgelegten Maßstab auf die Form gezeichnet (Schleifen etc.).

Floodfill

Die aufgezeichnete Prozessfläche (= Arbeitsfläche) wird dann, wie Sie es bereits von den Kolbenkompressoren her kennen, mittels Windows-GDI (*Floodfill*) farbig gefüllt. Soll dies gelingen, so muss auch hier dafür gesorgt sein, dass der Rand der zu füllenden Fläche keinerlei Lücke aufweist.

Der errechnete *Mitteldruck* und eine Vergleichsfläche für die *Nutzarbeit* werden eingezeichnet und schließen den Darstellungsteil ab. Der Rest der Prozedur ist für die ListBox erforderlich. In ihr wird die Tabelle der Rechenwerte ausgewiesen (*AddItem*).

Otto-Motor, Auszug: *(KP5_4_2\OTTO.VBP)*

```
Private Sub Zeichne()
 On Error GoTo Meldung
 If Val(Text1) > 13 Then
  MsgBox "Wert für Otto-Motoren zu hoch", 0, "Hinweis"
  Text1 = "": Text1.SetFocus: Exit Sub
 End If
 ...
 E = Val(Text1)              'Verdichtungsverhältnis
 T3 = Val(Text2)             'Maximaltemperatur in K
'*)---- Berechnung der Eckpunkte des Kreisprozesses --
 T1 = t + 273: V1 = m * R * T1 / p1 / 100000
 V2 = V1 / E: p2 = p1 * E ^ k
 T2 = p2 * V2 * T1 / p1 / V1
 V3 = V2: p3 = T3 * p2 / T2
 V4 = V1: p4 = p3 / (V4 / V3) ^ k: T4 = T1 * p4 / p1
'*)--Berechnung von Qzu u. Qab, Nutzarbeit, Eta theor
 Qzu = m * cv * (T3 - T2)
 Qab = m * cv * (T4 - T1)
 WNutz = Qzu - Qab
 ETAth = WNutz / Qzu
 DeltaV = V1 - V2           'entspricht Hubvolumen
 pm = WNutz / DeltaV / 100000
 ForeColor = QBColor(8)     'Dunkelgrau
'*)---- Kreisprozess zeichnen
 PSet (V1, p1)
 For V = V1 To V2 Step -0.0005
  p = p1 * V1 ^ k / V ^ k
  Line -(V, p)
 Next
 Line (V2, p)-(V3, p3)
 For V = V3 To V4 Step 0.001
  pu = p1 * V1 ^ k / V ^ k
  p = p3 * V3 ^ k / V ^ k
  Line -(V, p)
 Next
 Line -(V1, p1): Line (V4, p4)-(V1, p1)
'*)--- Arbeitsfläche farblich markieren (Windows-GDI)
'   s. Auszug bei den Kolbenkompressoren (Kap. 5.2.5)
'*)--- Rechteck für Mitteldruck zeichnen ---
 FillStyle = 1
 Line (V1, p1)-(V2, pm + p1), QBColor(9), B
'*)-------- Mitteldruck zahlenmäßig eintragen ------
 ForeColor = QBColor(9): CurrentX = 0.1: CurrentY = 6
 Print "pthm =" + Format(pm, "0.00") + " bar"
'*)----------- Rechteck-Fläche als Maßstabshilfe ---
 Line (0.4, 25)-(0.5, 30), QBColor(14), BF
 CurrentX = 0.41: CurrentY = 29: Print ">50 kJ<"
'*)-------- Markieren der Eckpunkte des Prozesses ---
 FillStyle = 0 : FillColor = QBColor(9)
 Circle (V1, p1), 0.006, QBColor(9)
 ...
End Sub
```

Verwendung der Allgemeinen Gasgleichung ➤

Kreisprozess zeichnen

Mitteldruck

5.4.3

Lösung in:
KP5_4_3
KOLBEN.VBP

Bewegungsverhältnisse am Kolben

In diesem Projekt werden die Kolbenbewegungen, die in einem Motor ablaufen, untersucht. Aufgezeichnet werden Weg-Zeit-, Geschwindigkeit-Zeit- und Beschleunigung-Zeit-Diagramme. Die Diagramme sind einzeln abrufbar, können aber auch überlagert werden (**Bild 5.40**).

Bild 5.40:
KOLBEN.VBP
(Benutzer-
oberfläche)

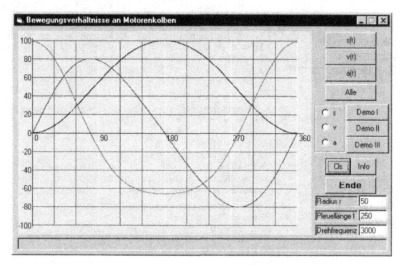

Auch ist es möglich, verschiedene Animationen bzw. Demos zu zeigen. Die programmierten Möglichkeiten werden hier in einzelnen Bildern vorgestellt:

* **Demo I**

In dieser Demo sehen Sie die Animation einer Kolbenbewegung eines Motors, die zwischen den Totpunkten abläuft. Sie ist auch automatisch einstellbar (**Bild 5.41**).

Bild 5.41:
KOLBEN.VBP
(Bewegungsab-
lauf des Kolbens
innerhalb eines
Zylinders)

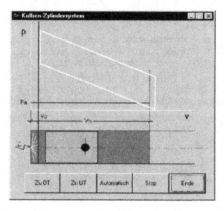

Im Bereich des OT (= oberer Totpunkt) wird der Zündfunke gezündet. Die Dauer seiner Sichtbarkeit symbolisiert die Verbrennungsdauer des Gasgemisches.

Oberhalb des waagerecht liegenden Motorzylinders wird – stark vereinfacht – das Schema des Kreisprozesses gezeigt.

• **Demo II**
Bei dieser Demo wird die Kolbenbewegung in Bezug auf das
Weg-Zeit-Diagramm dargestellt (**Bild 5.42**).

Bild 5.42:
KOLBEN.VBP
(Bewegungsab-
lauf des Kolbens
mit Bezug zum
s(t)-Diagramm)

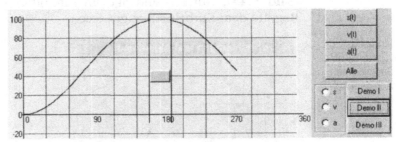

Ein CommandButton wird ersatzweise als Kolben verwendet
und mittels *Move*-Methode bewegt.

• **Demo III**
In dieser Demo, zu ihr gehört das Frame mit den drei Op-
tionButton, können Sie die Auswirkung der Änderung des
Pleuelstangenverhältnisses auf den Kurvenverlauf untersu-
chen. Beispielhaft ist dies für das Beschleunigung-Zeit-
Diagramm gezeigt (**Bild 5.43**).

Bild 5.43:
KOLBEN.VBP
(Einfluss des Pleu-
elstangenverhält-
nisses r/l beim
a(t)-Diagramm)

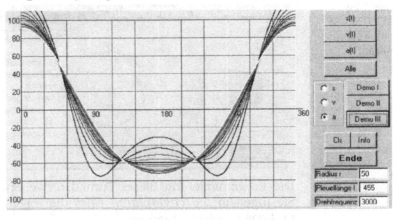

Bei dieser Demo wird die Pleuellänge l, ausgehend von 80
mm, nach jeder gezeichneten Kurve um 25 mm vergrößert.
Danach wird die Farbe des Graphen gewechselt und die
Funktion neu gezeichnet. Drehfrequenz und Radius sind fest
vorgegeben (vgl. TextBoxen rechts unten auf der Form). Bei
kleiner werdendem Pleuelstangenverhältnis erreicht der
Graph immer mehr die Form einer Cosinuslinie. Dies können
Sie zeigen, indem Sie bei *„Pleuellänge"* z.B. die Zahl 10000
eingeben und dann auf den Button „a(t)" klicken.

Zum Abschluss dieses Kapitelabschnittes sei noch das Info-Formular vorgestellt. Nach Klick auf den InfoButton (Caption „Info") wird die Form mittels *Show*-Methode eingeblendet (**Bild 5.44**). Auf ihr sind alle im Algorithmus verwendeten Begriffe dem Kurbeltrieb zugewiesen.

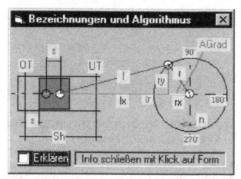

Durch Aktivieren der CheckBox („Erklären") wird die Form nach rechts vergrößert (s. **Bild 5.45**) und eine TextBox mit VScrollBar und den zugehörigen Begriffen wird sichtbar. Ein erneuter Klick auf die CheckBox macht dies rückgängig.

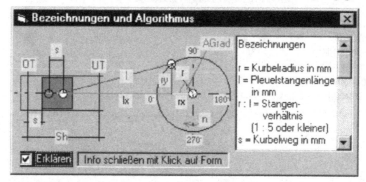

Die Programmierung dieser Formularerweiterung ist einfach. Sie fügen in die *chkErklären_Click* die folgenden Zeilen ein und das Problem ist gelöst.

```
Static flag As Boolean
flag = Not flag
If flag = True Then
   txtInfo.Visible = True
   frmInfo.Width = frmInfo.Width + txtInfo.Width + 40
Else
   frmInfo.Width = frmInfo.Width - txtInfo.Width - 40
End If
```

Auf den Abdruck weiterer Listing-Auszüge wurde verzichtet, da der Code weitgehend selbsterklärend ist.

5.4.4

Lösung in:
KP5_4_4
F_TORSIO.VBP

Torsionskraft an der Kurbelwelle

Zum Abschluss des Kapitelteils zur Motorenkunde wird die etwas speziellere Frage nach der Torsionskraft beim Zweitaktmotor gestellt, wie sie sich an der Kurbelwelle ergibt. Die Benutzeroberfläche (s. **Bild 5.46**) ist so eingerichtet, dass für beide Takte jeweils getrennt der Verlauf der Torsionskraft ermittelt und dargestellt wird. Zudem wird am Ende der Berechnung der Mitteldruck bestimmt und in das Diagramm eingezeichnet. Zusätzlich sind der Kolbenkraftverlauf (weiße Linie) und der Geschwindigkeitsverlauf des Kolbens (dunkle Linie, nur beim Arbeitstakt) eingezeichnet.

Bild 5.46:
F_TORSIO.*VBP*
(Benutzer-
oberfläche)

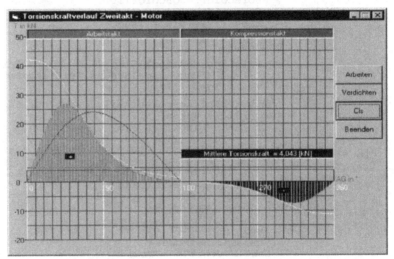

Dem nachstehend abgedruckten ProgrammCode-Auszug können Sie die wesentlichen Details des Algorithmus entnehmen.

Torsionskraft, Auszug: *(KP5_4_4\F_TORSIO.VBP)*

```
Private Sub Command1_Click()                'Arbeitstakt
Vx = V3

For AG = 1 To 180          'AG = Kurbelwinkel in Grad
   Zahl = Zahl + 1          'Zähler für Mitteldruck
   AB = AG * PI / 180       'Winkel im Bogenmaß
   Deltax = rk * (1 - Cos(AB)) 'Wegdiff. in x-Richtung
   dVh = Ak * Deltax / 10 / 100000    'Vol.Diff. in m^3
   Vx = Vx + dVh           'Vol.Diff. werden addiert
   px = p3 * V3 ^ k / Vx ^ k  'Druck beim Expandieren
   pw = px - p1            'Diff.druck am Kolben (bar)
   F = pw * Ak * 10 / 1000 'Kraft auf Kolben in kN
   sinBB = rk / l * Sin(AB) 'Sinussatz, BB = Winkel
   cosBB = Sqr(1 - sinBB ^ 2) 'zwischen Pleuelstange u.
   tanBB = sinBB / cosBB   'Kolbenweg. Hieraus folgt
   BB = Atn(tanBB)         'Winkel BB (Bogenmaß)
```

Sinussatz ⟶

```
    S = F / cosBB              'Kraft in Pleuelstange
    rx = rk * Sin(AB + BB)     'Wirksamer Hebelarm für S
    Mtorsion = S * rx          'Torsionsmoment
    FT = Mtorsion / rk         'Torsionskraft
    FTges = FTges + FT         'Summenbildung
    Line (AG, 0)-(AG, FT), QBColor(10)
    PSet (AG, FT), QBColor(13) 'Torsionskraft
    PSet (AG, F), QBColor(15)   'Kolbenkraft
    PSet (AG, rx / 2.5), QBColor(0)     'Kolbenposition
    'For j = 1 To 5000: Next             'Verzögerung
    Next
    ForeColor = QBColor(9)
    For S = 45 To 55 Step 0.2   'Fläche für "+"-Zeichen
      CurrentX = S: CurrentY = 10: Print "|"
    Next
      ForeColor = QBColor(15)
      CurrentX = 47: CurrentY = 10: Print " + ";
      Label1.Visible = True
      Command2.SetFocus
End Sub

Private Sub Command2_Click()              'Verdichten
...           'Der ausgelassene Teil ist ähnlich wie oben
   FTm = FTges / Zahl

'Nachstehend Korrekturzeile, wenn nur Command2
'angeklickt wurde
   If Zahl = 180 Then FTm = FTm / 2
   FTm = Format(FTm, "##.##0")
   Line (0, 50)-(0, -10), QBColor(15) 'Senkr. Achse neu
'Nächste Zeile >> Mittl. Torsionskraft (Rahmen)
   Line (0, FTm)-(360, 0), QBColor(9), B
   ForeColor = QBColor(15)
   For AG = 0 To 360 Step 90
     Line (AG, 0)-(AG, -2)
     CurrentY = -1: Print AG
   Next
   Command3.SetFocus
   Label2.Visible = True
   Label3.Visible = True
   Label3.Caption = "Mittlere Torsionskraft  = " & FTm
   & " [kN]"'Label3.Caption ... im Programm eine Zeile!
End Sub
```

Übung 5.4: Vermischte Aufgaben *(in \KP5_4_Ue)*

1. Eine mechanische Indiziereinrichtung (s. Kapitel 7.6, *Kraemer*, Getriebelehre) wird vorgestellt. Das Programm ist nicht auskommentiert und daher zur Analyse nur begrenzt geeignet, zeigt aber, und deshalb wurde es hier beigegeben, dass auch komplexe getriebetechnische Probleme lösbar sind. Sie finden es unter *KP5_4_Ue\INDIZIER\INDIZIER.VBP*.

2. Als weitere Aufgabe in diesem Kapitel ist ein altes QBasic-Programm (vielleicht haben Sie davon auch noch welche) beigegeben (DIESEL.BAS). Dieses ist auf VB umzustellen.

Wenn Sie dieses Programm in VB laden („Datei öffnen"), dann wird es in einem BAS-Modul abgelegt. In diesem Modul werden Sie, wenn Sie sich das Listing ansehen, alle in VB inzwischen ungültigen Befehle und Anweisungen im Rotdruck vorfinden. Diese müssen Sie in jedem Fall durch die neuen Anweisungen von VB ersetzen (*Locate* z.B. muss durch *CurrentX* bzw. *CurrentY* ersetzt werden...). Zudem sollten Sie – systematisch vorgehend – auf einer Form Button, PictureBoxen etc. vorsehen, denen Sie geeignete Teile des Programmlistings zuordnen. So können Sie das Programm, indem Sie Teilbereiche in die heute üblichen Prozeduren überführen, umgestalten und lauffähig bekommen. Zum Vergleich sollten Sie das Programm *KP5_4_2\OTTO.VBP* heranziehen. Eine aus dem alten Programm erzeugte *DIESEL.EXE* ist beigegeben (im Explorer durch Doppelklick starten!). Wichtiger Hinweis: Sie müssen den in der *MODUL1.BAS* abgelegten Programm-Code auskommentieren, also sämtliche Zeilen mit einem vorgesetzten Hochkomma versehen. Erst so sind Tests möglich.

5.5 Aus der Kunststoffverarbeitung

5.5.1 Spritzgießmaschine – Demoprogramm

Lösung in:
*KP5_5_1\
SPRITZ_M.VBP*

In diesem Programm wird eine Spritzgießmaschine in schematischer Darstellung auf die Form gezeichnet (**Bild 5.47**). Der Verfahrenszyklus beginnt bei geschlossenem Spritzgießwerkzeug. Die Schließeinheit, hier hydraulisch betätigt, hat die Schließkraft bereits aufgebracht. Die Düse der Spritzeinheit ist noch nicht vorgefahren.

Das Programm kann automatisch ablaufen (CommandButton mit Caption „Automatik") oder in Einzelschritten gesteuert werden. Fährt man automatisch, so wird bei jedem Schritt der Fokus auf den Button für Einzelschrittsteuerung weitergesetzt, so dass man die richtige Reihenfolge wahrnehmen kann. *Hinweis*: Die einzelnen CommandButton sind nicht dem Zyklus entsprechend gereiht.

Bei der Einzelschrittsteuerung soll der Benutzer die richtige Reihenfolge selbst ermitteln. Hilfen werden hier nur über die Buttonbeschriftungen gegeben. Wird ein falscher Button angeklickt, so geht der Zyklus solange nicht weiter, bis der richtige Button gefunden worden ist. In diesem Sinne liegt ein Lernprogramm vor, allerdings erst in den Anfängen ausprogrammiert. Verfeinerungen mit Punktevergabe bzw. akustischen Signalen etc. wären denkbar.

Bild 5.47:
SPRITZ_M.VBP
(Benutzer-
oberfläche)

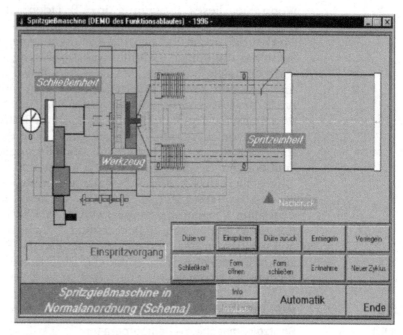

Ein Bild aus der Zyklusfolge sei hier zusätzlich dargestellt
(**Bild 5.48**).

Bild 5.48:
SPRITZ_M.VBP
(Ausschnitt aus
der Zyklusfolge)

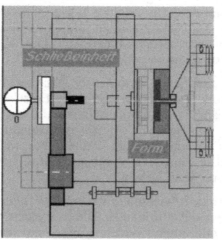

Das Bild 5.48 zeigt die Phase nach Einspritzen, Düse zurückfahren, Hydraulik der Schließeinheit entlasten und Verriegelung öffnen.

Im Anschluss hieran ist das Spritzgießwerkzeug aufzufahren, so dass die Entnahme des Artikels erfolgen kann.

Aus Raumgründen werden diese Phasen hier nicht dargestellt.

Bevor wir einen Blick ins Programm-Listing werfen, einige Hinweise:

• Zum Aufbau der Formoberfläche sei angemerkt, dass sie aus einer Hintergrundbitmap und überlagerten Bitmaps bzw. Darstellungen mit *Shape* und *Line* besteht. Mittels *Move-*

Methode finden Verschiebungen von Shapes statt (Spritzeinheit). Diese Lösung zeigt ihre Schwächen, da es nicht gelingt,
ein gleichzeitiges Verschieben der einzelnen Shapes zu erzielen. Ergebnis ist eine ruckartige Bewegung.

Die Schwenkbewegung der Verriegelung wird durch Sichtbar-
bzw. Unsichtbarmachen (*Visible*) von Bildteilen erzwungen.

• Bei der Entwicklung einer Demo dieser Art ist besonders
darauf zu achten, dass Fehler in der Darstellung abgefangen
werden. So darf z.B. bei geöffnetem Werkzeug ein Vorfahren
der Düse nicht erfolgen! Testen Sie das Programm auf Fehler
dieser Art.

• Haben Sie z.B. die Düse vorgefahren („Düse vor"), so darf
ein erneuter Klick auf diesen CommandButton nicht ein weiteres Vorschieben der Spritzeinheit bewirken. Auch diese
Fehler sind abzufangen. Wie so etwas geht, können Sie dem
nachstehenden Listing-Auszug entnehmen. Testen Sie das
Programm diesbezüglich, nachdem Sie die markierte Zeile (s.
unten) mit *Rem* herausgenommen haben.

• Ein Programm dieser Art erfordert ausgiebige Tests, möglichst auch von anderen Personen. Mir haben meine Schüler
hierbei geholfen. Sollten Sie dennoch Fehler entdecken, so
wäre ich für eine Mitteilung über den Verlag dankbar.

Spritzgießmaschine, Auszug: *(KP5_5_1\SPRITZ_M.VBP)*

Diese Zeile mit
Rem herausneh-
men und Pro-
gramm testen!

```
Private Sub Command1_Click()          'Düse vor
   Marke = True
   If Image2.Left < 1500 Then Exit Sub
   If Shape1(0).Left <= 3450 Then Exit Sub
   If Shape12(0).Visible = False Then Exit Sub
   flag = False
   Timer1.Interval = 1
   Text1 = "Düse fährt vor": Beep
End Sub
Public Sub Nachdruck()
   Call Pause(4): Beep
   Label6.Visible = True
   Circle (6800, 4000), 300, QBColor(11)
   Label6.Visible = True:  Label7.Visible = False
   For AG = 0 To 90 Step 0.01
     DoEvents
     AB = AG * PI / 180
     y = 300 * Sin(AB)
     x = 300 * Cos(AB)
     Line (6800, 4000)-(6800 + x, 4000 - y), QBColor(13)
     Circle (6800, 4000), 300, QBColor(11)
   Next
   Label6.Visible = False:  Label7.Visible = True: Beep
End Sub
```

Nehmen Sie die Zeile „If Shape1(0).Left..." aus der Command1_Click mit *Rem* heraus, so können Sie die Wirkung bei mehrfachem Klick auf den Command1-Button nachvollziehen. Dies mag Ihnen einen ersten Einblick in die Vielschichtigkeit des Fehlerabfangens in diesem Programm geben.

Eine vertiefte Analyse des ProgrammCodes ist anzuraten. Insbesondere sei auf die Nachdruck-Prozedur hingewiesen (s. ProgrammCode-Auszug). Mit ihr wird auf der Form eine „ablaufende Uhr" erzeugt, so dass die Nachdruckphase Betonung findet. Das eingefügte *DoEvents* ist erforderlich, soll das Label „Nachdruck" (vgl. Bild 5.42) direkt angezeigt werden.

5.5.2

Lösung in:
KP5_5_2
SCHIEBER.VBP

Kräfte auf Seitenschieber

Seitenschieber werden in Formwerkzeugen verwendet, um seitliche Hinterschneidungen an Werkstücken zu erzielen (vgl. **Bild 5.49**). Sie werden hydraulisch oder – wie im Bild dargestellt – mechanisch betätigt. Bevor der Artikel vom Kern abgestreift werden kann, müssen die Schieber seitlich in ihren Führungen verschoben werden, was bei mechanischen Lösungen in der Regel durch Schrägbolzen bewirkt wird.

Bild 5.49:
SCHIEBER.VBP
(Benutzer-
oberfläche)

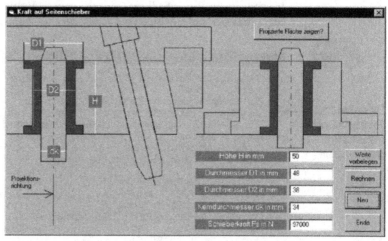

Die projizierte
Fläche ist zu
bestimmen.

Zur Bestimmung der durch den Forminnendruck erzeugten Kraft auf den Seitenschieber muss die so genannte *projizierte* Fläche auf den Schieber errechnet werden. Die Projektionsrichtung ist im Bild 5.49 durch einen Pfeil gekennzeichnet. Bei der Projektion werden alle Punkte des Formhohlraumes in dieser Richtung auf die Schiebertrennebene projiziert. Im Programm ist es möglich, die beim gewählten Spulenkörper zu berücksichtigende Fläche durch Klick auf die CheckBox oben rechts (Caption „Projizierte Fläche...") darzustellen (*MouseDown*-Ereignis, *MouseUp*-Ereignis). Bei diesem Beispiel wurde davon ausgegangen, dass eine Einfachform vorliegt (also mit einem Formnest). Hierunter versteht man ein Werkzeug, bei dem je Zyklus nur ein Artikel erstellt wird.

Die projizierte Fläche **Aproj**, multipliziert mit einem mittleren Forminnendruck **pm** (er wird in der Praxis mit 300 bis 500 bar angenommen), ergibt dann die auf den Schieber wirkende Kraft **Fs** (Berechnungsformel: **Fs = pm * Aproj**).

Die Programmierung ist in den wesentlichen Details aus bereits behandelten Projekten bekannt, so dass hier nur die Command1_Click vorgestellt wird.

Kraft auf Seitenschieber, Auszug: *(KP5_5_2\SCHIEBER.VBP)*

```
Private Sub Command1_Click()
    If Text1 = "" Then
        MsgBox "Erst Werte eingeben", 48, "Hinweis"
        Text1.SetFocus: Exit Sub
    End If
    H = Val(Text1): D1 = Val(Text2): D2 = Val(Text3)
    dk = Val(Text4)
    If dk >= D2 Then
        MsgBox "dk muss kleiner als D2 sein!", 48, "Feh-
ler"
        Text4 = "": Text4.SetFocus: Exit Sub
    End If
    s = (D2 - dk) / 2
    Aproj = (D1 * s * 2 + D2 * (H - 2 * s)) / 100    'cm²
    F = pm * Aproj * 10      'N; Faktor 10 wegen Einheiten
    Text5 = Str$(F)
End Sub
```

Die Fehlerabfangroutine ist einfach gehalten und kann von Ihnen verfeinert werden.

5.5.3 Spritzgießwerkzeug – Fachbegriffe lernen

Lösung in:
*KP5_5_3\
SRITZ_W.VBP*

In diesem Kapitelabschnitt wird ein Lernprogramm, das nicht vollständig ausprogrammiert ist, vorgestellt. Es geht darum, fachspezifische Begriffe eines technischen Systems – hier einer Spritzgieß-Abschraubform zur Herstellung von Kunststoffartikeln mit Innengewinde – zu erlernen. Basis des Lernprogramms ist eine Werkzeugzeichnung, der die technischen Fachbegriffe (z.B. „Abschraubspindel" u.a.) in Labels überlagert sind (**Bild 5.50**). Diese Begriffe werden, sofern man mit der Maus bestimmte Werkzeugbereiche überstreicht, angezeigt. Diese Programmiervariante ist im Bereich der Lagerung der Steilgewindespindel vorgenommen worden. Eine andere Möglichkeit besteht darin, gezielt CommandButton in der Abbildung anzuordnen und durch Anklicken der Button (**Bild 5.50** u. **Bild 5.51**, Button 4) den Begriff sichtbar zu machen.

Bild 5.50:
SPRITZ_W.VBP
(Benutzer-
oberfläche)

Die Zeichnung
wurde in einem
Zeichenpro-
gramm erstellt,
als *.BMP ge-
speichert und in
einem Image
integriert.

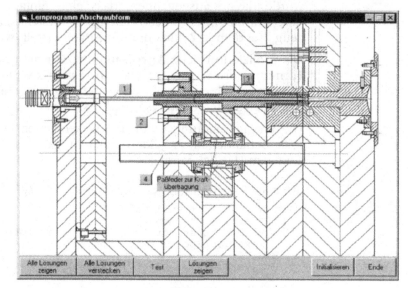

Lässt man die Maustaste wieder los, so wird der Begriff un-sichtbar (Nutzen des **MouseUp**-Ereignisses). Das Programm kann durch einen Test erweitert werden. Klickt man auf den Test-Button, so öffnet sich rechts auf der Form ein Abfrage-feld für die Begriffe (Bild 5.51 rechts). Die Einträge der Be-griffe – Abschluss der Eingabe mittels Return – können über-prüft werden, denn mit dem Verlassen des letzten Textfeldes werden die Begriffe eingeblendet. Auf den Abdruck von Pro-grammCode wird verzichtet, da das Listing selbsterklärend ist.

Bild 5.51:
SPRITZ_W.VBP
(Links: Klick auf
Button 4.
Rechts: Klick auf
Button „Test")

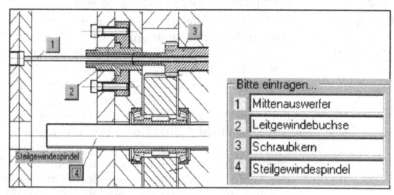

Das oben dargestellte Schieberwerkzeug kann leicht für eine Demo der Abläufe beim Öffnen der Form verwendet werden. Hierbei muss der Schieber, durch den Schrägbolzen gesteuert, die seitliche Hinterschneidung des Werkstücks (Spule) freigeben. Das Programm *BEWEGUNG.VBP* zeigt eine mögliche Lösung, die aber wegen der *Move*-Methode (sie bewirkt Bildschirmflackern) noch verbessert werden kann. Verwendung findet daher erneut die GDI-Funktion *Polygon*, die in einem BAS-Modul wie folgt global deklariert worden ist:

```
Declare Function Polygon Lib "gdi32" (ByVal hdc As _
Long, lpPoint As pointapi, ByVal nCount As Long) As _
Long
```

Aufgabe: Die *Move*-Methode ist durch die *Polygon*-Funktion zu ersetzen!

Die weiteren Programme dieses Verzeichnisses (u.a. eine Entnahmeeinheit für eine Spritzgießmaschine) sind als Analyseübung gedacht.

5.6   Aus der Elektrotechnik

5.6.1   Das Ohm'sche Gesetz

Lösung in:
KP5_6_1
OHM.VBP

In diesem Kapitel wird als erstes die programmtechnische Behandlung des *Ohm*'schen Gesetzes, das in Form eines Nomogramms verarbeitet wird, vorgestellt. Die Benutzeroberfläche ist in **Bild 5.52** dargestellt. Bei diesem Programm wird die Kurvenschar im Diagramm (für jede Kurve ist eine andere Spannung U gewählt, s. TextBoxen rechts am Rand) direkt auf die Form gezeichnet. Da die vorgegebenen Spannungs-

Bild 5.52:
OHM.VBP
(Benutzeroberfläche)

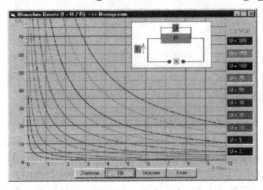

werte untereinander keine Abhängigkeit aufweisen, wurden im Listing – dies wird hier nicht abgedruckt, da es sehr einfach gehalten ist – für die 10 vorgesehenen Kurven 10

Schleifen hintereinander angeordnet. Jeweils nach Beendigung einer Schleife wird der Spannungswert für die nächste Schleife durch Zuweisung gesetzt. Dass dies nicht besonders elegant programmiert ist, leuchtet ein. Auskommentiert finden Sie im Programm eine bessere Lösung (vgl. auch Kap. 5.3.4).

5.6.2

Lösung in:
KP5_6_2
WIDERSTD.VBP

Widerstandsbestimmung

Als Problemstellung wird hier folgende Aufgabe gewählt:

> Zwei *Ohm*'sche Widerstände, die Einzelwiderstände sind unbekannt, ergeben in Reihe geschaltet 600 Ohm Widerstand. Sie sollen bei Parallelschaltung einen möglichst großen Gesamtwiderstand haben. Wie groß müssen die Einzelwiderstände gewählt werden und welcher maximale Gesamtwiderstand ergibt sich dann? Die Zusammenhänge sind grafisch darzustellen.

Da für dieses Projekt keine Eingabe von wechselnden Daten erforderlich ist, wird ein geeignetes Programm dieses Buches – ich habe das Dosenprogramm aus KP4_3_8 gewählt – als Entwicklungsbasis genommen. Hierzu wurden sämtliche Dateien des Projekts „Dose" in das Verzeichnis KP5_6_2 kopiert und dann bearbeitet. Insbesondere war Speichern unter neuem Namen und Anpassen der Programmoberfläche bzw. des Listings erforderlich. Das Ergebnis sehen Sie im **Bild 5.53**.

Bild 5.53:
WIDERSTD.VBP
(Benutzer-
oberfläche)

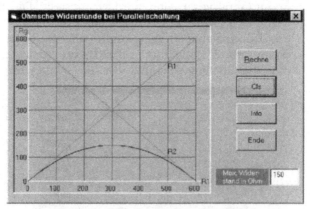

Auf einen Abdruck eines ProgrammCode-Auszugs wurde aus Raumgründen verzichtet. So haben Sie die Möglichkeit, durch eigenes Tätigwerden eine Nachentwicklung des Widerstandsprojektes zu versuchen. Außerdem können Sie die nur teilweise ausprogrammierte Infoform, die die Begriffe Reihen- und Parallelschaltung erläutern soll (mit Berechnungsformeln), erweitern.

5.6.3

Lösung in:
*KP5_6_3\
E_LEISTG.VBP*

Leistungsberechnung bei Wechselstrom

Ohm'sche Widerstände (Glühlampen, Heizöfen...) in Wechselstromkreisen haben denselben Widerstand wie in Gleichstromkreisen. Sie erzeugen Wärmewirkung (Stromwärme). Am Wirkwiderstand sind Spannung und Strom phasengleich. Dies ist in **Bild 5.54** durch die zwei einzeln gezeichneten Sinuskurven dargestellt. Da auch hier zur Berechnung der Leistung die bekannte Formel P = U * I anzuwenden ist, ergibt sich durch Multiplikation der Augenblickswerte von Strom und Spannung des Wechselstroms der Augenblickswert der Leistung. Wie man erkennt, hat die Leistungskurve gegenüber I und U die doppelte Frequenz und liegt ganz im positiven Bereich des Diagramms. Die Wirkleistung (EffektivLeistung) erhält man durch Integration der Fläche unter der Leistungskuve (= Wirkarbeit), in dem man den ermittelten Wert durch die Zeitdauer für einen Phasendurchgang dividiert. Die Wirkleistung ist gleich der Hälfte des Scheitelwerts der Leistung, wie der Flächenvergleich zeigt.

Weitere Details sind dem ProgrammCode zu entnehmen.

Bild 5.54:
E_LEISTG.VBP
(Benutzer-
oberfläche zeigt
pulsierende
Wechselstrom-
leistung)

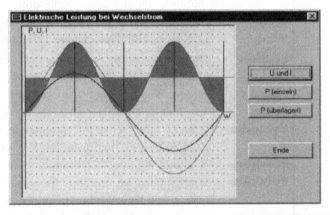

Übung 5.6: Vermischte Aufgaben *(in \KP5_6_Ue)*

1. Das *Ohm*'sche Gesetz lässt sich auch als Funktion U = f(I) darstellen. Hierbei wird R als dritte Variable verwendet. Das Nomogramm hierfür ist zu programmieren.

2. Ein Programm zur Bestimmung des elektrischen Widerstandes von drahtförmigen Leitern ist zu erstellen. Die Drahtlänge l sei die dritte Variable. Formel→ R = *Rho* * l / A (vgl. Tabellenbuch). Hierbei ist *Rho* die spezifische elektrische Leitfähigkeit des Werkstoffs.

Hinweis: Lösungen für die Aufgaben 1 u. 2 liegen nicht vor.

Methode...	Syntax bzw. Besonderheiten
Align- Eigenschaft	Ermöglicht bei Einrichtung von Symbolleisten mit der PictureBox die Wahl der Position auf der Form.
AutoSize- Eigenschaft	Legt fest, ob die Größe eines Labels automatisch so angepasst wird, dass der gesamte Text sichtbar ist.
Floodfill	Ist eine Windows-GDI-Funktion, mit der fest umris-sene Konturen auf einem Formular, z.B. der Kreis-prozess eines Motors, farbig gefüllt werden können. Deklaration und Anwendungsbeispiel s. S. 179.
Gosub Re-turn	Ein Überbleibsel aus alten BASIC-Tagen, aber immer noch gut verwendbar. Unterprogramm, das heute innerhalb einer Prozedur einsetzbar ist. **Syntax: Gosub** <Sprungmarke> Hinter Sprungmarke kommt der ProgrammCode. Die Sprungmarke, z.B. *Weiter:*, muss mit Doppelpunkt abschließen. Nach dem ProgrammCode muss **Return** stehen. Hierdurch erfolgt der Rücksprung in die Zeile, die der *Gosub*-Zeile unmittelbar folgt.
Image- Editor	Hilfsprogramm von Visual Basic, mit dem Sie Icons, Cursor und Bitmaps erstellen können (s. S. 150).
ListBox (Steuer-element)	Die ListBox ist ein Steuerelement von VB. Sie kann zur Aufnahme von Text bzw. Zahlen Verwendung finden. Wichtige Methoden: *AddItem, RemoveItem...*
Pause-Prozedur	VB stellt keine Pauseprozedur zur Verfügung, so dass Sie diese selbst programmieren müssen. Den ProgrammCode hierfür finden Sie auf S. 168.

Polygon PolyLine	Wichtige Windows-GDI-Funktionen zum Zeichnen von Linienzügen und geschlossenen Flächen (Viel-eck...). Die Deklarationszeilen lauten:
	
	```Declare Function Polygon Lib "gdi32" _```
	 ```(ByVal hdc As Long, lpPoint As pointapi, _```
	 ```ByVal nCount As Long) As Long```
	 ```Declare Function Polyline Lib "gdi32" _```
	 ```(ByVal hdc As Long, lpPoint As pointapi, _```
	 ```ByVal nCount As Long) As Long```

Sound	Eine Windows-API-Funktion, die es ermöglicht, im Programm Sounds abzuspielen. Notwendig ist eine Soundkarte. Deklaration und Beispiel s. S. 190f.
Tag- Eigenschaft	Ist eine Eigenschaft vieler Steuerelemente (= String-ausdruck). Bei Zuweisung von Bezeichnungen ... manchmal sehr nützlich (s. S. 161).

6

Über den Rand geschaut –

Andere Anwendungen

In diesem Kapitel finden Sie Informationen zu ...

- Selbstentwickelte Projekte verwalten, Steuerzentrale. Integriert sind: Mini-Textverarbeitung mit Rtf, PopUp-Menü, Bildbetrachter, Dateienverwaltung, u.v.a.
- Eigene Komponenten entwickeln (OOP, Klassen),
- Dateienverwaltung mit Drag & Drop (Dateienprogramm),
- Toolboxen selbst entwickeln (Einsatz, Besonderheiten...),
- Diagramme programmieren (Säulen-, Kreisdiagramm),
- Arbeiten mit Random-Dateien (Speichern, Sichern...),
- Analoguhr und Wecker, vielseitig nutzbar,
- Moderne Oberflächen gestalten (Beispiel: Button),
- Oberflächen lebendig machen (Bewegte Programmbausteine: Demos, Animationen, Simulationen) und
- Ein Spiel gefällig? – Entspannung angesagt, Puzzle.

6.1 Entwickelte Projekte verwalten – Steuerzentrale

Lösung in:
KP6_1
STEUER.VBP

Die Steuerzentrale soll helfen, dass Sie Ihre Projekte zugriffsschnell und sortiert ablegen können. Das Programm hat ein Menü, über welches Sie verschiedenste Aktionen einleiten können (Dateien kopieren und löschen, Verzeichnisse einrichten und entfernen, EXE-Programme – z.B. Explorer, Word, VB – starten ...). Über die Symbolleiste kann man wichtige Programme direkt anwählen und starten. Durch Anklicken von *.FRM, *.VBP und *.WAV-Dateien können Sie erste Infos zu den Dateien erhalten (Dateigröße, Pfad...). Sie können und sollten das Projekt *STEUER.VBP*, das im Quellcode vorliegt, nach Ihren eigenen Wünschen abwandeln. So sind z.B. die Pfade Ihrer Festplatte zu ermitteln und einzuarbeiten usw.

Bei .WAV-Dateien: Soundkarte erforderlich!

Besonderheiten des Projektes

Mit **Shell** bzw. **ShellExecute** Programme ausführen.

- Die Button der Symbolleiste sind als Steuerelementefeld angelegt. Eine *If-Then-ElseIf* verzweigt entsprechend dem Index des Buttons zum zugehörigen ProgrammCode, der dann ausgeführt wird. Verwendet wird die **Shell**-Funktion von *Visual Basic* bzw. die **ShellExecute**-Funktion der Windows-

Zwischenablage

API. Die Syntax zum Aufruf mit Shell können Sie am Beispiel des Aufrufs der Zwischenablage von Windows (nachstehend abgedruckt) analysieren.

Windowstyle:
0–VbHide
1–VbNormalFocus
2... s. Online

```
...
ElseIf Index = 4 Then          'Aufruf Zwischenablage
   Aufruf = Shell("clipbrd.exe", 1)
..'Windowstyle (s. VB-Hilfe, Shell, "1" s. Randleiste)
```

In der Klammer hinter dem Shell-Befehl befindet sich als Stringvariable die aufzurufende Anwendung mit komplettem Pfad. Die hinter dem Komma stehende „1" (Windowstyle) startet die Anwendung in Normalgröße mit Fokus.

Der Benutzeroberfläche (Laufzeit, **Bild 6.01**) können Sie bereits erste grundlegende Informationen entnehmen. Die Darstellung zur Entwurfszeit sollten Sie ebenfalls studieren, da Sie die dort integrierten Steuerelemente, die in Images abgelegten Mauscursor, das später unsichtbar gemachte **PopUp-Menü** (in Menü-Leiste rechts) u.a. erkennen können.

Bild 6.01:
Steuerzentrale
erleichtert das
Arbeiten mit
eigenen Pro-
grammen

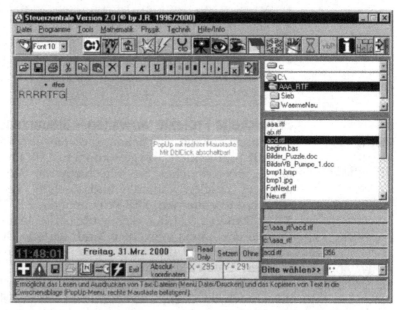

WindowState
0 – normal
1 – minimiert
2 – maximiert

Beim Aufruf größerer Programme mit der Shell-Funktion (z.B. VB) wird der jeweilige ProgrammCode mit nachstehender Zeile abgeschlossen, wodurch die Steuerzentrale minimiert wird (Taskleiste):

```
Form1.WindowState = 1   'Steuerzentrale wird minimiert.
```

Würde diese Zeile auskommentiert, so bliebe die Steuerzentrale auf dem Bildschirm, allerdings im Vordergrund! Eine

ZOrder bestimmt Lage der Steuerelemente.

Abhilfe mit **ZOrder** funktioniert hier nicht. Wird statt *Shell* die *ShellExecute*-Funktion verwendet, so ist dagegen das aufgerufene Programm vorn. Die WindowState-Zeile ist dann nicht erforderlich.

• Findet VB eine Datei nicht, so wäre normalerweise eine Fehlermeldung die Folge. Um dies zu verhindern, wurde am Anfang der Prozedur Command4_Click die Zeile

Fehler mit **Resume Next** abfangen

```
On Error Resume Next
```

als einfache Fehlerabfangroutine eingefügt.

Hierdurch wird die Anzeige des Fehlers und damit das Abbrechen des Programmlaufs verhindert. Um jedoch etwaige Fehler in der Prozedur zu ermitteln, muss diese Zeile mit *Rem* kurzzeitig herausgenommen werden. Weitere Informationen zu **Resume** siehe Handbücher bzw. Online.

• Infos werden über Hotspots und Label eingeblendet.

Mit **Run** kann ein VB-Projekt in der Entwicklungsumgebung direkt gestartet werden. Auszug verkürzt, siehe Listing.

• Eine Besonderheit bringt das Anklicken des „vbP"-CommandButtons (s. Abb. Randspalte), worüber der zugehörige Programmauszug (vgl. Command4_Click) informiert:

```
Case 13              'VB starten von .vbp aus
  If Label5.Caption <> "" And Label5.Caption <> _
  "Start mit Doppelclick" Then
    Clipboard.Clear          'Löscht Zwischenablage
  'integriert Text ins Clipboard (Befehlszeile u. Datei)
    Clipboard.SetText "c:\vb6\vb6/run " & Label8.Caption
    ChDir Label7.Caption       'wechselt Verzeichnis
  ...
  End If
```

Die erforderlichen Daten werden aus den jeweiligen TextBoxen ausgelesen (s.o.). Man erreicht mit diesem Programmabschnitt, dass eine in der FileListBox angewählte *.vbp* (durch Anwahl wird Enabled des Buttons *True*) direkt in VB (wird vorher aufgerufen) gestartet wird! Dies bewirkt der **Run**-Befehl. Ein Doppelklick auf einen .vbp-Dateinamen bewirkt dagegen lediglich den Aufruf von *Visual Basic*.

Timer (Zeitgeber)

• Mit wenig Programmieraufwand lassen sich eine Digitaluhr und das Datum auf der Form anzeigen (Bild 6.01 unten links). Hierzu bringen Sie nur ein Timer-Element auf die Form und legen in der Timer-Prozedur den nachstehenden ProgrammCode ab:

Time (Uhrzeit) u. **Date** (Datum)

```
Private Sub Timer1_Timer()
  Label2.Caption = Time        'Zeigt Uhrzeit an
  Label3.Caption = Format(Date, "dddd, d" & "." & _
  "mmm" & "." & " yyyy")       'Liefert "Wochentag"
End Sub
```

Die Programmzeile „Label3.Caption..." ist hier auf zwei Zeilen umgebrochen (Zeilenfortsetzungszeichen). Mit Hilfe der **Format**-Funktion gelingt es, dem Datum den Wochentag vorzusetzen. Realisiert wird dies durch *Stringaddition* (&).

Ein Einstellen der Zeit bzw. des Datums ist möglich. Hierzu klicken Sie in das jeweilige Labelfeld und rufen damit die Hilfsform (Uhr_Tag) auf, in der Sie die Änderungen vornehmen können (**Bild 6.02**). Bei Datums- bzw. Zeiteinstellung findet die selbe Hilfsform Verwendung, lediglich die Oberfläche etc. ist angepasst.

Bild 6.02:
Hilfsform zum
Einstellen von
Datum o. Zeit
(hier Zeit)

CommonDialog

• Durch Integrieren des Zusatzsteuerelementes *Common-Dialog* wird es möglich, von VB aus Windows-Standarddialoge (Kopieren, Speichern, Drucken...) aufzurufen. Das Symbol **CommonDialog** (s. Randspalte) wird über *Menü Projekt/Komponenten* in die Werkzeugsammlung integriert. Im Fenster *Komponenten* wird die Registerkarte *Steuerelemente* angeklickt und dort die Auswahl getroffen (s. **Bild 6.03**). Schneller kommen Sie hierhin, wenn Sie mit der rechten Maustaste auf die Werkzeugsammlung klicken und dann im PopUp-Menü den Eintrag *Komponenten* anwählen. Markieren müssen Sie das Steuerelement *Microsoft Common Dialog Control 5.0*, danach mit OK abschließen.

Der Aufruf eines Windows-Standarddialogs erfolgt innerhalb eines Projektes durch die Programmzeile:

```
Objekt.Methode
```

Das Objekt ist hier der CommonDialog1.

Als Methode kommen **ShowColor**, **ShowFont**, **ShowHelp**, **ShowOpen**, **ShowPrinter** und **ShowSave** in Frage. Die letztgenannten Methoden sind in der Steuerzentrale in den Prozeduren *Drucken* u. *DateiKopieren* realisiert. Weitere Details zu diesen Methoden sind in der Online zu finden.

Bild 6.03:
Zusatzsteuer-
elemente (OCX-
Controls) inte-
grieren (Projekt/
Komponenten)

Hier markieren →

Ab VB 5.0→.OCX

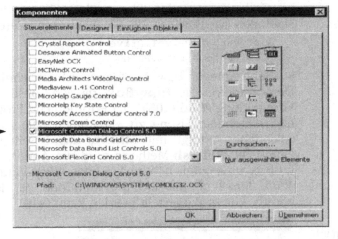

- Klickt man in der **FileListBox** (DateienListBox rechts unten) auf den Namen einer Bilddatei (Endung *.ico, .bmp, .wmf,
.cur, .jpg* bzw. *.gif*) so wird in einer PictureBox mit integrier-
tem Image das zugehörige Bildsymbol angezeigt (Bildbetrachter, s. **Bild 6.04**). Haben Sie dann die PictureBox sichtbar gemacht (Visible = *True*), so ist nur noch die nachstehende Programmzeile einzugeben (s. File1_Click), mit der das
Bild – unter Nutzen der Picture-Eigenschaft des Image-
Objektes – geladen wird:

LoadPicture

```
Form1.image1.Picture = LoadPicture(Label6.Caption)
```

Bild 6.04:
Bildbetrachter
integriert (Maus-
klick ins Bild ver-
größert oder
verkleinert das
Bild)

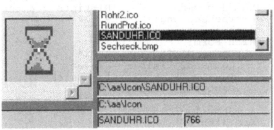

Gehen Sie jetzt mit dem Mauszeiger auf das Bild, so erkennen
Sie einen Mauszeigerwechsel (Lupensymbol mit „+" bzw. „-").
Ein Klick ins Bild wechselt Bildgröße u. Cursorsymbol!

Drive

Dir

File

- Im rechten Bereich der Steuerzentrale finden Sie drei
ListBoxen (von oben nach unten: **DriveListBox**, **DirListBox**
und **FileListBox**). Hiermit können Sie Laufwerke anwählen
(DriveListBox) und Verzeichnisse durchblättern. Angewählte
Dateien können entweder in der TextBox bzw. der Picture-
Box links angezeigt (TextDateien bzw. BildDateien) oder
durch Doppelklick gestartet werden (*.exe, .com, .hlp*). Wichti-

ge Codezeilen finden Sie in den Change-Prozeduren der ListBoxen (vgl. Listing), die Sie genau analysieren sollten:

```
Dir1.Path = Drive1.Drive
File1.Path = Dir1.Path
```

InputBox
MkDir
RmDir
Refresh

• Beim Anlegen bzw. Löschen von Verzeichnissen findet zur Demonstration die **InputBox**, die ich sonst selten einsetze, Verwendung (**Bild 6.05**). Der erforderliche ProgrammCode ist nachstehendem Listing zu entnehmen. Die Anlage des Verzeichnisses erfolgt mit **MkDir**, das Löschen mit **RmDir**. Durch die **Refresh**-Methode wird die Änderung in der File-ListBox unverzüglich berücksichtigt. Verwendung findet eine *With...End With*, mit der ProgrammCode, der dasselbe Objekt betrifft, kürzer dargestellt werden kann (s.u.).

Bild 6.05:
InputBox von VB

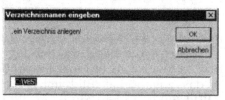

Im Programm
1 Zeile

```
Private Sub Verzeichnisanlegen_Click()
  On Error GoTo Fehlerbehandlung
  Dim Wert
  'Im Listing etwas verfeinert! S. dort!
  Wert = InputBox("..ein Verzeichnis anlegen!", "Ver-
zeichnisnamen eingeben", Label16.Caption & "\")
  MkDir Wert              'Verzeichnis anlegen
  Dir1.Refresh            'DirListBox aktualisieren
Fehlerbehandlung:
  Beep
  With Form3
    .Command1.Caption = "OK"
    .Command2.Visible = False
    .Text1 = "Verzeichnis besteht bereits!"
    .Caption = "Fehler"
    ...                   'Listing verkürzt, s. dort
    .Show 1
  End With
  Form3.Command2.Visible = True
End Sub
```

With ... End With
(hier zur Fehler-
behandlung)

Bild 6.06:
Fehlermeldung
für Form3

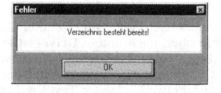

Die aufgerufene Fehlermeldung wird in nebenstehendem **Bild 6.06** gezeigt. Command2 ist ausgeblendet, Command1 und Text werden zentriert.

• Für ausgewählte Dateien können Sie mit der CheckBox am unteren Rand der Steuerzentrale eine selektierte Datei schreibschützen (Read Only). Sie müssen die Box anklicken (Check1.Value = 1 setzt auf *True*) und dann den Button „Setzen" klicken (s. nachstehenden ProgrammCode-Auszug).

ListCount
Selected
SetAttr

```
Private Sub Command1_Click()        'Command "Setzen"
    Dim M As Integer
    For M = 0 To File1.ListCount - 1
        If File1.Selected(M) And Check1.Value = 1 Then
            SetAttr Label6.Caption, vbReadOnly
            File1.SetFocus
        End If
    Next
End Sub
```

Die FileListBox wird auf eine selektierte Datei durchsucht. Wurde sie gefunden, so wird mit **SetAttr** der jeweilige Status (hier Read Only) festgesetzt.

- Über die ComboBox rechts unten (vgl. Bild 6.01) können Sie die in der FileListBox anzuzeigenden Dateien, ihrer Erweiterung entsprechend, auswählen. Weitere Besonderheiten (z.B. **App.Path** in Form1_Load setzt aktuellen Pfad, **Pattern** in File1_PatternChange legt die Dateierweiterungen fest, **Resume** in Drive1_Change u.a.) können Sie durch Analyse selbst ergründen.

App.Path
ChDrive
FileCopy
Pattern
Resume

- Mit der Steuerzentrale können direkt die wichtigen Dateien **Autoexec.bat** und **Config.sys** Ihres Rechners eingelesen und verändert werden. Hierzu sind die CommandButton links unten auf Form1 (s. Bild 6.01) zu verwenden. Der Einsteiger sollte beim Ändern dieser Dateien Vorsicht walten lassen!

Windows
verlassen
über den Button
„Exit"

- Sichten Sie in der selben Reihe die Hotspots der anderen Button, so entdecken Sie einen Button, der es ermöglicht, Windows direkt zu beenden. Dies erfolgt unter Nutzen der Windows-API-Funktion **ExitWindows**. Diese ist, wie Sie bereits wissen, global gültig zu deklarieren, was – wie gewohnt – im BAS-Modul erfolgt ist (s. dort). Aber auch hier Vorsicht! Haben sie nämlich ein anderes Programm zwischenzeitig, ohne Ihre Arbeitsergebnisse zu speichern, vorher in der Windows-Taskleiste abgelegt, so geht Ihre Arbeit evtl. verloren!

ToolBox
integrieren

- In der gleichen Reihe finden Sie zudem einen Button, der den Aufruf einer Toolbox – hier ist die aus Kapitel 6.3 integriert – ermöglicht. Der Aufruf könnte, wie Sie wissen, in der Weise erfolgen, dass Sie von der Toolbox eine EXE erstellen und diese mittels *Shell*-Funktion aktivieren. Hier wurde ein anderer Weg gewählt, nämlich der der Integration der Toolbox1.frm. Hierzu können Sie aus dem Toolprojekt die .frm kopieren und in das Verzeichnis der Steuerzentrale einfügen.

Diese Form müssen Sie unter VB dann dem Projekt hinzufügen und im Programm mit *Show* aufrufen.

**Standard-
Bildschirm-
schoner**

- Mit dem Command4-Button der Hauptsymbolleiste (Index 10, Symbol s. Randleiste) können Sie den auf Ihrem Rechner eingesetzten Standard-Bildschirmschoner aktivieren. Die Programmzeile, die dies ermöglicht, lautet:

```
ResL& = SendMessage(Me.hwnd, WM_SYSCOMMAND,
SC_SCREENSAVE, 0&)        'Im Programm eine Zeile!
```

Eine Bewegung mit der Maus beendet das Bildschirmschonerprogramm. Diese Einschaltmöglichkeit ist bisweilen recht nützlich. Test!

**PopUp-Menü
für die rtf-TextBox**

- Das oben erwähnte PopUp-Menü wurde in seinem Aufbau mit dem Menü-Editor von VB erstellt (ganz unten, als anhehängtes Menü, mit den gewählten Menüeinträgen). Beim Start des Programms wird es dann als Menü-Angebot der Menüleiste versteckt (PopMenu.Visible False, s. Load). Zum Aufruf (mit der rechten Maustaste) gelangt es nur in der rtf-TextBox. Deshalb sind die Menüeinträge auch hierauf abgestimmt festgelegt worden (Ausschneiden...). Der Aufruf geschieht mit der Methode PopupMenu (s. Text1_MouseDown):

```
If Button = 2 Then PopupMenu PopMenu
```

rtf-TextBox

- Um die rtf-TextBox zu öffnen, müssen Sie in der Hauptsymbolleiste den Button ganz links anklicken. Das rtf-Fenster mit einer eigenen Symbolleiste (**Bild 6.07**) öffnet. Zudem wird in der Hauptsymbolleiste eine ComboBox zur Einstellung der Schriftgröße eingeblendet. Wie die rtf-Symbolleiste zeigt, können Sie hier übliche Dateienaktionen ausführen, aber auch die Schriftfarbe wechseln und Einrückungen vornehmen. Ein intensives Testen ist allerdings angesagt, denn das Programm hat in diesem Bereich noch einige offensichtliche Mängel, die ich in der Vorbereitungszeit für diese zweite Auflage nicht mehr sämtlich abstellen konnte.

Bild 6.07:
Symbolleiste der
rtf-TextBox

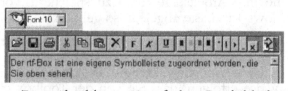

**GetWindowRect
SetCursorPos**

- Zum Abschluss sei auf den Startbildschirm hingewiesen, der die ProgrammInfo zeigt. Der Mauszeiger wird über API_Funktionen (s. Randleiste u. die Sub ZentriereMauszeiger im BAS-Modul) auf dem CommandButton zentriert. S.a. die Alternative im Listing. Ein Timer findet keine Verwendung.

6.2 Eigene Komponenten entwickeln – OOP, Klassen

Lösungen in:
KP6_2\
KREIS_A.VBP

Seit Visual Basic 4 können eigene Objekte – so genannte Objektklassen – definiert bzw. programmiert werden. Mit dieser **objektorientierten Programmierung** (OOP = **O**bject **O**riented **P**rogramming) wollen wir uns in diesem Kapitel befassen. Die Vorteile der Programmierung mit Klassen werden Sie bei der Analyse der beigefügten Projekte später von selbst entdecken. Deshalb steigen wir ohne lange theoretische Erörterungen direkt in die Programmierung von Klassen ein, indem wir die zwei wesentlichen Schritte beim Einfügen einer Klasse in ein Projekt – ergänzt um die notwendigen Informationen – in Tabellen zusammenstellen.

Tabelle 6.01: Erstellen einer Klasse

Schritt 1	Erstellen einer Klasse (= eines Klassenmoduls)	Ein OBJEKTTYP entsteht
Infos:	a) Über das **Menü Projekt/Klassenmodul** hinzufügen wird ein Klassenmodul in das vorhandene Projekt integriert. Die Hinzufügung kann auch über die Symbolleiste (Symbol Formular hinzufügen/Klassenmodul) vorgenommen werden. b) Es wird ein Standardmodul namens Class1.CLS ins Projekt aufgenommen. c) Klassenmodule ***.CLS** haben wie *.BAS-Module **nur** Quelltext, was Sie im Projektexplorer sehen. d) Der Objekttyp stellt im Rahmen der Programmierung mit Klassen quasi das Konstruktionsprinzip für zu erzeugende Instanzen der Klasse (Objekte) dar. Im Objekttyp werden Eigenschaften (Attribute) und Methoden (Operationen) der Klasse definiert/programmiert. e) Die Eigenschaften, die von außen her zugänglich sein sollen, werden als **Public**-Variable definiert (öffentliche Variable). f) In der Klasse selbst können weitere Eigenschaften, die nicht von außen zugänglich sind, deklariert werden (**Private**, d.h. nicht öffentlich). g) Werden Windows-API-Deklarationen in der Klasse verwendet, dann müssen sie im Klassenmodul deklariert werden, denn ein Zugriff auf im Formmodul oder einem BAS-Modul deklarierte API's kann von der Klasse aus nicht erfolgen.	

Tabelle 6.02: Erstellen der Instanz einer Klasse

Schritt 2	Erstellen der Instanz einer Klasse	Ein OBJEKT entsteht (= Instanz der Klasse)
Infos:	Die Bildung der **Instanz** der Klasse geschieht innerhalb des Projektes im ProgrammCode des Formmoduls. Wir unterscheiden zwei Wege: **1. Weg** (Zur Bildung der Instanz der Klasse sind zwei Schritte erforderlich)**:** a) Im ersten Schritt wird eine **Referenz** auf eine allgemeine Objektvariable vom Typ **Object** gebildet. Dies geschieht im Bereich *Allgemein* des Formmoduls mit der Zeile: ***Dim ZeichneKreis As Object*** Hierbei sei zu Grunde gelegt, dass Sie eine Instanz namens ***ZeichneKreis*** erzeugen wollen. b) Im zweiten Schritt erfolgt dann die Erzeugung der Objektvariablen, also der Instanz des Objekttyps. Dies erfolgt in der Regel in der Load-Prozedur des Formmoduls, und zwar mit der Programmzeile ***Set ZeichneKreis = New ClsZeichne*** Hierbei ist angenommen, dass **ClsZeichne** der Name der Klasse (also des Objekttyps) ist, den Sie ins Projekt integriert haben. ***ZeichneKreis*** ist der Name der Instanz dieser Klasse. Das hier beschriebene Vorgehen bei der Erzeugung der Instanz (in der Literatur wird zuweilen auch von Instanzierung gesprochen) bezeichnet man als **Späte Bindung** (Late Binding). **2. Weg** (Zur Bildung der Instanz der Klasse ist nur ein Schritt erforderlich): Dies geschieht mit einer einzigen Zeile im Feld *Allgemein* Ihres Formmoduls: ***Dim ZeichneKreis As New clsZeichne*** Hierbei wird nicht erst über die Erzeugung einer Referenz auf eine allgemeine Objektvariable verwiesen, sondern VB wird direkt und früh bekannt gemacht, welcher Objekttyp (= *clsZeichne*) konkret gemeint ist. Dies nennt man **Frühe Bindung** (Early Binding), die zu bevorzugen ist.	

Um Ihnen die wesentlichen Zusammenhänge verständlich zu machen, wird ein ganz einfaches Projekt – wir wählen das ganz am Anfang unseres Lehrgangs erörterte Projekt **KREIS_A.VBP**, das Sie aus dem Kapitel **KP3_1_1** kennen – so umgebaut, dass nach der Umgestaltung die wesentlichen Rechenoperationen in einem Klassenmodul abgewickelt werden. Hierbei soll die Standardeigenschaft **Radius** weiterhin vom Formmodul aus eingelesen werden, die Berechnung der Kreisfläche aber im Klassenmodul (bzw. seiner Instanz) erfolgen. Auch die erforderliche Kreiszahl **Pi** wird hierbei als Konstante ins Klassenmodul verlegt.

Dass dies – bei diesem einfachen Beispiel – noch keinen besonderen Nutzen bringen kann, leuchtet ein. Der Vorteil aber ist dennoch offenkundig: Sie erlernen die wesentlichen Details an einem wirklich einfachen Beispiel, so dass es von hier aus einfach wird, in komplexere Projekte vorzudringen.

In einer **Schritt für Schritt-Anleitung** wird jetzt das Vorgehen bei der Programmierung mit Klassen erläutert. Hierbei soll das von VB bereitgestellte Werkzeug, der so genannte **Klassengenerator**, verwendet werden. Jetzt zum Vorgehen:

VB-Werkzeug:
Klassengenerator

• Zuerst kopieren wir das Ursprungsprojekt (Kreis_A.VBP aus KP3_1_1) in ein neues Verzeichnis und rufen es dann in VB 6.0 auf.

• Dann wird dem Projekt ein **Klassenmodul** hinzugefügt. Dies geht – wie in obigen Tabellen erläutert – auf zwei Wegen, wobei das Hinzufügen über die Symbolleiste in **Bild 6.08** gezeigt ist.

Bild 6.08:
Klassenmodul dem Projekt hinzufügen

- Im Fenster „Klassenmodul hinzufügen", das sich jetzt öffnet, markieren Sie das Symbol **VB-Klassengenerator**. Mit Klick auf den Button „Öffnen" schließen Sie diese Aktion ab.
- Der Klassengenerator zeigt sein Gesicht (anfangs noch alles leer, vgl. **Bild 6.09**).

Bild 6.09:
Klassengenerator
nach dem Start

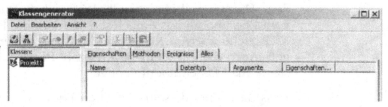

- Streichen Sie mit dem Mauszeiger über die Symbole des Klassengenerators, so ist es das erste Symbol links (Hotspot: „Neue Klasse hinzufügen"), das Sie anklicken müssen.
- Ein Fenster öffnet, in dem Ihnen für die Klasse der Standardname **Class1** angeboten wird (**Bild 6.10**). Diesen Namen ändern wir in **cls_Kreisflaeche**. Die Buchstaben „cls" geben an, dass es sich um eine Klasse handelt, der Name danach beschreibt Zweck des Projektes. Abschluss mit Klick auf OK.

Bild 6.10:
Klassenmodulge-
nerator erlaubt
Festlegung von
Eigenschaften

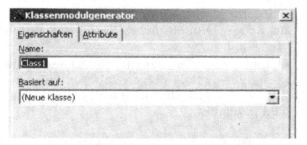

- Das Ergebnis sehen Sie in **Bild 6.11**. Die restlichen Button im Klassengenerator sind nutzbar geworden, denn das Enabled der Button ist im Generator auf True gesetzt worden.

Bild 6.11:
Klassengenerator
nach Festlegung
des Namens der
Klasse

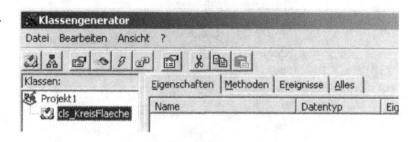

- Der Button mit dem Handsymbol (der links liegende) hat den Hotspot „Neue Eigenschaft zur aktuellen Klasse hinzufügen". Diesen Button klicken wir an, denn wir wollen zwei **Eigenschaften** einrichten (**Radius** und **KreisFlaeche**).
- Im sich jetzt öffnenden Fenster (**Bild 6.12**) vergeben Sie einen Namen (Radius), legen den Datentyp fest (Double) und erklären diese Eigenschaft zur Standardeigenschaft (Option-Button unten). Mit OK abschließen.

Bild 6.12:
Eigenschaftenge-
nerator nutzen

- In gleicher Weise verfahren Sie mit der Eigenschaft *KreisFlaeche*, wobei nur die Checkbox unten nicht angeklickt wird. Das Ergebnis sehen Sie in **Bild 6.13**.

Bild 6.13:
Eigenschaften der
Klasse (Radius u.
Kreisflaeche)

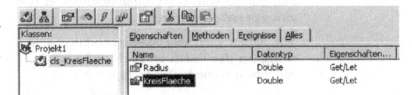

- Hiernach öffnen Sie im Klassengenerator das Menü Datei und klicken auf **Projekt aktualisieren** (**Bild 6.14**).
- Ein Blick in den Projekt-Explorer (**Bild 6.15**) zeigt, dass sich eine **cls_Kreisflaeche** der Form1 im Projekt hinzugesellt hat. Im Eigenschaftenfenster sehen Sie den von Ihnen vorgegebenen Namen cls_Kreisflaeche. Weiter erkennen Sie, dass dieses Objekt selbst keine eigene Oberfläche hat, so wie die Ihnen bereits bekannten BAS-Module. Das Cls-Modul besteht nur aus ProgrammCode.

Bild 6.14:
Projekt
aktualisieren

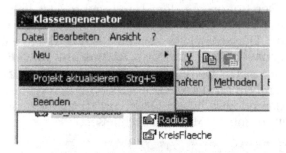

Bild 6.15:
Ein Blick in den
Projektexplorer

- Im ProgrammCode-Fenster der Klasse sehen wir, dass der Klassengenerator wichtigen ProgrammCode für das Klassenmodul bereit gestellt hat. Sollten Sie jetzt denken: Das war ja einfach!, so wird der Programmstart – er führt zu nichts – Sie eines Besseren belehren.

Wir haben zwar das Klassenmodul erstellt, aber die **Anbindung an die Form** ist noch nicht erfolgt. Auch wurden die Algorithmusteile bisher nicht integriert.

Befassen wir uns zuerst mit der Formanbindung.

Um die Änderungen gegenüber der ursprünglichen Programmierung zu betonen, habe ich die Ursprungszeilen auskommentiert, so dass sie ohne Funktion werden. Die „Arbeit" soll ja jetzt vom Klassenmodul (bzw. von einer Instanz dieses Moduls, die wir einrichten müssen) geleistet werden.

Zeile 1 →

```
'Referenz auf Objektvariable vom Typ Object
    Dim i_KreisFlaeche As Object

Private Sub Form_Load()
    'Instanz der Klasse ('i') wird eingerichtet
    Set i_KreisFlaeche = New cls_KreisFlaeche
End Sub

Private Sub Command1_Click()      'Rechnen
'Ursprünglicher Text im Kreisprojekt
'Deklaration auf Prozedurebene
'Dim R!, A!'Deklaration von R u. A als Single
'Const PI = 3.141593           'Test: Ohne Const
'R = Val(Text1.Text) 'Inhalt von Text1 wird
                    'Variable R zugewiesen (Eingabe)
'A = R ^ 2 * PI  'Berechnung von Fläche A
'Text2.Text = Str(A) 'A in Text2 ausgeben

'Neu: Mit Klasse
    'Inhaltes v. Text1 einlesen in Variable Radius
    i_KreisFlaeche.Radius = Val(Text1.Text)
    'Ausgabe des Rechenwertes in Text2
    Text2.Text = Str(i_KreisFlaeche.KreisFlaeche)
    Command2.SetFocus         'Fokus an Command2
End Sub

Private Sub Command2_Click()       'Neu
    Text1.Text = ""             'Löscht TextBox1
    Text2 = ""            'auch ohne ".Text" möglich
    Text1.SetFocus        'Fokus an Text1 übergeben
End Sub

Private Sub Command3_Click()       'Beenden
    Set i_KreisFlaeche = Nothing  'Objekt freigeben
    End
End Sub
```

Zeile 2 → (at Set i_KreisFlaeche = New line)

Zeile 3 →

Zeile 4 →

Zeile 5 →

Die wichtigen Zeilen befinden sich im Feld *Allgemein* (**Zeile 1:** Referenz auf eine Objektvariable vom Typ Object) und der Load-Prozedur (**Zeile 2:** Erzeugen der Instanz).

Späte Bindung mit Schlüsselwörtern Set und New

Wichtige Schlüsselworte dieser **Späten Bindung** (s. Tabellen vorn) sind **Set** und **New**. In **i_KreisFlaeche** (i steht für Instanz) ist durch **Set** ein Verweis auf das aktive Fenster gespeichert worden, also eine reguläre Zuweisung erfolgt. Das Schlüsselwort **New** ist erforderlich, um die eigentliche Instanz der Klasse zu bilden. Die Erzeugung der Instanz können Sie hier mit wenig Aufwand auch mittels **früher Bindung** durchführen. Testen Sie selbst. Hierzu die erforderliche CodeZeile aus **Tabelle 6.02** nehmen und anpassen.

Kommen wir jetzt zum eigentlichen Ansprechen der Variablen **Radius** und **KreisFlaeche**.

Die **Zeile 3** des Programms lautet:

Zuweisung eines Wertes zu einer Klassenvariablen

```
i_KreisFlaeche.Radius = Val (Text1.Text)
```

Diese Zuweisung ist Ihnen im Prinzip schon lange bekannt. Aus einer TextBox *Text1* weisen Sie der Radius-Eigenschaft der Klasseninstanz einen Zahlenwert (Val-Funktion) zu. Name der Instanz: **i_KreisFlaeche**, Name der öffentlichen Variablen: **Radius**.

Zeile 4 zeigt die Ausgabe einer Variablen (hier *KreisFlaeche*) von der Instanz aus in eine TextBox der Form.

Einlesen eines Variablenwertes in ein Formobjekt

```
Text2.Text = Str(i_KreisFlaeche.KreisFlaeche)
```

In **Zeile 5** sehen Sie, wie man das Objekt wieder frei gibt:

Nothing (zertört eine Instanz)

Set i_KreisFlaeche = Nothing

Hierdurch wird die Instanz der Klasse wieder zerstört (unter Freimachen von Arbeitsspeicher). Es gehört zum guten Programmierstil, innerhalb der Abarbeitung eines Projektes die Instanz einer Klasse zu erzeugen, sie am Ende aber wieder auf *Nothing* zu setzen, sie also zu zerstören.

Mit diesen Schritten haben Sie das Formobjekt an das Klassenmodul „angebunden". Aber „rechnen" kann das Projekt immer noch nicht. Dieser letzte erforderliche Schritt soll jetzt erörtert werden. Wir beginnen mit einem Blick in den ProgrammCode des Klassenmoduls, den ich Ihnen hier – wegen seiner grundlegenden Bedeutung – komplett hergesetzt habe:

Klassenmodul, ProgrammCode: *(KP6_2_1\KREIS_A.VBP)*

```
'lokale Variable(n) z. Zuweisen d.Eigenschaft(en)
Private mvarRadius As Double 'lokale Kopie
Private mvarKreisFlaeche As Double 'lokale Kopie

'Lokale Konstante, hier Kreiszahl
Private Const PI = 3.141593
'Funktioniert auch mit Const PI = 3.141593
```

Let-Prozedur → (im Programm eine Zeile)

```
Public Property Let KreisFlaeche(ByVal vData As
Double) '[Schreiben]
'wird beim Zuweisen eines Werts zu der
'Eigenschaft auf der
'linken Seite einer Zuweisung verwendet.
'Syntax: X.KreisFlaeche = 5
    mvarKreisFlaeche = vData
End Property
```

Get-Prozedur →
```
Public Property Get KreisFlaeche() As Double
'[Lesen]
'wird beim Ermitteln e. Eigenschaftswertes auf
'der rechten Seite einer Zuweisung verwendet.
'Syntax: Debug.Print X.KreisFlaeche
'KreisFlaeche = mvarKreisFlaeche  'Ursprünglich
```
Hier Anpassen →
erforderlich
(Berechnung)
```
   KreisFlaeche = Radius ^ 2 * PI        'So oder
  'KreisFlaeche = Radius * Radius * PI  '← so
End Property
```
```
'[Wert zuweisen,Eigenschaft festlegen, Schreiben]
Public Property Let Radius(ByVal vData As Double)
'wird beim Zuweisen eines Werts zu der
'Eigenschaft auf der linken Seite einer Zuweisung
'verwendet. Syntax: X.Radius = 5
    mvarRadius = vData
End Property
```
```
Public Property Get Radius() As Double    '[Lesen]
'wird beim Ermitteln eines Eigenschaftswertes auf
'der rechten Seite einer Zuweisung verwendet.
'Syntax: Debug.Print X.Radius
    Radius = mvarRadius
End Property
```

Die von mir vorgenommenen Änderungen bzw. Erweiterungen sind am Seitenrand (Marginalspalte) markiert und kurz erläutert. Fast alle Zeilen im ProgrammCode wurden vom Klassengenerator erzeugt. Ausnahme sind die in eckigen Klammern beigegebenen Kommentare und die von mir betonten Zeilen.

Im Kernpunkt stellen Sie fest:

Konstante → • Konstante Größen werden – wie gewohnt – im Feld *Allgemein* deklariert; nur jetzt nicht in der Form, sondern im Klassenmodul.

• Für jede Eigenschaft, die Sie festlegen, erzeugt der Klassengenerator **zwei** Prozeduren

Get-Prozedur →
Let-Prozedur
a) eine **Get-Prozedur** zum *Lesen* des Wertes und
b) eine **Let-Prozedur** zum Festlegen (*Schreiben*) des Wertes.

Bei zwei Eigenschaften (*Radius* und *KreisFlaeche*) erhalten Sie also vier Prozeduren; und nur eine einzige hiervon müssen Sie in unserem Beispiel, damit das Ganze auch funktioniert, in einer Zeile ändern. Und dies ist die **Get-Prozedur der KreisFlaeche**, denn ehe gelesen werden kann, muss – unter Verwendung des zugewiesenen Radius' – der Rechenwert für *KreisFlaeche* ermittelt worden sein.

Die ursprüngliche Zeile

```
KreisFlaeche = mvarKreisFlaeche
```

wurde auskommentiert und ersetzt durch

Rechnung →

```
KreisFlaeche = Radius ^ 2 * Pi.
```

Hier also ist unsere Rechenformel integriert.

Und damit sind wir am Ende unserer ersten Klassenprogrammierung. Doch bevor Sie dies Ganze jetzt erst mal in Ruhe betrachten und ausprobieren, sollten Sie noch zwei kleine Aktionen vornehmen.

Objektkatalog
(mit **F2** aufrufen)

Die erste besteht darin, dass Sie mit der Funktionstaste „**F2**" den **Objektkatalog** aufrufen. Wie Sie diesem in der Rubrik <Alle Bibliotheken> entnehmen können (**Bild 6.16**), ist unsere Klasse **cls_KreisFlaeche** in der Bibliothek im Alphabet eingereiht. Klicken Sie darauf, so werden Ihnen im Feld daneben die „Mitglieder" von **cls_KreisFlaeche** aufgelistet.

Bild 6.16:
Ein Blick in den Objektkatalog (F2)

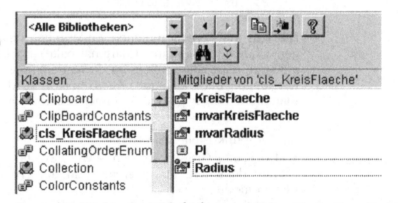

Es sind 5 Stück, wie Bild 6.16 verdeutlicht: *Pi, Radius, KreisFlaeche* und die beiden nicht öffentlichen Variablen *mvarRadius* und *mvarKreisFlaeche*. Die Konstante **Pi** und diese beiden Variablen sind von außen her – also vom Formmodul aus – nicht zugänglich; „abgekapselt" sagt man. Durch diese **Kapselung** – der Begriff hat bei der Klassenprogrammierung eine große Bedeutung – erreicht man eine Abschirmung von Variablen, Konstanten und Methoden, so dass sie von außen her nicht zugänglich sind. Bei unserem Projekt ist eigentlich auch die Public-Variable KreisFlaeche „gekapselt", denn wenn Sie das Projekt nach einer Kompilierung zu einer EXE-Datei verwenden, können Sie immer nur „schreibend" (Let-Prozedur) auf die Variable *Radius* einwirken. Die Variable *KreisFlaeche*

Kapselung →

wird klassenintern errechnet und dann öffentlich gemacht (mitgeteilt), aber immer nur gelesen.

**Einzelschritt-
modus mit F8**

Die weitere Aktion, die ich empfehle durchzuführen, besteht darin, das gesamte Projekt im **Einzelschritt-Modus** durchlaufen zu lassen. Hierzu betätigen Sie – wiederholt – die Funktionstaste „**F8**". Dabei wird Ihnen jeweils im ProgrammCode – gelb markiert – angezeigt, welche CodeZeile im Moment abgearbeitet wird. Der Ablauf beginnt mit der Form_Load. Danach wird der Codebereich verlassen, die Form wird sichtbar und Sie müssen einen Wert für *Radius* in die TextBox eingeben und mit Klick auf den Rechne-Button bestätigen. Erst hiernach geht es mit dem zeilenweise markierten Codebereich weiter. Wenn Sie dann das Projekt – schön langsam Schritt für Schritt – weiter durchlaufen, können Sie deutlich das Zusammenspiel zwischen Form- und Klassenmodul verfolgen. Hierbei die Vorgänge im Projekt-Explorer beobachten!

Sie erkennen, dass nach Erreichen der Zeile

```
I_KreisFlaeche.Radius = Val (Text1.Text)
```

und erneutem Betätigen von „F8" von *Form1* zur Klasse *cls_KreisFlaeche* gewechselt wird. Der Wert für *Radius* wird in die interne Klassenvariable *mvarRadius* eingelesen, die sich in der Let-Prozedur *Radius* befindet. Ist dies erfolgt, wird das Klassenmodul wieder verlassen und wir sind in der nächsten Zeile der Command1_Click auf Form1. Hiernach geht's aber unmittelbar wieder ins Klassenmodul zurück, denn eine Zuweisung der Eigenschaft *KreisFlaeche* von der Klasse aus an Text2 auf der Form ist ja erst möglich, wenn zuvor der Wert auch ermittelt worden ist. Also zurück in die Klasse und den Wert für *KreisFlaeche* lesen (Get). Zu lesen ist aber nicht direkt etwas, sondern erst muss - klassenintern - gerechnet werden. Hierzu fehlt *Radius*! Also Sprung nach **Get Radius** und Wert lesen, der in *mvarRadius* abgelegt war und jetzt *Radius* zugewiesen werden kann. Jetzt zurück, rechnen und wieder zu Form1, wo dann die Anzeige in Text2 erfolgen kann.

Ersetzen Sie zum Abschluss die aktive Rechenzeile durch

```
KreisFlaeche = Radius * Radius * Pi,
```

so können Sie deutlich erkennen, dass die Get-Prozedur zwei Mal zum Lesen von *Radius* durchlaufen wird. Innere Abläufe werden durchschaubar und jetzt erst verstehbar. Diese Abläufe sind sehr aufschlussreich; versäumen Sie es daher nicht, sie zu untersuchen.

Projekt HALBKUGEL.VBP in Kp6_02_1_1

Dieses Projekt zeigt, so wie es realisierbar ist, nach Eingabe einer beliebigen Variablen (möglich sind *Radius*, *Volumen*, *Oberfläche* bzw. *Schwerpunktabstand*) die jeweils fehlenden 3 anderen Größen an. Der Unterschied zum soeben besprochenen Projekt ist sehr gering, so dass wir hier nicht ins Detail zu gehen brauchen. Eine Analyse wird allerdings empfohlen. Insbesondere sollten Sie dieses Projekt mit dem Programm **KREIS_V4.VBP** (Kapitel 3.2.4) vergleichen, in dem wir dasselbe Problem auf klassischem Wege (Change-Prozeduren) gelöst hatten. Die damalige Lösung war ungleich aufwändiger, so dass man hier bereits einen Vorteil der Klassenprogrammierung sehen kann.

Mehrfacheingaben verhindern

Um im Projekt, darauf sei noch hingewiesen, **Mehrfacheingaben** zu verhindern, werden zwei verschiedene Schritte vorgesehen:
a) Bei Mausklick in eine beliebige Box werden sämtliche Textboxeninhalte gelöscht.
b) Ein Weitersetzen des Fokus mittels Tab-Taste wird unterbunden (*Tabstop* der TextBoxen auf *False* gesetzt).

Damit wollen wir die Betrachtung dieses Projektes beenden und uns dem hieraus entwickelten Projekt **HALBKUGEL.VBP** in **KP6_02_1_2** zuwenden. In diesem Projekt ist eine PictureBox vorgesehen, um die Halbkugel und den errechneten Schwerpunktabstand zeichnerisch darzustellen. Mit der Bestimmung von Eigenschaften allein ist dies nicht zu erreichen. Hier muss eine Methode her, mit der gezeichnet wird. Im Projekt wurde dieser Methode der Name **ZeichneHalbkugel** gegeben. Dem Klassenmodul entnehmen Sie, dass es eine **Public Sub ZeichneHalbkugel** gibt, in der ganz verschiedene Visual Basic Methoden (*Scale*, *Cls*, *Circle*, *Line*) und die Anweisung *Print* zu einer komplexen Methode zusammengefasst sind. Diese öffentliche Prozedur (*Public*) stellt klassenintern die Methode dar. Der Zugriff auf sie kann vom Formmodul aus mit der Zeile

Die Methode ZeichneHalbkugel – in ein Klassenmodul gelegt

Aufruf →

```
i_Halbkugel.ZeichneHalbkugel
```

erfolgen. Die wird genauso durchgeführt, wie wir es von VB her kennen: Erst den Namen nennen (hier den der eingerichteten Instanz der Klasse clsHalbkugel), dann kommt der Trennpunkt und danach der Name der Methode. Da die beiden Halbkugel-Projekte in den anderen Bereichen sehr ähnlich und leicht durchschaubar sind, wollen wir die Betrachtung derselben mit einem Blick auf die Formoberfläche des zweiten Projektes (Laufzeit), in dem also die Zeichenmethode realisiert ist, beschließen (**Bild 6.17**).

Bild 6.17:
HALBKUGEL.VBP
mit integrierter
Methode

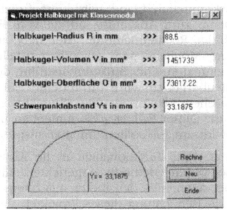

Ganz ähnlich aufgebaut sind die Projekte KUGEL.VBP in den Kapiteln KP6_02_2_1/2. Einziger wesentlicher Unterschied ist, dass während der Eingabe eines Wertes in einer beliebigen Box unmittelbar die Ausgabe der Rechenwerte in den anderen Boxen erfolgt, während gleichzeitig in der PictureBox gezeichnet wird. Feinheiten sollten jedoch beachtet werden. So kommt z.B. eine **KeyUp-Prozedur** vor, mit der man beim Löschen eines Boxeninhaltes erreicht, dass sämtliche Inhalte auch der anderen Boxen gelöscht werden. Auch sollten die If-Bedingungen in dieser Prozedur genau durchdacht werden, ebenso wie der veränderte Methodenaufruf zum Zeichnen.

Im zweiten Projekt **KUGEL.VBP** (KP6_02_2_2) sind sämtliche Rechnungen ins Klassenmodul verlegt worden. auf der Form werden nur die Eigenschaften in TextBoxen geschrieben und es werden die Methoden **Zeichne** bzw. **Rechne** aufgerufen.
Ein genauer Vergleich beider Projekte wird zur analyseübung empfohlen. Zu beachten ist, dass die Rechnungen im ersten Projekt noch in den Get/Let-Prozeduren vorgenommen wurden. Dies ist im zweiten Projekt unterblieben, was jedoch eine eigene Rechne-Prozedur erfordert. Aber sichten Sie selbst.

Projekt PYTH(agoras).VBP in KP6_02_3:

In diesem Projekt ist es – vgl. hierzu unser Pythagorasprojekt in KP4_1_1 – erforderlich, zwei variable Größen einzugeben. In einem Projekt, in dem die Rechnung in einem Klassenmodul erfolgen soll, sind also die beiden Variablen an das Klassenmodul zu übergeben. Im Formmodul werden „normale" Programmieraufgaben bewältigt (Option bezüglich der gegebenen Größen festlegen; leere Boxen abfangen u.ä.). Da Sie dies bereits alles beherrschen und die Bereiche zudem weitgehend auskommentiert sind, wird hierauf nicht weiter eingegangen. Dann, zum Abschluss, erfolgt vom Formmodul aus der Aufruf der Rechenmethode. Hier habe ich Ihnen zwei verschiedene Möglichkeiten gegenübergestellt. So wird die Rechnung einmal in einer **Sub** durchgeführt, der die gewählte Option mit übergeben wird. Im anderen Fall ist eine **Function** vorgesehen, die ohne eine Übergabe von *Index* programmiert ist. Dieser Fall ist auskommentiert und demzufolge also nicht wirksam; Sie sollten ihn aber ausprobieren.

Damit etwas mehr Funktionalität in die Klasse gelegt wird, wurde eine weitere Methode eingerichtet, nämlich **Zeichne-Bild**, wobei auch hier der Index mit übergeben wird. Wir schließen die Betrachtung dieses Projektes, das ich vorrangig für Analysezwecke vorgesehen habe, mit einem Blick in den ProgrammCode des Klassenmoduls ab.

Auszug aus: *CLSPYTH* (dem Klassenmodul des Projektes *PYTH.VBP*)

```
Public Sub Rechne_m_Sub(Index As Integer)
'Bedingungen so besser formuliert als in Function
'denn gewählte Option auf Form wird als Index
'übergeben. Zugriff auf Formobjekte nur z.Ausgabe
    If Index = 0 Then          'entspricht Option1(0)
        m_c = Sqr(a ^ 2 + b ^ 2)
        Form1.Text1(2) = Trim(Str(m_c))
    ElseIf Index = 1 Then      'entspricht Option1(1)
        m_b = Sqr(c ^ 2 - a ^ 2)
        Form1.Text1(1) = Trim(Str(m_b))
    Else                       'entspricht Option1(2)
        m_a = Sqr(c ^ 2 - b ^ 2)
        Form1.Text1(0) = Trim(Str(m_a))
    End If
End Sub
```

Function (als Alternative vorgesehen)

```
Public Function Rechne_m_Funktion()
'If-Bedingungen hier formmodulabhängig formuliert
If Form1.Option1(0) Then
    m_c = Sqr(a ^ 2 + b ^ 2)
    Form1.Text1(2) = Trim(Str(m_c))
ElseIf Form1.Option1(1) Then
    m_b = Sqr(c ^ 2 - a ^ 2)
    Form1.Text1(1) = Trim(Str(m_b))
Else
    m_a = Sqr(c ^ 2 - b ^ 2)
    Form1.Text1(0) = Trim(Str(m_a))
End If
End Function
```

Projekt PFEIL.VBP in KP6_02_4_3

Der Ausgangspunkt für die Entwicklung dieses Projektes war das Programm RESULT.VBP aus Kapitel KP5_1_1, in dem es darum ging, für verschiedene Kräfte, die sowohl in Größe (also Betrag) und Angriffswinkel unterschiedlich sein konnten, die gemeinsame *Resultierende* (Ersatzkraft) zu berechnen und zeichnerisch darzustellen. Wie Sie dort gesehen haben, gelingt es mit VB nicht so ohne weiteres, an ein Kraftsymbol (mit *Line* dargestellt) eine Pfeilspitze zu zeichnen. Kräfte ohne Pfeilspitzen dargestellt sind aber – da es sich ja um *Vektoren*, also gerichtete Größen handelt – nicht zulässig. Nur hatte ich bis zur 2.Auflage dieses Buches keine programmtechnische Lösung, so dass nichts weiter übrig blieb, als sich mit der Lösung ohne Pfeile zu begnügen. Dem war abzuhelfen!

Sichten Sie die Unterverzeichnisse von KP6_02_4 (es sind 3 Stück), so können Sie meinen Lösungsweg in etwa nachverfolgen. Zuerst ging es darum, den Lösungsalgorithmus für das Problem „*Pfeilspitze zeichnen*" herauszufinden. Hierbei war es natürlich das Ziel, die Pfeilspitze für jede beliebige Geradenlage innerhalb der 4 Quadranten schön symmetrisch zur Geraden hinzubekommen. Insoweit sind die beiden ersten Projekte, die gar nicht mit Klassen programmiert sind, gewissermaßen Vorläufer des hier zu behandelnden Projektes. Da in ihnen die Lösung auf anderen Wegen herbeigeführt wurde (es lief auf eine Funktion hinaus, in der die Algorithmuselemente untergebracht wurden), sollen diese Projekte hier nur zur Analyse genutzt werden. Ich gehe also an dieser Stelle nicht auf Details ein.

Nachdem ich dann anfing, mich mit *OOP* und *Klassen* zu befassen, setzte ich mir das Ziel, die Funktionsbestandteile in eine Klasse zu überführen. Im Zuge der Entwicklung dieses Projektes wurden immer mehr Bestandteile in die Klasse übernommen. Jedoch muss ich sagen, dass ich mich außer Stande sehe, den Lösungsgang für das Problem einfach durch Kommentare zu erklären. Dafür sind die Details zu komplex. Ich könnte den Algorithmus nur an zu zeichnenden anschaulichen Bildern aufzeigen. Dies aber ist mir aus zeitlichen Gründen bis zum Abgabetermin für das Manuskript dieser 3. Auflage des Buches nicht mehr gelungen. Ich habe vor, dies und weitere Projekte in der Zukunft auf meiner Homepage (nach und nach) zum kostenlosen Download bereitzustellen. Insoweit lohnt es für Interessierte, ab und zu die Homepage (http://www.buch-radel.de) zu besuchen.

Wenden wir uns jetzt dem Projekt zu, indem wir zuerst einen
Blick auf die Form zur Entwurfszeit werfen (**Bild 6.18**).

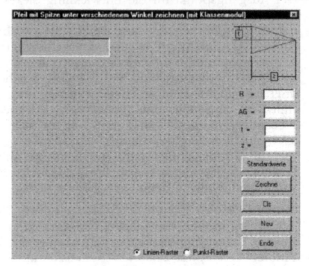

Der Oberfläche ist zu entnehmen, dass auf der Form links
oben eine PictureBox positioniert ist, deren Größe, Position
etc. augenscheinlich erst zur Laufzeit eingerichtet wird. Rechts
oben sehen wir eine Eingabehilfe für zwei Eigenschaften, die
im Klassenmodul – neben der **Kraftgröße R** und dem **Winkel AG** (Alpha in Grad) – definiert sind. Es sind die **Länge**
der Pfeilspitze **z** und die halbe **Breite** des Pfeiles **t**. Diese vier
Größen können über die vier TextBoxen eingegeben werden.

**Testen vereinfa-
chen:** Standard-
werte hinterlegen

Um für die Testphase den Aufwand bei der Eingabe gering zu
halten, sind einem Button (Aufschrift „Standardwerte") in seiner Command_Click eben solche Standardangaben hinterlegt,
die auf Klick in die TextBoxen integriert werden.

Die wesentlichen Codebereiche dieses Projektes befinden sich
im Klassenmodul **clsZeichnePfeil**. Da vier Eigenschaften definiert sind, erhalten Sie vier Prozedurpaare (Get/Let), was Sie
ja bereits kennen. Die Konstruktion ist in diesem Bereich sehr
einfach gehalten. Nur beachte man, dass diesmal nicht die
Berechnungsmethode von der Form aus aufgerufen wird,
sondern aus der **Property Let z** heraus, was aber keine besondere Bedeutung hat, sondern lediglich der Variation dient.
Dort erfolgt mit der Zeile

```
Call BerechneKoordinaten
```

der Aufruf der Berechnungsmethode. Einzig der Zeichenteil,
der sich ursprünglich zur Gänze in der Load_Prozedur be-

fand, wird noch vom Formmodul aus aufgerufen, obwohl sich der gesamte QuellCode für diese Bereiche auch im Klassenmodul befindet. Werfen wir jetzt einen Blick auf die Oberfläche, die sich zur Laufzeit einstellt (**Bild 6.19**), so sehen wir, was alles sich im Hintergrund getan haben muss. In der PictureBox ist eine Hintergrundraster (Linien) mit Achsen, Benennungen usw. entstanden. Die Standardwerte werden erstmalig nach Eingabe (Button „Standardwerte") durch Klick auf den Button „Zeichne" in einen Pfeil mit roter Spitze umgerechnet und dargestellt. Ändert man jetzt beliebig die Text-Boxeingaben so kann man weitere Pfeile zeichnen (mit anderen Längen, Winkeln und Spitzengrößen). Weiter kann das Linienraster der PictureBox auch in ein Punktraster umgezeichnet werden. OptionButton am unteren Rand der Form machen dies möglich.

Bild 6.19:
PFEIL.VBP (zur Laufzeit nach mehrmaligem Zeichnen von Kraftpfeilen)

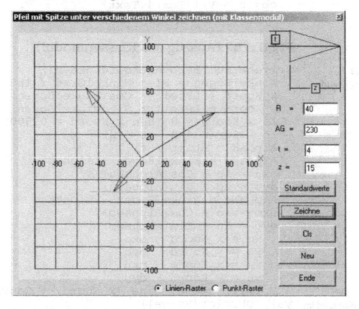

Abschließend wollen wir noch einen kurzen Blick in den ProgrammCode werfen, um damit dann die Einführung in die Programmierung von Klassen zu beenden, obwohl noch ein weiteres Projekt vorhanden ist. Es möge Ihnen als Analyseübung dienen.

Klassenprogrammierung, Auszug: *(KP6_02_4_3\PFEIL.VBP)*

```
'Im Feld Allgemein, Frühe Bindung
Dim obj As New clsZeichnePfeil
```

Prozeduraufruf
(im Klassenmodul)

```
Private Sub Form_Load()
   'Prozedur in Klasse aufrufen
   Call obj.ZeichneDiagramm(Picture1)
   'Alternativer Prozeduraufruf s. unten
   'obj.ZeichneDiagramm Picture1
End Sub
```

```
Private Sub Command1_Click()
   ... 'siehe ProgrammCode
   'Übergabe Pfeil-Eingabedaten an Klassenmodul
```

Eigenschaften
einlesen ins Modul

```
   obj.LPfeil = Val(Text1.Text)
   obj.WinkelGrad = Val(Text2.Text)
   obj.t = Val(Text3.Text)
   obj.z = Val(Text4.Text)
End Sub
```

PFEIL.VBP (Auszug aus Klassenmodul)

Methode
BerechneKoordi-
naten

```
Private Sub BerechneKoordinaten()
   WinkelBogen = PI * WinkelGrad / 180
   x_Koord = LPfeil * Cos(WinkelBogen)
   y_Koord = LPfeil * Sin(WinkelBogen)
   If x_Koord = 0 Then x_Koord = 0.000001
   lp = Sqr(z ^ 2 + t ^ 2)
   AlphaK = Atn(t / z)
   AlphaWu = WinkelBogen + AlphaK
   dxu = lp * Cos(AlphaWu)
   dyu = lp * Sin(AlphaWu)
   AlphaWo = WinkelBogen - AlphaK
   dxo = lp * Cos(AlphaWo)
   dyo = lp * Sin(AlphaWo)
     xo = x_Koord - dxo
     yo = y_Koord - dyo
     xu = x_Koord - dxu
     yu = y_Koord - dyu
```

Die vier Line-
Aufrufe hier sind im
ProgrammCode
jeweils eine Zeile
>>

```
   Form1.Picture1.Line (x_Koord, y_Koord)-(xu,
yu), QBColor(Farbe1)
   Form1.Picture1.Line (x_Koord, y_Koord)-(xo,
yo), QBColor(Farbe1)
   Form1.Picture1.Line (xo, yo)-(xu, yu), QBCo-
lor(Farbe1)
   Form1.Picture1.Line (x_Koord, y_Koord)-(0, 0),
QBColor(Farbe2)
End Sub
```

6.3

Lösungen in:
KP6_3
DATEIEN.VBP

Hilfreich und praktisch - Dateienprogramm

Das Dateienprogramm wird aus Raumgründen an dieser Stelle nur kurz vorgestellt. Die wesentlichen Möglichkeiten, die Sie mit dem Programm haben, zeigen die Menüeinträge. Eine tiefergehende Analyse und eine Verbesserung des Programms bleiben Ihnen anheim gestellt.

Bild 6.20 zeigt das Formular zur Entwurfszeit. Das vermeintliche Chaos, das Sie sehen, löst sich erst zur Laufzeit auf. Beispielhaft wird hierzu die Benutzeroberfläche, wie sie sich beim Vorgang „Löschen" ergibt, dargestellt (**Bild 6.21**).

Bild 6.20:
Dateienprogramm
zur Entwurfszeit

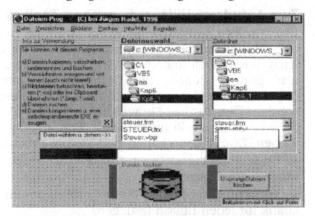

Bild 6.21:
Dateienprogramm
zur Laufzeit

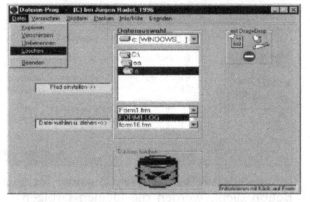

Drag & Drop:
Aktionen mit
der Maus
(**Kill** u.a.)

Mit **Drag & Drop** wird die unerwünschte Datei von der FileListBox in den auf dem Formular unten abgebildeten Papierkorb befördert. Das Löschen erfolgt erst nach Bestätigen einer Sicherheitsabfrage. Ähnlich läuft der Vorgang beim Verschieben einer Datei ab, nur wird dann der Dateiname in eine rechts eingeblendete zweite DirListBox verschoben. Die *Refresh*-Methode bringt sofortiges Aktualisieren der Boxen.

Halten Sie die [Strg] - Taste gedrückt, so können Sie durch Anklicken mit der Maus mehrere Dateien in der FileListBox markieren und dann gemeinsam verarbeiten (löschen, ...).

Beim Löschen (**Kill** in Command2_Click...) und Verschieben sollten Sie besondere Vorsicht walten lassen. Dies gilt insbesondere bei Verzeichnissen, da sie **mit** den enthaltenen Dateien gelöscht werden können. Allerdings geht dies nur, wenn keine Unterverzeichnisse enthalten sind und die Sicherheitsabfrage bestätigt wurde. Testen Sie das Programm vorerst nur mit Dateien, die Sie leicht ersetzen können.

6.4 Zum Aufruf von Hilfsprogrammen – Toolbox

Lösung in:
KP6_4\
TOOL.VBP

Eine Toolbox in Form einer Werkzeugleiste zu entwickeln ist mit VB einfach. Sie platzieren auf einer Form (s. **Bild 6.22**), nach Ihrem Gutdünken die von Ihnen gewünschten CommandButton. Button, die Grafiksymbole enthalten sollen, mussten früher durch spezielle Zusatzsteuerelemente realisiert werden. Dies ist, wie Sie wissen, ab VB 5.0 nicht mehr erforderlich, denn Sie können diesen Button direkt Grafiken zuweisen. Zwei Eigenschaften sind hierbei einzustellen:

• **Style** (voreingestellt ist *0-Standard*) muss auf *1-Grafisch* umgestellt werden!

• **Picture** (Drei-Punkte-Button anklicken und gewünschte Grafik für jeden Button festlegen).

Bild 6.22:
Toolbox (Beispiel)

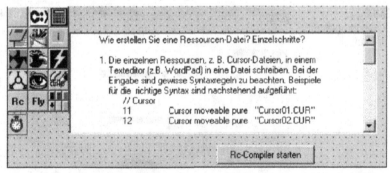

In einer PictureBox, die als Container für weitere CommandButton dient, werden die kleinen farbigen SteuerCommandButton – sie befinden sich im Buttonbereich unten rechts und haben keine Aufschrift – abgelegt.

Über diese Button können Sie eine Positionierung der Toolbox am Rand des Screens erreichen. Mit den oberen drei Button erreichen Sie die Ablage links am Rand, oben am Rand und rechts am Rand des Screens. Die zweite Buttonreihe bewirkt Minimieren der Form, Zentrieren auf dem Screen und Beenden des Programms. Quickinfos (über die Eigenschaft ToolTipText zugewiesen) geben Hinweise zur Funktion. Die nachstehend angeordneten Bilder geben zusätzliche Informationen (**Bild 6.23** bis **6.25**).

Bild 6.23:
Tool oben am Bildschirmrand

Bild 6.24:
Tool mit eingeblendetem **Fly**

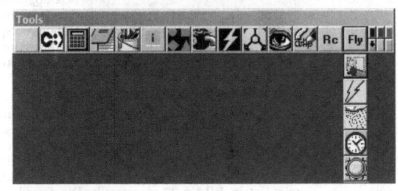

Bild 6.25:
Tool auf dem Screen (zentriert oder beliebig)

Sämtlichen Button können Sie Pfade zuweisen, so dass Sie Startmöglichkeiten für verschiedene Programme – und dies alles auf engem Raum – auf dem Bildschirm ermöglichen. Bei der Analyse ist insbesondere die Timerprozedur zu sichten, die es erst ermöglicht, dass die Form sich der jeweils gewünschten Lage anpasst. Im randnahen Bereich geht die Form quasi von allein an den Rand. Auch das Fly-Popupmenü kann in jeder Lage der Hauptform geöffnet werden.

Zwischenzeitig ist das Programm noch etwas erweitert worden. So zeigt jetzt die Titelleiste die momentane Systemzeit an oder – am oberen Bildschirmrand positioniert – zusätzlich noch das Datum. Dies gelingt natürlich nicht, wenn **Tool** an den senkrechten Rändern des Screen angeordnet wird (Platzmangel). Die Programmteile, die sich auf den Rc-Compiler beziehen, konnte ich im Zuge der Vorbereitung der 3. Auflage des Buches leider nicht mehr bearbeiten. Man könnte sie selbst überarbeiten oder ersetzen. Eine Analyse von **Tool** wird empfohlen.

6.5
Lösung in:
KP6_5
DIAGRAMM.VBP

Mit Excel konkurrieren? – Diagramme

Wer Excel kennt, weiß, wie er obige Frage einzuordnen hat. Jedoch sei – in einem ersten Schritt – am Beispiel einfacher Diagramme (wir begrenzen uns auf das Säulendiagramm und ein Kreisdiagramm) aufgezeigt, wie dergleichen in VB zu realisieren ist.

Bild 6.26:
Säulendiagramm

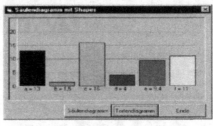

Die Anzeigesäulen sind als Shapes in der Picture-Box abgelegt (**Bild 6.26**). Zur Laufzeit werden die Höhen entsprechend der in der Form_Load übergebenen Variablen **a** bis **f** angepasst. Raster und Koordinatensystem erleichtern das Ablesen.

Durch Anklicken des Buttons „Tortendiagramm" wird automatisch auf den anderen Diagrammtyp umgeschaltet. Picture1.Visible wird *False* gesetzt, Picture2.Visible *True*. Unter Verwendung der selben Variablen wird jetzt das *Kreis- oder Tortendiagramm* gezeichnet. Die Grafik, die sich zur Laufzeit zeigt, ist in **Bild 6.27** dargestellt. Die Details im Diagramm (Benennung der Segmente...) sind nicht weiter ausgeführt. Als kleine Übung könnten Sie dies selbst realisieren. Werfen wir noch einen Blick in den ProgrammCode. Hier sehen Sie zuerst, dass die Variablen in der Form_Load mittels Zuweisung dem Programm bekannt gemacht worden sind. In den Click-Prozeduren werden zuerst die PictureBoxen vorbereitet

Bild 6.27:
Kreisdiagramm
(Tortendiagramm)

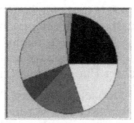

(**Picture.ScaleMode** wird auf 6 gesetzt, also Einheit „mm"). Beim Säulendiagramm ist die *For...Next-Schleife* von Bedeutung (s. unten):

```
For i = 0 To 5
  Shape1(i).Left = i * 20 + 2
  Shape1(i).Top = Shape1(i).Height
Next
```

In ihr werden Position (*Left*) und Höhe der einzelnen Balken in Abhängigkeit von der zugehörigen Variablen festgelegt. Der Rest der Prozedur dürfte selbsterklärend sein.

Beim Tortendiagramm muss, da Kreissegmente darzustellen sind, für jedes Segment zuerst der zugehörige Bogen errechnet werden. Hierzu dienen die Programmzeilen

```
S = a + b + c + d + e + f      'Summe entspricht 100%
PhiBa = a * 2 * PI / S         'Bogen für Variable a in %
```

Die Summe der Variablen entspricht 100%. Der Winkel *Phi* im Bogenmaß (im Auszug oben **B**) wird für jede Variable (im Auszug oben **a**) errechnet (*PhiBa*).

```
Picture2.FillColor = QBColor(9)
Picture2.Circle (0,0),40, QBColor(4), -0.00001, -PhiBa
```

Mit FillColor wird die Füllfarbe des Segments festgelegt (hier hellblau). Gezeichnet wird mit der Grafikmethode **Circle**.

Circle – eine weitere Grafik-methode

Syntax (etwas vereinfacht):

```
Objekt.Circle (x,y),Radius, Farbe, Start, Ende
```

x, y   - Koordinaten des Kreismittelpunktes
Radius   - Radius (Einheit entsprechend ScaleMode, >> mm)
Farbe   - Kreisbogenfarbe (mit QBColor oder RGB, hier rot)
Start, Ende   - Start- u. Endwinkel im Bogenmaß (rad)

Werden Start- und Endwinkel *positiv* eingegeben, so erzeugt die Grafikmethode einen *Kreisbogen*, werden beide Werte *negativ* eingegeben, so ergibt sich ein *Segment* (Tortenstück). Ein Winkel positiv und ein Winkel negativ geht auch, aber testen Sie selbst! Was geschieht, wenn Start = 0 ist?

Aus der Online entnehmen Sie, dass die genaue Syntax noch zusätzliche Angaben aufweist (*Step, Verhältnis*). Letzteres hat mit der Darstellung von Ellipsen zu tun. Erforschen und ausführliches Testen sind zu empfehlen.

Chart-Control

Professioneller programmieren Sie Diagramme mit dem **Chart**-**Control** von VB, das Sie als Zusatzsteuerelement laden müssen. Mit ihm können Sie auch andere Diagrammarten erstellen. Aus Raumgründen werden nur einige zum Projekt gehörige Bilder (**Bild 6.28 - 6.31**) eingefügt. Das Programm finden Sie im Kapitel **\Chart**. Eine Analyse wird empfohlen.

Bild 6.28:
Das Chart-Control auf einer Form (Standard Balken)

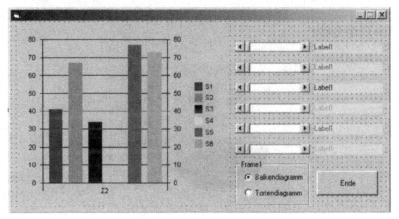

Bild 6.29:
Blick in den
Projekt-Explorer

Bild 6.30:
Bereich „Benut-
zerdefiniert" s.o.
geöffnet

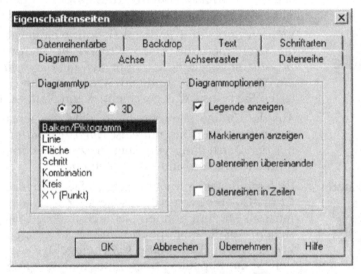

Bild 6.31:
Das Chart-Control
mit Legende
(Kreisdiagramm)

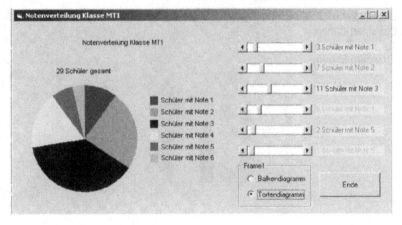

6.6 Eingaben sichern – Datenspeicherung

6.6
Lösung in:
KP6_6
RANDOM.VBP

Bereits in Kapitel 5.1.7 (Wärmedehnung) wurde auf die Notwendigkeit aufmerksam gemacht, dass es zuweilen in VB-Projekten erforderlich ist, Daten dauerhaft zuzuweisen. Dort lag das Beispiel vor, dem Benutzer des Programms zu ermöglichen, selbst gewählte neue Datensätze einzugeben. An dieser Stelle wird, da dieses Problem allgemeiner Natur ist, eine derartige Lösung vorgestellt. Dabei wird am genannten Beispiel festgehalten (Werkstoff nebst zugehörigem Alpha-Wert eingeben, sichern, löschen, ändern). Das hier vorgestellte Programm besteht aus drei Formen und einem BAS-Modul. Die Hauptform (Form1) wird, um einen ersten Einblick zu geben, in **Bild 6.32** vorgestellt.

Bild 6.32:
RANDOM.VBP (Benutzeroberfläche, Hauptform Form1)

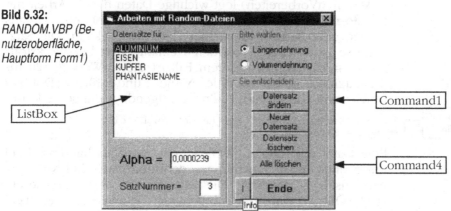

Dem Programm ist bereits eine Werkstoffdatei (Werkstof.dat, s. BAS-Modul) beigegeben, mit der Sie experimentieren können. Nach Start des Programms sind die dort gespeicherten Werkstoffnamen in die ListBox alphabetisch (*Sorted* ist True) eingelesen, der erste Werkstoff ist selektiert und die hierzu gehörenden Daten (Datensatz bestehend aus Alphawert und Satznummer) sind in TextBoxen angezeigt. Dieser Zustand wird durch die Load-Prozedur von Form1 herbeigeführt. Die TextBoxen selbst sind gegen Eingaben durch den Benutzer gesichert (vgl. Click-Prozeduren). Um sie mit der Tab-Taste nicht erreichen zu können, wurde *TabStop* auf False gesetzt.

TabStop

Wollen Sie sich einen Überblick über die realisierten Programmfunktionen verschaffen, so ist das BAS-Modul (Module1.bas) zu sichten. Dort finden Sie zuerst eine Reihe von allgemein gültig deklarierten Variablen (Public), so *MaxLaenge* für Strings (Werkstoffnamen auf 20 Zeichen begrenzt), den Namen der *Werkstoffdatei* u.a.

Mit den Zeilen

```
Type WerkstoffTyp
  WerkstoffName As String * MaxLaenge
  Alpha As Double
End Type
```

**Datentyp, benut-
zerdefiniert**

wird ein **benutzerdefinierter Datentyp** (WerkstoffTyp) festgelegt, der in der Lage ist, mehrere Angaben (Werkstoffname,
Alpha) in einem Datensatz (WerkstoffSatz) zu speichern. Mit
der weiteren Zeile

```
Public WerkstoffSatz As WerkstoffTyp
```

erfolgt die allgemein gültige Deklaration von *WerkstoffSatz*.
Den Abschluss bilden zwei global gültige Prozeduren, die an
mehreren Stellen des Listings benötigt werden. Die erste (Da-
teiAktionenVorbereiten) legt wichtige Daten für die Arbeit mit
Random-Dateien fest (DateiNr, SatzGroesse), ehe es ans
Öffnen oder neu Anlegen einer Datei gehen kann. Die Satz-
Groesse ist abhängig von den Deklarationen bei Werkstoff-
Name und Alpha. In unserem Fall ist dieser Wert 28 (20 für
die maximale Zeichenzahl des Namens und 8 für die Double-
Deklaration von Alpha). Die dann folgende wichtige Zeile ist:

**Im Programm
eine Zeile**

```
Open Werkstoffdatei For Random As DateiNr
Len = SatzGroesse
```

Eine Datei mit Namen „Werkstof.dat" wird als Random-Datei
unter einer freien Dateinummer geöffnet bzw. – bei Nichtvor-
handensein – angelegt. Die SatzGroesse wird zugewiesen.
Nach Öffnen wird die momentane DateiGroesse mit LOF
LOF (=Dateigröße)   (Lenght **o**f **F**ile, in Byte) errechnet und daraus die Anzahl der
Datensätze (AnzWerkstoffe) bestimmt:

```
DateiGroesse = LOF(DateiNr)
AnzWerkstoffe = DateiGroesse \ SatzGroesse
```

Die zweite wichtige globale Prozedur besorgt das nach einer
Dateienaktion erneut erforderliche Einlesen der Namen in die
ListBox von Form1. Die Zeilen der Prozedur lauten

**Prozedur
*ListNeuFuellen***

```
Public Sub ListNeuFuellen()
  Form1.List1.Clear
  Call DateiAktionenVorbereiten
  For N = 1 To AnzWerkstoffe
    Get DateiNr, , WerkstoffSatz
    Form1.List1.AddItem WerkstoffSatz.WerkstoffName
  Next
  Form1.List1.Selected(0) = True
  Close DateiNr
End Sub
```

Get

AddItem-Methode

Mit der Schleife werden sämtliche vorhandenen Datensätze durchlaufen. Das Lesen der Sätze erfolgt mit **Get**. Zum Einschreiben des Werkstoffnamens in die List1 (die sich auf Form1 befindet) wird die *AddItem-Methode* verwendet. Dann wird der erste Eintrag der gefüllten Liste (Index ist 0) selektiert und die Datei, die in der Prozedur *DateiAktionenVorbereiten* geöffnet worden war, geschlossen.

Wenden wir uns jetzt den eigentlichen Dateiaktionen zu, die in der Form1 vorbereitet bzw. realisiert sind. Hierbei spielt die Prozedur List1_Click, die bereits von der Load aus aufgerufen worden ist, eine wesentliche Rolle. Sie soll nämlich die zum selektierten Werkstoff (WerkstoffName) gehörenden Daten (Alpha und SatzNr) in die TextBoxen (Text1, Text2) schreiben. Wichtig ist wieder die For Next-Schleife:

```
For N = 1 To AnzWerkstoffe
  Get DateiNr, , WerkstoffSatz
  If Trim(WerkstoffSatz.WerkstoffName) =
  Trim(List1.Text) Then
    If Option1 = True Then
    Text1 = WerkstoffSatz.Alpha
    Else
     Text1 = WerkstoffSatz.Alpha * 3
    End If
    Text2 = Str(N)
  End If
Next
Close
```

Im Programm eine Zeile

Der Datensatz wird mit **Get** gelesen. Hierbei wird standardmäßig der *Satzzeiger* auf den ersten Datensatz gestellt. Bei jedem Aufruf einer Get- bzw. Put-Zeile wird dann der Satzzeiger um „1" erhöht. So wird Satz um Satz durchlaufen. Deshalb wird – s. Getzeile – die SatzNr nicht geschrieben (, ,). Die äußere If-Bedingung untersucht auf Übereinstimmung von WerkstoffName (in Datei) und selektiertem Texteintrag in List1. **Trim** löscht hierbei sämtliche führenden und folgenden Leerzeichen in den Stringausdrücken. Ein Gleichschreiben (z.B. alles Großbuchstaben mit **UCase**) unterbleibt, da beide Einträge bereits in Großbuchstaben erzeugt sind (vgl. hierzu die KeyPress-Prozeduren von Text1 der Form2!).

Trim
UCase

Löschen eines Datensatzes

Nachfolgend soll beispielhaft das *Löschen* eines selektierten Datensatzes beschrieben werden.

Auf Form1 (s. Bild 6.13) haben Sie dazu den Command3 angeklickt. Wird die Sicherheitsabfrage (MsgBox) mit „Ja" beantwortet, dann wird in der Command3_Click eine If-Abfrage durchlaufen, in der nacheinander folgende Aktionen bewirkt werden: Freie Dateinummer für vorhandene Werkstoffdatei vergeben (DateiNrAlt = FreeFile), SatzGroesse bestimmen, Öffnen der Werkstoffdatei und Bestimmen der Satzanzahl (AnzWerkstoffe). Dann wird die nächste freie Dateinummer einer neu zu eröffnenden Datei zugewiesen (DateiNrNeu). Hiermit wird eine temporäre Datei zusätzlich geöffnet, in die die Datensätze hineinkopiert werden sollen, die nicht zu löschen sind. Nur der zu löschende Satz wird nicht mit übernommen. Der maßgebliche Prozedurauszug, der das bewirkt, ist nachstehend angegeben:

| Im Programm eine Zeile | → |

```
For N = 1 To AnzWerkstoffe
  Get DateiNrAlt, , WerkstoffSatz
  If Trim(UCase(WerkstoffSatz.WerkstoffName)) <>
  Trim(List1.Text) Then
    Put DateiNrNeu, , WerkstoffSatz
  End If
Next
Close
Kill Werkstoffdatei
Name "Werkstof.tmp" As Werkstoffdatei
Call ListNeuFuellen
```

Put
Close
Kill
Name

Mit *Get* wird ein Satz der alten Datei gelesen, dann wird dieser verglichen mit dem in List1 selektierten Namen. Stimmen beide nicht überein, so wird der Satz mit **Put** in die neue Datei (die temporäre Werkstof.tmp) geschrieben. Dann gehts zum nächsten Datensatz usw. Mit **Close** werden danach beide Dateien geschlossen. Löschen der alten Werkstoffdatei erfolgt mit **Kill**. Dann wird mit **Name** ein Umbenennen der TMP-Datei in Werkstoffdatei vorgenommen und die List1 aktualisiert. Ergebnis: In der List1 fehlt jetzt der gelöschte Satz.

Wollen Sie einen Datensatz ändern, so klicken Sie Command1 der Form1 an. Jetzt werden, wie erwähnt, Dateiaktionen vorbereitet und die Form2 (**Bild 6.33**) aufgerufen. Die einzelnen Programmschritte sollten Sie der Command1_Click von Form1 entnehmen. Wie dem Bild zu entnehmen ist, ist die obere

Bild 6.33:
Aufruf Form2 zum Ändern des Alpha-Wertes

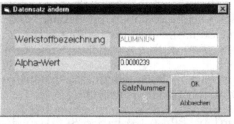

TextBox auf Enabled = *False* gesetzt. Es kann also nur der Alpha-Wert abgeändert werden. Mit *Sendkeys* wird der Cursor ans Ende des eingetragenen Alpha-Wertes gesetzt. Jetzt kann durch Rückwärtslöschen die Änderung erfolgen. OK schließt den Vorgang ab und speichert die Änderung. Den Rest überlasse ich Ihrer Projekt-Analyse.

6.7 Die Zeit muss stimmen – Analoguhr und Wecker

6.7
Lösung in:
KP6_7_1 bis
KP6_7_3
UHR.VBP

Der Ausgangspunkt für die Entwicklung dieses Projektes war der „Fund" einer Analoguhr im Internet, die ein anderer Programmierer der VB-Entwicklergemeinde – ohne jegliche Auflagen – im QuellCode zur Verfügung gestellt hatte. Dieses Programm, ich habe es Ihnen ohne jegliche Änderung in KP6_7_1 im Ursprungszustand zur Verfügung gestellt, war bereits in seinen Grundzügen sehr gut aufgebaut und forderte zur Analyse und Weiterentwicklung geradezu heraus. Das Programm bestand im Wesentlichen aus drei Prozeduren. In der einen Prozedur wurde die Uhr dargestellt (ZIFFER_BLATT), die andere Prozedur ermöglichte die Veränderung der Anzeige (FORM_RESIZE) und die dritte – das Herz des ganzen Projektes – bewirkte den Lauf der Zeiger (ZEIT_TIMER). **Bild 6.34** zeigt die ursprüngliche Uhr.

Bild 6.34:
*UHR.VBP (die ursprüngliche Analoguhr)
Die tats. Zeit war 14:59:17 (siehe Titelleiste)*

Die Schwäche dieser Uhr, deren Programmierung sonst als rundherum gelungen bezeichnet werden muss, ist dem obigen Bild aber bereits zu entnehmen. Die angezeigte Zeit – es ist 14:59:17 Uhr – lässt bereits erkennen, dass der Stundenzeiger während des gesamten Stundendurchlaufs immer auf der 2 (die in der TextBox angezeigte Zahl 59 steht im Programm für die Minutenanzeige) stehen bleibt. Dies ist bei wirklichen Uhren nicht der Fall, denn der Stundenzeiger läuft auch auf die nächste Stunde (hier auf die 3) zu. Er müsste jetzt also bereits quasi auf der 3 stehen. Dieser Mangel der Uhr wirkt sich beim Ablesen, insbesondere wenn es kurz vor Vollenden einer Stunde ist, als doch ziemlich irritierend und störend aus. Ausgehend von dieser Situation begann meine Veränderung an der Ursprungsuhr, wobei ich selbstverständlich die Vorgaben des Autors – Löschen seiner Textkommentierungen im OriginalCode – beachtet und eingehalten habe.

Was von mir alles geändert worden ist, entnehmen Sie bitte dem Vergleich beider Projekte. Die Hauptpunkte seien jedoch kurz aufgelistet, damit die Analyse von Ihnen leichter vollzogen werden kann:

• Die erste Änderung bezog sich auf die Beseitigung des oben erwähnten Ablesefehlers (Position des Stundenzeigers). Dies wurde durch Einführung eines **Korrekturgliedes** (vgl. Timerprozedur) behoben. Die ursprüngliche Programmzeile wurde dort belassen, allerdings auskommentiert. So kann man das Projekt schnell auf diesen Stand zurücksetzen.

```
'Korrekturglied
k = M / 2
'neue Zeile mit Korrekturglied
Rad(0) = (H * (360 / 12) - 90 + k) * 3.1415 / 180
'ursprüngliche Zeile
'Rad(0) = (H * (360 / 12) - 90) * 3.1415 / 180
Rad(1) = (M * 6 - 90) * 3.14159265 / 180
Rad(2) = (S * 6 - 90) * 3.14159265 / 180
```

• Die nächsten Änderungen sollen unter Einbezug der Projektoberfläche (Formname „Uhr") erklärt werden (vergleiche **Bild 6.35**).

Bild 6.35:
UHR.VBP (neu, zur Entwurfszeit)

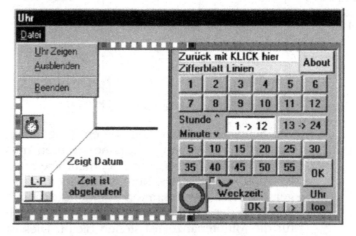

Wie man der Abbildung entnehmen kann, sind diverse Änderungen vorgenommen worden. Zum einen sieht man, dass das Projekt ein Menü erhalten hat. Hierauf kommen wir unten noch zurück. Weiter kann man im rechten Teil der Abbildung diverse Button etc. wahrnehmen, die zur Funktionalität beitragen sollen. Sie sind sämtlich auf einer PictureBox angebracht, so dass sie auf einmal sichtbar oder unsichtbar gemacht werden können. Zur Laufzeit ist die PictureBox mit dem Zifferblatt sichtbar. Klickt man jedoch auf das Zifferblatt, so kommt die rechts zu sehende PictureBox nach vorn (beide liegen übereinander) und Sie können Einstellungen vornehmen. So können Sie z.B. den **Stil des Zifferblattes** von Linien auf Punkte umstellen. Dies erfolgt durch Klick auf das zweite Label von oben. Das Ergebnis zeigt **Bild 6.36** rechts.

Bild 6.36:
Zifferblatt umstellbar

Durch Klick auf die Stunden- bzw. MinutenButton können Sie für einen gewünschten „Weckvorgang" eine **Weckzeit** einstellen (im Minutenbereich kann verfeinernd nachgebessert werden), die mit dem OK-Button zu bestätigen ist. Die Anzeige dieser gewählten Zeit erfolgt in der unten befindlichen TextBox (sie ist neben dem Label „Uhr"). Im unteren Bereich sind weitere Stellmöglichkeiten gegeben. So können Sie die Systemzeit Ihres Rechners einstellen (Button mit Uhrsymbol) und rechts mit den Button „top" und „<" bzw. „>" Einfluss auf die Position der **MinUhr** nehmen, die sich standardmäßig rechts oben am Bildschirmrand befindet. Die nachstehende Abbildung zeigt diese MinUhr (**Bild 6.37**). Im linken Bereich wird das Datum angezeigt (Tag und Monat), rechts die Uhrzeit (digital). Die rechts befindliche Darstellung in Bild 6.37 zeigt die Minuhr nach Einstellung einer Weckzeit. Diese Uhr wurde integriert, weil die Analoguhr in der Standardsituation nicht sichtbar ist, sondern erst bei Bedarf eingeblendet wird.

Bild 6.37:
Anzeige MinUhr

Kommen wir jetzt zum Bereich der Anzeige der Analoguhr.

- Wie Sie dem Bild 6.35 entnommen haben, hat das Projekt ein Menü erhalten, welches Sie aber auf den Abbildungen der einstellbaren verschiedenen Zifferblätter der Uhr nicht sehen. Dies erreicht man dadurch, dass man das Menü versteckt, die Eigenschaft *„Visible"* des Menüs also auf *False* setzt. Dies ist im **Menü-Editor** mit einem Klick erreichbar (**Bild 6.38**).

Die Eigenschaft Visible ist standardmäßig für Menüs auf True gesetzt, d.h. in der Visible-CheckBox – ich habe sie im Bild oben (Bild 6.38) etwas hervorgehoben - ist normalerweise ein Häkchen vorhanden! Durch Klick darauf beseitigen Sie es und Ihr Menü ist unsichtbar. Dennoch haben wir es ja angelegt, um es zu benutzen. Wo aber zeigt es sich?

Bild 6.38:
Mit Visible = False Menüs verstecken

Dies soll jetzt näher betrachtet werden.

- Das Projekt hat sich nämlich zur Laufzeit mit seinem Projekt-Icon (Uhrensymbol) im **Systray** der Systemleiste von Windows (rechts unten, da wo die Uhr von Windows ist) eingeklinkt, was wir nur unter Zuhilfenahme der Windows-API, nämlich der Funktion **Shell_NotifyIcon** erreichen konnten, die wir hier mit ihrer Deklaration betonen wollen:

Windows-API: Shell_NotifyIcon

(ProgrammCode im Projekt hat nur 3 Zeilen)

```
Private Declare Function Shell_NotifyIcon Lib
"shell32.dll" _
Alias "Shell_NotifyIconA" (ByVal dwMessage As Long, _
lpData As NOTIFYICONDATA) As Long
```

Dass diese Programmierung noch einiges mehr erfordert, darf man bei der Windows-API getrost voraussetzen. Die genauen Zusammenhänge sichten Sie bitte im Projekt. Nur so viel sei

NOTIFYICON-DATA

hier noch angeführt: Sie müssen einen benutzerdefinierten Datentyp NOTIFYICONDATA – Sie kennen das Prinzip bereits aus dem Projekt im Kapitel 6.6 (RANDOM.VBP) – einführen und eine Menge von Konstanten festlegen. Alles sehr undurchschaubar und verwirrend, aber doch wirkungsvoll.

Die Festlegung der **Icon-Eigenschaften** geschieht in einer With..End With - Konstruktion (Load-Prozedur). Und unmittelbar danach erfolgt der Aufruf der Funktion.

```
'Systray
  With IC
   .cbSize = Len(IC)
   'an welches Fenster sollen die Nachrichten?
   'erfordert eine Adresse. Picture1 sonst ohne
Aufg.
   .hwnd = Picture1.hwnd
   .uID = 2& 'unveränderlich
   .uFlags = NIF_MESSAGE Or NIF_ICON Or NIF_TIP
   .uCallbackMessage = &H200 '= MouseMove
   'Image1 befindet sich in der PictureBox namens
   '"Wecker" (direkt über Label "Weckzeit:")
   'Picture-Eigenschaft von Image1 an IC übergeben
   .hIcon = Image1.Picture  'Icon-Symbol einlesen
   'Welche Quickinfo soll sich ergeben?
   'vbNullChar erzwingt, die Quickspotlänge
   'auf die tatsächl. Stringlänge zu begrenzen
   .szTip = "Uhr anzeigen" + vbNullChar
  End With
  Call Shell_NotifyIcon (NIM_ADD, IC)
```

Das Ziel, unser Icon ins Systray der Windows-Leiste zu bringen, ist erreicht. MouseMove über dem Icon bringt die Anzeige der Quickinfo (**Bild 6.39 links**). Drückt man die rechte Maustaste, dann taucht unser Menü als PopUp wieder auf (**Bild 6.39 rechts**). Klickt man jetzt auf „Uhr zeigen", so erhalten wir die Standardanzeige der Uhr.

Bild 6.39:
Icon der Uhr im Systray (links: Anzeige Hotspot, rechts: Anzeige PopUp-Menü)

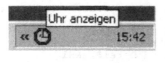
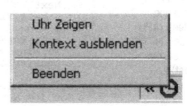

• Und wie sieht es jetzt eigentlich in der Hauptprozedur – der Timer-Prozedur, die den Lauf der Uhr reguliert – aus? Dies wollen wir jetzt mit einem Blick in die Prozedur aufzeigen. Restlos klären kann man es mit wenigen Worten nicht, denn dazu bedarf es einer genauen Analyse.

Jetzt ein ProgrammCode-Ausschnitt, so dass Sie einen Einblick für die genauere Analyse erhalten.

Analoguhr-Programm, Auszug: *(KP6_7_2\UHR.VBP)*

```
Private Sub ZEIT_TIMER()
   ...
   MinUhr.Shape1.Width = MinUhr.Width - 15
   ReDim Rad(2):  ReDim l(2)

   'Gibt Datum auf Zifferblatt aus
      Tag_HG$ = Left(Date, 10) 'Datum mit Jahr
      'Anzeige Datum auf Zifferblatt (in Label)
      ...
   'Einstellg. in Abhängigkeit von UHR-Größe umstellen
   If WindowState = 0 Then       'Normal
         For j = 0 To 59
            Label5(j).Visible = True  'Sek.Label sichtbar
         Next
         Flag = False
         MinUhr.Width = 1300: MinUhr.Label1.Width = 800
         MinUhr.Label1.Caption = Time$
   ElseIf Me.WindowState = 1 Then       'Minimiert
         Wecker.Visible = False
         If Flag = True Then
            MinUhr.Width = 3000: MinUhr.Label1.Width = 2500
            MinUhr.Label1.Caption = Time$ & ... & Weckzeit1
            Call Command4_Click 'setzt MinUhr
         Else
            MinUhr.Width = 1300: MinUhr.Label1.Width = 800
            MinUhr.Label1.Caption = Time$
         End If

         'ACHTUNG: Hier PFAD zur Sounddatei einstellen
         If Time$ = Weckzeit1 Or Time$ = Weckzeit2 Or _
            Time$ = Weckzeit3 Then
            Datei$ = "c:\windows\Media\ringout.wav"
            For i = 1 To 2
               sndPlaySound Datei$, &H1
               Call Sleep(2000)        'Pause von 2 Sekunden
            Next
            Label4.Visible = True  'Meldetext Zifferblatt
            i = 0
            Call TopMost(Me.hwnd)    'In den Vordergrund
            Me.WindowState = 0
            sndPlaySound Datei$, &H1
         End If
   Else       'WindowState = 2 Then  >> Maximiert
         For j = 0 To 59
            Label5(j).Visible = False   'Versteckt
   Sek.Label
         Next
   End If

   'Wenn Uhrgröße abweichend von Normalgröße, dann alle
   'Sek.Label am Rand verstecken. Und die vier blauen
   'Button auf den Ecken mit verschieben. Und das Datum
   'an günstiger Stelle ausgeben.Und Farbumstell-Button
   'und Ziffern-Button mit verschieben
```

WindowState verändern
0 – normal
1 – minimiert
2 – maximiert

Sound bei Ablauf der Zeit (mit API); Unterbrechung durch **Sleep** (API); und in den Vordergrund setzen **(Topmost)**!!!

```
If UHR.Width <> 3450 Then
   For j = 0 To 59
      Label5(j).Visible = False   'Versteckt Sek.Label
   Next
'Datum an günstiger Position ausgeben
   Tag_HG$ = Left(Date, 10) 'Datum mit Jahr
   'Ausdruck Datum auf Zifferblatt
   lbl_Tag.Top = 0.75 * HG.Height
   lbl_Tag.Left = (HG.Width - lbl_Tag.Width) / 2
   lbl_Tag.Caption = Tag_HG$

   z = 500                      'Abstand vom unteren Rand
   Command10.Top = HG.Height - z   'Angepasstes Top
   For i = 0 To 2               'Farb-Button anpassen
   Command9(i).Top = Command10.Top + Com-
mand10.Height
   Next
Else
   Me.WindowState = 0
   ...
End If

S = Second(Now):  M = Minute(Now):   H = Hour(Now)
'Korrekturglied
   k = M / 2
   'neue Zeile
   Rad(0) = (H * (360 / 12) - 90 + k) * 3.14159 / 180
   'ursprüngliche Zeile
   'Rad(0) = (H * (360 / 12) - 90) * 3.1415 / 180
   Rad(1) = (M * 6 - 90) * 3.14159265 / 180
   Rad(2) = (S * 6 - 90) * 3.14159265 / 180
   MitteX = HG.ScaleWidth / 2
   MitteY = HG.ScaleHeight / 2

   MinL = MitteX * 2
   If MitteY * 2 < MinL Then MinL = MitteY * 2
   MinL = MinL / 2
   l(0) = MinL * 3 / 5    'Zeiger vergrößert u. farbig
   l(1) = MinL * 4 / 5
   l(2) = 0.95 * MinL
   For M = 0 To 2
      LINIE(M).X1 = MitteX: LINIE(M).Y1 = MitteY
      LINIE(M).X2 = MitteX + (Cos(Rad(M)) * l(M))
      LINIE(M).Y2 = MitteY + (Sin(Rad(M)) * l(M))
   Next M
   i = i + 1
End Sub
```

Korrektur: Stundenanzeige (im Zusammenhang dargestellt)

- Wenn Sie die Uhr genauer anschauen, dann fallen Ihnen noch die vier blauen Eckpunkte auf, die hier natürlich auch eine Funktion haben. So bewirkt Anklicken des Punktes rechts unten das **Ausblenden der Uhr**, nicht das Beenden des Programms. Letzteres geht nur, wenn Sie im PopUp-Menü auf „Beenden" klicken. Der Button oben rechts bringt die Uhr, wenn Sie dieselbe in ihrer Größe mal verändert haben, auf die Standardgröße zurück. Button links oben erlaubt Maximieren (Vergrößern auf gesamten Bildschirm) und der Button unten links minimiert die Uhr (was man eigentlich nicht braucht).

• Verändert man die Größe der Uhr, so gelingt dies sicher, indem Sie an einer Ecke anfassen und schräg wegziehen. An den Seiten selbst gelingt es nicht immer, aber testen Sie selbst. Beim Verkleinern der Uhr können Sie nicht unter eine Minimalgröße gelangen. Immer aber greift die Resize-Prozedur, die sofortiges Bildanpassen ermöglicht. In **Bild 6.40** ist die verkleinerte Uhr in minimaler Größe zu sehen.

Bild 6.40:
Größe des Zifferblattes nach unten begrenzt

Wie Sie wahrnehmen, sind hier zwei weitere Änderungen eingetreten. So ist zum einen die Anzeige des Datums auf dem Zifferblatt unterbunden (Der String wäre ab einer bestimmten Uhrengröße zu lang), zum andern fehlen die 60 kleinen Button am Rand der Uhr. Beides erscheint erst wieder, wenn man den blauen Button oben rechts (Standardgröße) anklickt. Welche Bewandtnis es mit den 60 Button auf sich hat, wird im nächsten Punkt angesprochen.

• Die Button am Rand – es sind eigentlich Label – sind dazu vorgesehen, dass Sie sich eine bestimmte Zeit markieren können. Aber nur zwei Button können durch Klick markiert werden. Ich nutze es bei Versteigerungen (EBAY), um mir den Ablauf der Versteigerung und die letzten 15 Sekunden vor Ende zu markieren. Gebot in quasi letzter Sekunde.

• Zum Abschluss noch eine kurze Bemerkung zu den vier Button im Zifferblatt. Hiermit können Sie die Farbe des Zifferblattes abändern (3 Möglichkeiten) bzw. das Zifferblatt von Linien auf Punkte umstellen (L, P). Allerdings: Beim nächsten Start kommen die Standardeinstellungen wieder. Aber auch dies könnte man ändern. Vielleicht eine Aufgabe für Sie!?

6.8

Lösung in:
*KP6_8\
BUTTON.VBP*

Moderne Oberflächengestaltung – Button-Beispiele

Bereits die CommandButton des modernen *Visual Basic* erlauben ein Integrieren von Grafiken (Eigenschaft *Style* auf *1-Grafisch* setzen), wie in verschiedenen Projekten dieses Buches gezeigt wurde. An anderer Stelle (s. Kap. 5.1.9) fanden CommandButton anderer Hersteller Verwendung, die erweiterte Grafikeigenschaften aufweisen (Zusatzsteuerelement aus THREED32.OCX). Hingewiesen sei zudem auf den vielseitigen CommandButton aus *Microsoft Forms 2.0 Object.Library*, dessen Möglichkeiten Sie studieren sollten (Menü Projekt/Komponenten/Steuerelemente).

Weitere Arten der Buttongestaltung, die durchgängig mit den VB-Möglichkeiten auskommen, werden in diesem Projekt vorgestellt (**Bild 6.41** und **Bild 6.42**). Die Lösungen A bis F werden kurz erklärt, der Rest sei Ihrer Analyse überlassen.

Bild 6.41:
*BUTTON.VBP
zur Entwurfszeit*

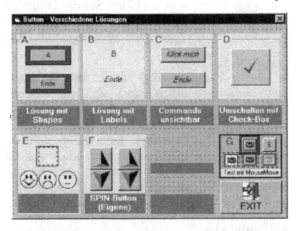

Bild 6.42:
*BUTTON.VBP
zur Laufzeit*

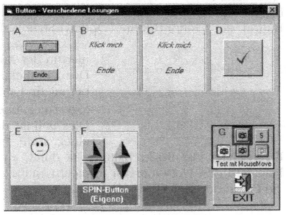

Bild 6.43:
BUTTON.VBP
(Shape markiert)

Bild 6.44:
BUTTON.VBP
(Label markiert)

Bild 6.45:
BUTTON.VBP
(Button erst nach Mausbe-rührung des La-bels sichtbar)

Bild 6.46:
BUTTON.VBP
(mit OptionBut-ton realisiert)

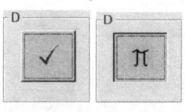

- Lösung A

Streichen Sie mit dem Mauszeiger über die im Frame A befindlichen Button, so werden hinterlegte, farbige Rechteck-Shapes sichtbar (Mouse-Move-Ereignis). Befindet sich der Mauszeiger über dem Button, wird *Shape1.Visible = True*, ist der Mauszeiger auf dem Shape bzw. im Framebereich, so wird *Shape1.Visible = False* (**Bild 6.43**).

- Lösung B

Hier werden Button ganz vermieden. Die Klickfunktion ist einem Label zugewiesen, dessen BackColor-Eigenschaft mit der des Frames (Hintergrund) übereinstimmt. Über MouseMove wird die Buttonbereitschaft durch Farbwechsel der Schrift (ForeColor) signalisiert. Verlässt der Mauszeiger das Label, so wird ForeColor zurückgestellt (**Bild 6.44**).

- Lösung C

Bei dieser Variante wird wieder mit Button gearbeitet. Allerdings sind sie zur Laufzeit erst sichtbar, wenn sich der Mauszeiger über dem darunter liegenden Shape (auch Image möglich) befindet. Jetzt hebt sich der Button hoch und fordert zum Klick auf. Ob der Fokus auf dem Button ist, entscheidet Ihre Programmierung. Diese Lösung ist auch in Visual Basic selbst (vergleiche Symbolleiste...) realisiert (**Bild 6.45**).

- Lösung D

In diesem Beispiel (**Bild 6.46**) wird statt eines Command-Button ein OptionButton (Option1.Style auf 1-Grafisch gesetzt) verwendet. Er funktioniert in der Art eines Schalters. Der gedrückte Zustand wird betont und mit einer Info belegt (hier über die Zahl π). Dies gelingt durch Zuweisung einer .BMP zur *DownPicture-*Eigenschaft. Die Rückschaltung ist durch ein Static gesetztes Flag und den Not-Operator erreicht (Analyse). Vgl. auch Circle-Programm in KP7_4_14.

• Lösung E

Diese Lösung wird mit .BMP's realisiert, die sich in Images

befinden. Die Grafiken sind vorher auf der Form abgelegt und ihr Visible auf *False* gesetzt. Erst zur Laufzeit wird das jeweilige Image, in dem die Grafik sich befindet, sichtbar gemacht (über MouseMove-Ereignis). ToolTipText verstärkt die Wirkung (**Bild 6.47**).

• Lösung F

Wiederum sind Grafiken, hier in der Form von Pfeilen, in Images bzw. auf CommandButton abgelegt (im Ansatz die

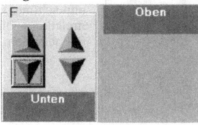

Nachbildung eines Spin-Buttons). Die Betonungen werden ebenfalls durch MouseMove bewirkt. Wird auf die links angeordneten „Button" geklickt, so wird ein jeweils zugehöriges Label („Oben", „Unten") sichtbar. Die rechts liegenden PfeilButton bewirken, damit sie nicht ohne Funktion bleiben, ein Hochzählen bzw. Runterzählen von Zahlen (**Bild 6.48**).

6.9 Oberflächen lebendig machen – Demos

In den Unterverzeichnissen dieses Kapitels finden Sie einige Animations-Programme, die Ihnen hier, ohne auf programmspezifische Fragen einzugehen, einfach rein bildlich vorgestellt werden sollen (**Bild 6.49** bis **Bild 6.56**). Demos dieser Art, ich habe sie in diesem Buch mehrfach vorgestellt, machen auch technische Programme lebendig. Man sollte sie deshalb dort, wo es Sinn macht, auch einbeziehen.

Bild 6.49:
Füllvorgang Behälter simuliert
a) *FUELL*
FUELL1.VBP
b) *KUGELBEH*
KUGELBEH.VBP

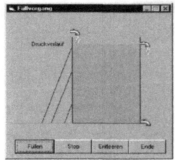
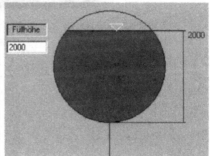

Bild 6.50:
Stromkreis
STROMKRS
STROMKRS.VBP
a) an
b) aus

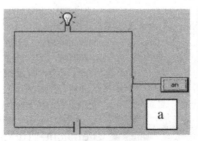 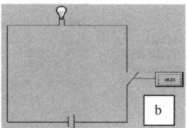

Bild 6.51:
Guldin'sche Regel am Beispiel
der Kreisfläche

Lösung in:
GULDIN
GULDIN.VBP

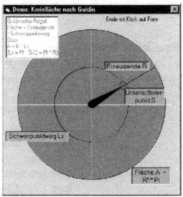

Die Zeichnung des Kreises wird mittels einer *For...Next* und Grafikmethoden dargestellt. Auf den „Uhrzeiger" – ein schönes Beispiel für Simulation – bin ich durch Zufall gestoßen.

Bild 6.52:
Demo zu Mini-max-Aufgabe
(MaxDreieck in einem Kreis)

Lösung in:
MAXDREI
MAXDREI.VBP

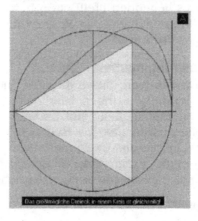

Das MaxDreieck, das innerhalb eines Kreises gesucht wird, wird mit der GDI-Funktion **Floodfill** farbig gefüllt.
Feststellung: Die maximale Dreiecksfläche innerhalb eines Kreises wird durch das gleichseitige Dreieck (siehe den überlagerten Funktionsgraphen) gebildet.

Bild 6.53:
Senkrechter
Wurf
a) Formular
b) Startbild
c) Senkr. Wurf
d) Aufprall

Lösung in:
WURF
WURF.VBP

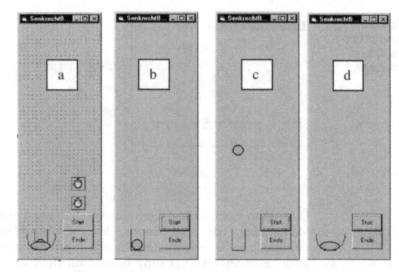

Einige gute Möglichkeiten für Demos bzw. Animationen sind in den **Microsoft Windows Common Controls-2 6.0** zusammengestellt. **Bild 6.54** zeigt Möglichkeiten.

Bild 6.54:
Demos aus Windows Common
Controls-2 6.0

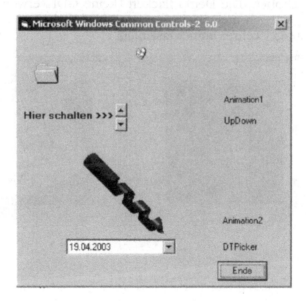

Weitere Lösungen seien auf den Folgeseiten nur angedeutet.

Bild 6.55:
Demo zu Und-
bzw. Oder-
Schaltungen

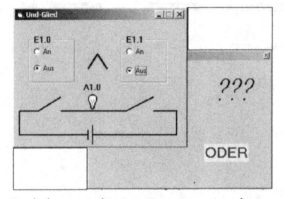

Und dann noch eine Demo zu Anschauungsbeweisen in der Mathematik. Hier ein Beweis, der auf Umstrukturierung der räumlichen Gegebenheiten basiert (ein so genannter Verschiebebeweis). Die Lösung basiert auf dem Verschieben von Dreiecken, ändert somit die Form und führt die Kathetenquadrate in das Hypotenusenquadrat über. Im Programm wird ein Dreieck nach dem anderen in seine neue Position verschoben. Die Demo flackert (keine GDI verwendet, dennoch – wie ich meine – interessant). Mich haben diese Beweise als junger Lehrer immer fasziniert.

Bild 6.56:
Verschiebe-
beweis für den
Lehrsatz des
Pythagoras
Links: Vorher
Rechts: Nachher

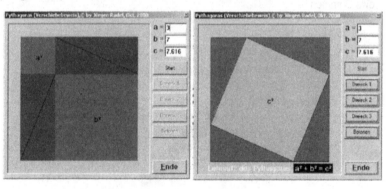

6.10 Entspannung angesagt – Das Puzzle-Spiel

Zum Abschluss dieses Kapitels ein Programm zur Entspannung – ein Puzzle. Den Vorläufer dieser Programmentwicklung finden Sie im Kapitel KP6_10_2.

Es ist ein Puzzle, das Sie sicher kennen. Man verschiebt – nach gutem Mischen – die Steine solange, bis sie genau in Reihe ihrer Zahlenfolge (so wie **Bild 6.57** es zeigt) zu liegen kommen. Bei dem Originalspiel, das ich in meiner Jugendzeit hatte, verschob man die Steine innerhalb eines Holzrahmens.

Bild 6.57:
Oberfläche des
Puzzle-Spiels
(erste Version)

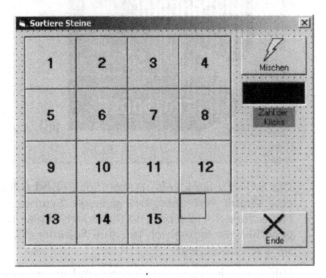

Da jeweils ein Platz leer war, konnte man in jedem Fall einen Stein bewegen, wobei es immer mehrere Möglichkeiten gab. In einem VB-Programm kann man allerdings insoweit eine Erschwernis einbauen, dass man eine mögliche maximale Zugzahl vorgibt. Dies ist in dem Programm auch erfolgt. Zudem sehen Sie bereits – dies ist als Hilfe für das Programmieren gedacht – dass in der Fläche unter den eigentlichen Steinen eine Markierung (Shape? – Sie werden es herausbekommen.) vorhanden ist, die als Orientierung bei der Verschiebung des jeweiligen Steines genutzt wird. Diese Markierung wird später natürlich herausgenommen (Visible = False), so dass bei normalen Nutzern kein Hinweis gegeben ist. Zum Mischen verwendet man die **Rnd-Funktion**, wobei **Randomize** jeweils für ein neues Mischergebnis sorgt. Genaueres wird nicht verraten, denn es soll ja ein Reiz in der Fragestellung erhalten bleiben.

Bild 6.58:
Die Nachfolge-
Version vom
ursprünglichen
Puzzle

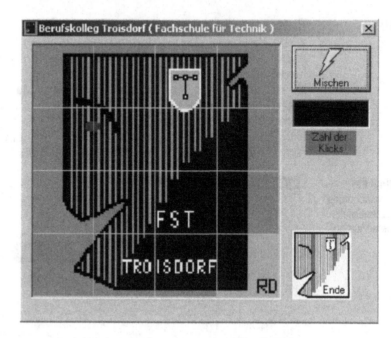

Das weiter entwickelte Puzzle-Spiel (**Bild 6.58**) wurde durch
eine Grafik verfeinert. Das gezeigte Symbol ist das Logo der
Fachschule für Technik in Troisdorf-Sieglar und ich setze es
gern hierher, zumal ich bis zum Sommer 2003 der Leiter dieser Fachschule war.

Hilfen für die Programmierung sind immer noch drin, aber es
ist ungleich schwieriger geworden. Die Bildteile wurden im
Image-Editor von VB erzeugt und dann ins Programm integriert. Die Verschiebung des gewählten Bildfeldes – sofern es
denn verschiebbar ist – erfolgt durch einfaches Anklicken
(wie beim Vorläufer auch), wobei der Zähler um 1 hochge-
zählt wird.

Abschließend möchte ich meine Grenzen offen legen, indem
ich mitteile, dass ich kein Spiele-Programmierer bin. Ich habe
dieses Spiel seinerzeit nur aus einer Laune heraus programmiert und bin mir seiner Schwächen durchaus bewusst. Die
professionellen Programmierer von Spielen mögen Nachsicht
mit meiner Programmierung haben.

Nützliches griffbereit – Anhang

7.1   Vorab zu klären (Hardware, Editionen von Visual Basic)

Hardware

Visual Basic stellt laut Handbuch von Microsoft die nachstehend aufgelisteten Mindest-Anforderungen an Ihren Rechner:

- Einen Microprozessor vom Typ 80486 oder höher
- Windows 95/98 bzw. Windows NT
- Eine Festplatte mit mindestens 60 MByte freiem Speicher (bei Komplettinstallation)

Empfohlen:
>= 486er PC
100 MB Speicher
16 MB RAM
2 MB C ⁻⁻⁻ rte

- 16 MByte Arbeitsspeicher (RAM)
- Ein CD-Rom-Laufwerk (für die Installation von VB)
- Eine Grafikkarte (VGA oder höhere Auflösung)
- Maus oder anderes Zeigegerät

Bei den zum Teil rechnungsintensiven Programmen dieses Buches ist es wichtig, einen genügend schnellen Prozessor mit ausreichendem Arbeitsspeicher zu haben. Dies verringert vor allem die Verarbeitungszeiten beim Aufbau von Grafiken.

Editionen von Visual Basic

Editionen:
Einsteiger,
Professional und
Enterprise

Visual Basic wird in 3 verschiedenen Editionen – Einsteiger, Professional und Enterprise – angeboten. Alle diese Editionen erfordern als 32 Bit-Applicationen auch ein 32 Bit-System, also Windows 95 bzw. Windows NT. Für welche Sie sich entscheiden, hängt vor allem von Ihren Arbeitszielen ab. Die Programme dieses Buches wurden für die 2. Buch-Auflage mit der Professional-*Edition* bearbeitet, auf die demzufolge meistens eingegangen wird. Die Einsteiger-Edition ist jedoch für die meisten behandelten Probleme, sieht man von einigen Defiziten ab, ebenfalls gut geeignet. Nützliche Hilfsprogramme, so der Image Editor (zum Erstellen von Icons), die Rc.exe (für Ressourcen-Dateien) u.a. werden beiden Editionen von VB 6.0 beigegeben. *Imagedit.exe* finden Sie auf der CD-ROM zu VB 6.0 unter *Common\Tools\Imagedit*, *Rc.exe* unter *Common\Tools\Resource*. Bei VB 5.0 suchen Sie im Verzeichnis *Tools...*

Der Programmierprofi wird, wenn er Wert auf äußerste Professionalität, Funktionalität, Outfit der Programme etc. legt, auf die Professional- bzw. Enterprise-Edition zurückgreifen; dies schon deshalb, da erst mit ihnen ActiveX-Steuerelemente erstellt werden können. Auf dieses spezielle Programmierfeld wird in diesem Buch jedoch nicht eingegangen.

7.2 Vorbereitende Arbeiten

7.2.1 Installieren und Starten von Visual Basic

Da *Visual Basic* mit einem komfortablen *Installationsprogramm* ausgeliefert wird, dem Sie einfach folgen können, wird hier nur auf einige wenige Punkte hingewiesen.

Bei der Installation ist zu beachten:

Installations-
hinweise

• Auf der CD-ROM zu VB 6.0 finden Sie das Installationsprogramm *SETUP.EXE*, das Sie zur Installation einsetzen müssen.

• Sie *müssen* das Installationsprogramm verwenden, da sonst die gepackten (komprimierten) Dateien nicht ordnungsgemäß dekomprimiert werden können.

• Die *README.TXT* auf der CD-ROM, die Sie in jeden gängigen Editor einlesen können, gibt neueste Programminformationen.

Installation bei
Windows 95

• Unter *Windows 95* starten Sie zur Installation den Explorer und wechseln dort auf das CD-ROM-Laufwerk (z.B. D), in das Sie die CD-ROM zu *Visual Basic* eingelegt haben. Der Eingangsbildschirm startet selbstständig. Sie können vorab Informationen einholen oder die Installation von VB starten. Ein Start der Installation ist auch über die Task-Leiste von Windows 95 möglich (Anklicken von *Start*, dann *Ausführen* wählen, in das Eingabefenster *D:\SETUP.EXE* ein-geben und mit *OK* abschließen).

• Folgen Sie jetzt dem Installationsprogramm.

• Vom SETUP-Programm wird Ihnen für die Installation von VB standardmäßig der Ordner *C:\Programme\DevStudio\VB* vorgeschlagen. Wenn Sie dies bestätigen, wird dieser Ordner angelegt und *Visual Basic* dort eingerichtet.

Wählen Sie *Ordner wechseln!*
Grund: Wenn Sie viel programmieren, sollte man das VB-Verzeichnis leichter finden. Bei der Standard-Installation aber wird es regelrecht „versteckt". Wählen Sie z.B. als Verzeichnis *C:\VB6*.

• Die nachfolgende Abfrage, die den Umfang der Installation betrifft (Standard, Benutzerdefiniert, Minimal), sollten Sie als Einsteiger mit *Standard* beantworten! Ein Wechseln des Ordners ist auch jetzt noch möglich.

• Sollte bei der Installation irgendetwas schief gehen, dann können Sie ohne weiteres das Installationsprogramm erneut aufrufen. So ist auch ein Nachinstallieren von Komponenten möglich.

• Der Abschlussbildschirm meldet die erfolgreiche Installation. Jetzt kann's losgehen!

Zum Startvorgang von VB

Bei *Windows* erfolgt der Startvorgang wie folgt (**Bild 7.01**):

- In der Taskleiste von Windows 95 *Start* anklicken.

- Mit der Maus im sich darüber öffnenden Menü das Feld *Programme* anwählen. Ohne Klick öffnet sich nach rechts hin das Programm-Menü, in dem Sie *Visual Basic 6.0* suchen. Haben Sie mit der Maus das entsprechende Feld selektiert – es wird jetzt invertiert dargestellt – öffnet sich das eigentliche Startfenster von VB 6.0.

- Sie wählen dort *Microsoft Visual Basic 6.0* und klicken drauf.

Bild 7.01:
Starten von VB

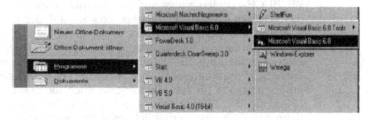

7.2.2

Verknüpfung für
Visual Basic 6.0
erstellen

Starten von VB erleichtern

Der Startvorgang von VB 6.0 kann durch ein Dateiensymbol auf dem Desktop erleichtert werden.

Und dies erstellen Sie „Schritt für Schritt" so:

- Den Windows-Explorer starten.

- Das von Ihnen eingerichtete VB-Verzeichnis öffnen. Es befindet sich bei Standardinstallation unter *C:\Programme\Microsoft Visual Studio\Vb98* (vgl. **Bild 7.02**).

Bild 7.02:
Vb6.exe im
Explorer suchen

- Den Windows-Explorer etwas verkleinern, so dass Sie Teile des Desktops sehen können.

- Die Datei Vb6.exe ausfindig machen.

- Dann den Dateinamen Vb6.exe mit der Maus fassen (linke Maustaste nach Anklicken gedrückt halten) und auf eine freie Stelle des Desktops ziehen. Danach die Maustaste loslassen. Ergebnis siehe oberes Symbol in der Randspalte.

- Klicken Sie doppelt auf die Schrift, so kann der Text des Symbols angepasst werden. Aus „Verknüpfung mit VB6.exe" wird z.B. „VB6.exe" (s. Randspalte, unteres Symbol).

- Mit Doppelklick auf das Symbol können Sie dann VB 6.0 starten.

7.2.3

Die Buch-CD

Die zum Buch gehörige CD-ROM enthält sämtliche Visual Basic-Projekte, die wir für unsere Arbeitssitzungen benötigen. Ab der dritten Auflage ist das Programmpaket, jetzt auf CD-ROM, dem Buch beigefügt. Beide Teile bilden somit eine Einheit. Von mir neu entwickelte Programme werden ab Sommer 2003 auf meiner Homepage http://www.buch-radel.de zum kostenlosen Download bereitgestellt. Hierdurch sollen die Projekte und das Buch auf neuem Stand gehalten werden.

Damit Sie auf alle Projekte zugreifen können, sollten Sie die VB_BUCH-Dateien zuerst auf Ihre Festplatte kopieren. Ich empfehle, das gesamte Projekt-Verzeichnis, das Sie auf der CD finden, zu installieren. Zur komfortablen Installation, die Sie von der CD aus vornehmen können (s. **Info.htm**), habe ich Ihnen hierfür auf der CD zwei verschiedene ZIP-Dateien bereitgestellt. Beide enthalten genau dasselbe Programmpaket, nur hat die **VB_Progs.zip** neben dem Programmpaket für fast alle Projekte auch die EXE-Dateien und eine Unmenge an Bilddarstellungen zu den Projekten. Dies erfordert dann natürlich einen erheblich größeren Speicherplatz (mehr als 200 MB). Die **VB_Prog_Min.zip** dagegen benötigt nur etwa 12 MB Speicher. Hier können die von Ihnen gewünschten EXE-Dateien später selbst erstellt oder von der CD aus herüber kopiert werden. Dieses Vorgehen wird empfohlen, da die Projekte so nur wenig Speicherplatz belegen und dennoch vom Programmierer nach eigenem Belieben abzuwandeln bzw. weiterzuentwickeln sind.

Als Verzeichnis für die Buchprojekte empfehle ich, den Namen *VBPROGS* beizubehalten. Dies hat den Vorteil, dass Sie später die Programme zum Buch im Explorer in unmittelbarer Nähe des VB6-Verzeichnisses finden, was ein Suchen von Projekten erleichtert.

Hinweisen möchte ich noch darauf, dass Sie sich durch Start eines beigegebenen Bildbetrachters vorab, also vor der eigentlichen Projektinstallation einen Überblick über alle Projekte verschaffen können. Sie können Bilder zu den Projekten anschauen, aber auch die beigegebenen EXE-Dateien von CD aus starten.

7.2.4

Symbole
einfügen bzw.
entfernen

Anpassen der Arbeitsumgebung

Ab VB 5.0 können Sie sich Ihre Arbeitsumgebung in einigen Bereichen speziell anpassen. So ist es z.B. möglich, die Standardsymbolleisten um weitere Symbole zu erweitern oder nicht gewünschte Symbole zu entfernen. Hierzu öffnen Sie das *Menü Ansicht/Symbolleiste/Anpassen...* und klicken dort auf die Registerkarte *Befehle*. Schneller erreichen Sie diesen Bildschirm, wenn Sie mit der rechten Maustaste auf die Symbolleiste von VB klicken und im Kontextmenü „Anpassen..." wählen. Links in der ListBox werden die Kategorien angezeigt. Sie stimmen weitgehend mit den Bezeichnungen der VB-Menüleiste überein. Wählen Sie eine Kategorie aus, so erscheinen rechts (unter Befehle) die zugehörigen Symbole. Haben Sie dort einen Befehl selektiert, so können Sie das Symbol nach Anklicken –

linke Maustaste gedrückt halten (!) – auf die gewünschte Symbolleiste ziehen. Unerwünschte Symbole können Sie auf der Leiste anklicken und herunterziehen. In VB 4.0 war das **Verriegelungssymbol** (Schloss, s. Randleiste) fest auf der Symbolleiste vorgesehen. Ab VB 5.0 ist dies durch Klick auf die Form über das Kontextmenü (rechte Maustaste) bzw. über das Menü *Format* zu erreichen.

Wollen Sie das Symbol wieder fest auf die Symbolleiste bringen, so wählen Sie im Fenster *Anpassen* die Kategorie *Format*. Das Schlosssymbol finden Sie dort unter *Befehle* (ganz unten!).

Andere nützliche Symbole sind *Block auskommentieren* bzw. *Auskommentierung des Blocks aufheben* (Symbole siehe Randleiste). Sie finden sie unter Kategorie *Bearbeiten*. Ebenfalls hilfreich ist das Lesezeichen-Symbol mit der Flagge (s. Randleiste), mit dem Sie im Programm-Code ein *Lesezeichen setzen/zurücksetzen* können. Dieses Symbol bedarf weiterer Symbole zum Suchen der Lesezeichen!

Symbolleiste einrichten

Damit aber nicht genug. Auch eigene Symbolleisten können Sie einrichten. Sie öffnen das Menü *Ansicht/Symbolleiste/Anpassen...* und klicken danach auf die Registerkarte *Symbolleiste*. Hier wählen Sie *Neu*, vergeben einen Namen und können Symbole integrieren.

7.2.5

Die Begriffe *Programm* u. *Projekt* werden synonym verwendet.

Ein VB-Projekt besteht aus drei o. mehr Dateien.

Aufgaben der Dateien

Verzeichnis für Ihre VB-Programme

Die in *Visual Basic* erstellten Programme, heute modern **Projekte** genannt, haben sämtlich ein Merkmal gemeinsam, sie bestehen immer aus mehreren Dateien! Ab VB 5.0 sind es mindestens drei, eine *SONSTWIE.VBP*, eine *SONSTWIE.FRM* und eine *SONSTWIE.VBW*, sehr oft mehr.

Die Erweiterung „VBP" steht hier für **V**isual **B**asic **P**rojekt,
die Erweiterung „FRM" für Visual Basic-**F**ormdatei und
die Erweiterung „VBW" für **VB**-Projekt-**W**orkspace-Datei.

Während der Programmentwicklung führt der Programmierer sehr verschiedenartige Aktionen durch, die auf *Objekte* bezogen sind. So zeichnet er z.B. Steuerelemente, die sich nach Art, Aussehen, Wirkung... unterscheiden, auf die Form, weist ihnen *Eigenschaften* (Position, Größe, Farbe, Name...) zu und legt ProgrammCode in objektbezogenen *VB-Ereignisprozeduren* ab. Zur Laufzeit (= Runtime) soll all dies fehlerfrei wirksam werden. Dies bedingt das Sichern der Informationen in einer Datei. Die Entwickler von VB haben dafür die **.FRM*-Dateien vorgesehen. Sie ist eigentlich die wichtigste Datei des gesamten Projektes. Fehlt sie, ist das Projekt unbrauchbar!

Die **.VBP* hat mehr die Oberaufsicht. Dort wird festgehalten, wer am Projekt beteiligt ist, sich an welcher Stelle der Festplatte befindet usw. Dazu gibt es bei kleineren Programmen noch nicht sehr viel zu behalten, so dass die **.VBP* – vom Speicherplatz her betrachtet – als anspruchslos einzustufen wäre. Nur, sie ist äußerst empfindlich, wenn auch nur einer der Projektpartner beim Start nicht erscheint. Es wird sofort gemeldet (MessageBox). Ursache ist, dass VB die Datei nicht gefunden hat. Entweder haben Sie sie aus Versehen gelöscht, umbenannt oder verschoben. Oder: Sie haben nicht ganz genau Acht gegeben, wo die einzelnen Komponenten gespeichert werden, verschieben dann aus anderen Gründen womöglich das Verzeichnis und weg ist die Verknüpfung.

Die *.*VBW* sichert Daten über den verwendeten Arbeitsbereich.

Fügen Sie jetzt noch Grafikelemente (Bitmaps o.a.) bzw. Texte in TextBoxen in Ihr Programm ein, schon haben Sie Ihr Projekt um eine weitere Datei, es wäre die vierte (eine *SONSTWIE.FRX*), erweitert.

In der *.FRX* werden u.a. Informationen über Grafiken gespeichert.

VB speichert Informationen dieser Art gesondert ab.

Fazit: Die alten DOS-Zeiten sind endgültig dahin, in denen man auch bei großen Projekten meistens mit nur einer Datei auskam (einer *SONSTWIE.BAS* bzw. daraus abgeleitet einer *SONSTWIE.EXE*).

Heute gilt: Ein Projekt = eine Datei, diese Zeiten sind leider vorbei!

Konsequenz:

Machen Sie es sich und VB einfach, indem Sie sämtliche zu einem Projekt gehörigen Dateien schön zusammenhalten. Dies geht am sichersten, wenn Sie sie alle in **einem** Verzeichnis unterbringen.

Jedes Projekt erhält ein eigenes Verzeichnis!!!

Verzeichnis für eigene VB-Projekte einrichten

Zur Praxis: Legen Sie sich auf Ihrer Festplatte ein Verzeichnis für Ihre VB-Projekte an, z.B. *VBPROGS*, in dem Sie alle Ihre Projekte in klar benannten Unterverzeichnissen ablegen. Dies erleichtert es, später die eigenen VB-Projekte zu sichten bzw. zu finden. *Übrigens*: Unter Windows hilft Ihnen der Explorer beim Anlegen von Verzeichnissen (*Menü Datei/Neu/Ordner*).

7.3   Programme zum Buch – auch für VB 5.0 / VB 4.0

Diejenigen, die weiterhin VB 5.0 (oder VB 4.0) verwenden wollen, können die (meisten) Projekte dieses Buches auf diese Vorgängerversionen umstellen. Hierbei sollten Sie die VB 6.0 Projekte zuerst auf VB 5.0 und erst danach auf VB 4.0 umstellen.

Ein einfaches Starten des Projekts in VB 5.0 über Anwahl der *.VBP ist allerdings nicht möglich. Es führt beim Programmaufruf zu folgender Fehlermeldung (**Bild 7.03**).

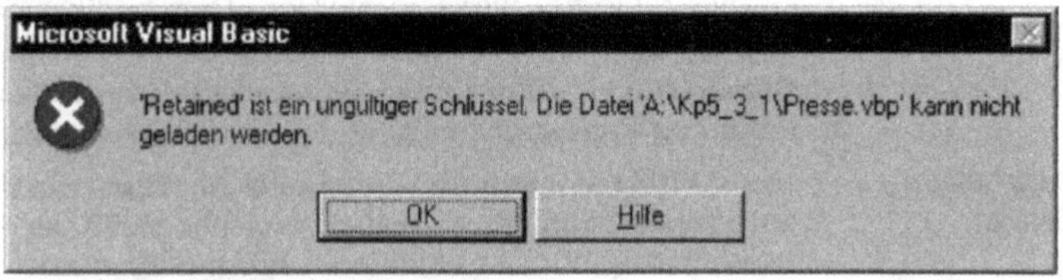

Bild 7.03:
VB 5.0 meldet eine fehlerhafte Projektdatei!

Microsoft Visual Basic

❌ 'Retained' ist ein ungültiger Schlüssel. Die Datei 'A:\Kp5_3_1\Presse.vbp' kann nicht geladen werden.

    OK   Hilfe

Starten Sie dagegen das Projekt über die *.FRM, so überschreibt VB – ohne jegliche Anmerkung – stillschweigend die vorhandene *.VBP und macht so das Projekt unter VB 5.0 lauffähig. Aufwendiger wird die Umwandlung, wenn das Projekt mehrere Formen besitzt. Hier müssen Sie die weiteren einzelnen Formen dem Projekt nachträglich eingliedern (*Menü Datei/ Datei hinzufügen...*).

Diesen Aufwand können Sie vermeiden, wenn Sie die *.VBP des VB 6.0-Projektes in einen Texteditor (Wordpad) laden und dort die Zeile der Datei, die die Fehlermeldung (vgl. Bild 7.03) verursachte („Retained ist ein ungültiger Schlüssel...."), einfach löschen. Die Zeile lautet: „Retained = 0". Je nach verwendetem Editor müssen Sie allerdings darauf achten, dass Sie beim Schließen des Editors die Datei nicht als Textdatei (*.TXT, was zuweilen vorgeschlagen wird) speichern, sondern wieder als *.VBP!

Wie Sie beim weiteren Umwandeln des Programms in ein VB 4.0-Projekt vorgehen sollten, ist in der *VB4.TXT*, die Sie auf der Buch-CD im Verzeichnis INFO finden, erklärt. Dort finden Sie auch Hinweise zu **LOG-Dateien**.

7.4 Das Programmieren erleichtern – Arbeitshilfen

Lösungen unter KAP7

In diesem Abschnitt finden Sie einige Hilfsprogramme, die in Kurzform vorgestellt werden. Das jeweilige komplette Programm-Listing können Sie – falls Sie VBProgs als Verzeichnis gewählt haben – dort unter \ *VBProgs\Kap7* auf Ihrer Festplatte sichten. Programmtechnische Hinweise unterbleiben aus Raumgründen weitgehend.

7.4.1 Aufruf weiterer Formen (About, Info...)

Lösung in: KP7_4_01\ ABOUT.VBP

Zusätzliche Formen können *gebunden* oder *ungebunden* angezeigt werden (s. a. Projekt *KP7_4_14*).
Syntax: **Objekt.Show [Stil]**
- Form2.Show 1   (Stil 1 = gebunden)
- Form2.Show 0   (Stil 0 = ungebunden)

Soll auf eine Meldung mittels Info-Form vom Benutzer reagiert werden, so ist die Form *gebunden* zu laden **(Bild 7.04)**. Auf die

Bild 7.04: Aufruf weiterer Formen...

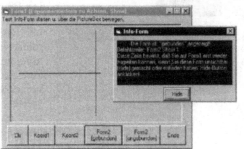

Hauptform kann in diesem Fall erst wieder zugegriffen werden, wenn die Info-Form ausgeblendet worden ist. Entfernen der Form erfolgt mit **Hide** (die Form wird hierdurch ausgeblendet, bleibt aber im Arbeitsspeicher) bzw. mit **Unload Me** (Form wird entladen, also aus dem Speicher entfernt). Beim ungebundenen Laden rückt die Hilfsform beim Anklicken der Hauptform in den Hintergrund, bleibt aber auf dem Bildschirm.

7.4.2

Lösung in:
KP7_4_02
BORDER.VBP

BorderStyle (Randgestaltung von Formen)

In diesem Demo-Projekt werden die verschiedenen Möglichkeiten, die VB bei der Randgestaltung von Formularen (Formen) zulässt, dargestellt (Form0 bis Form6). Die Anwahl der jeweiligen Form erfolgt über CommandButton, die in einer Symbolleiste (PictureBox) angeordnet sind. Bei der Beschriftung der durch *Show* aufgerufenen Form wird die **Tag-Eigenschaft** der PictureBox... genutzt. Max- und

Bild 7.05:
Aufruf weiterer
Formen...

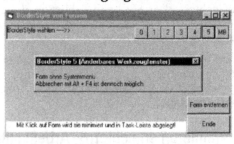

MinButton sind *False* gesetzt. Dennoch kann die Form als Hilfsprojekt in die Task-Leiste von Windows eingetragen werden (Klick auf die Form). Dies gelingt, weil die Eigenschaft **WindowState** der Form gleich 1 (minimiert) gesetzt worden ist.

Durch den Klick (s. Form_Click) werden die Hilfsformen unsichtbar gemacht (Hide) und die Hauptform wird in der Toolleiste von Windows abgelegt (**Bild 7.05**).

7.4.3

Lösung in:
KP7_4_03
COMBO.VBP

ComboBox (Auswahl erleichtern)

In diesem Programm (Benutzeroberfläche s. **Bild 7.06**) werden ComboBoxen zur Einstellung von ForeColor (Schrift), BackColor (Hintergrund) und Schriftgröße (**FontSize**) eingesetzt. Mit CheckBoxen werden weitere Schriftattribute eingestellt (Fett → **FontBold**, kursiv → **FontItalic**, unterstrichen → **FontUnderline**, durchgestrichen→**FontStrikethru**).

Bild 7.06:
ComboBoxen verwenden

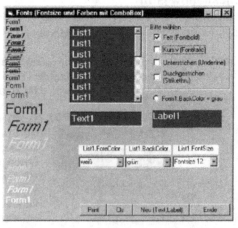

Als Methoden finden **Cls** (für die Form) und **AddItem** bzw. **RemoveItem** (für die ListBox) Verwendung. Dem Listing des Programms ist zu entnehmen, wie im Einzelnen programmiert wurde. ComboBoxen sind besonders dazu geeignet, um aus verschiedenen Vorgabewerten einen gewünschten auszuwählen (vgl. auch Kap. 7.4.11).

7.4.4

Lösung in:
KP7_4_04
FARBWAHL.VBP

Farbwahl (QBColor, RGB)

Mit diesem Programm können Sie die üblichen 16 DOS-Farben darstellen (**QBColor**, einzeln in Demo aufrufbar oder alle gemeinsam). Zusätzlich können Sie eine Fülle von Farbnuancen mittels **RGB** voreinstellen und anzeigen. Auch automatisches Durchlaufen der Zahlen von 0 bis 255 für die Komponenten *Rot, Grün* und *Blau* ist möglich. Durch den Button (Caption *„Stop")* wird die gewünschte Farbe wertmäßig festgehalten (vgl. **Bild 7.07**).

Bild 7.07:
Farbwahl mit RGB
bzw. QBColor

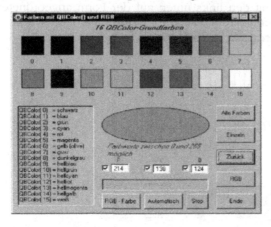

7.4.5

Lösung in:
*KP7_4_05\
HOTSPOT.VBP*

Bild 7.08:
HOTSPOT.VBP
(Benutzerober-
fläche)

Hotspots (QuickInfo)

Dieses Programm zeigt verschiedene Möglichkeiten auf, wie man Hotspots (Schnell- bzw. QuickInfos) zu bestimmten Steuerelementen eines Formulars programmiert. Ab VB 5.0 hat dies an Bedeutung verloren, da der Programmierer jetzt über die Eigenschaft **ToolTip-**

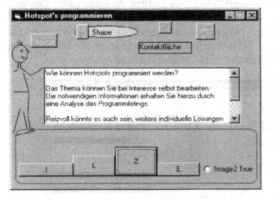

Text verfügt, mit der nur durch Zuweisung der Textangabe die Arbeit erledigt ist. Will man jedoch, abweichend von diesem Standard, eigene Hotspots entwickeln, so kann das Programm nützen. Die Benutzeroberfläche zur Laufzeit ist in **Bild 7.08** dargestellt.

7.4.6

Lösung in:
*KP7_4_06\
ICONHELP.VBP*

Icon-Hilfsprogramm (um Raster zu drucken)

Will man im Image-Editor, der ab VB 5.0 mitgeliefert wird, eigene Icons (.ICO) erstellen, so wird dies einfacher, wenn der Entwurf der Darstellung vorher auf einem 32 x 32 Raster von Hand vorgenommen wird und erst danach die Übertragung in den Image-Editor erfolgt. Das Programm erlaubt es, 1, 2, 4 oder 6 Rasterflächen je Druckseite auf dem Drucker auszugeben. Zusätzlich wird in diesem Programm das *ClipBoard* von Windows als VB-Objekt genutzt. Ein einzelnes Raster wird zunächst in einer PictureBox gezeichnet und kann dann in die Zwischenablage übernommen werden. Den Inhalt der Zwischenablage kann man zudem vom Programm aus sichten oder auch löschen. Die Wahl der auszudruckenden Rasterzahl erfolgt mit den links unten auf der Form angeordneten CheckBoxen. Die Benutzeroberfläche ist in **Bild 7.09** dargestellt.

Bild 7.09:
ICONHELP.VBP
(Benutzerober-
fläche)

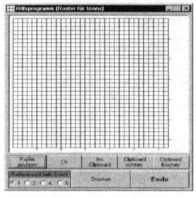

7.4.7

Lösung in:
*KP7_4_07\
LIST.VBP*

ListBox (Ausgabe von Werten u.a.)

Mit diesem Programm (**Bild 7.10**) können Sie Programmierbausteine, die ListBoxen in VB betreffend, kennen lernen. Aufgezeigt wird Einlesen in eine ListBox, Verschieben von Zeilen, Übernehmen in die Zwischenablage u. a. Experimentieren Sie mit dem Programm und analysieren Sie das Listing. *Hinweis*: Die CommandButton rechts unten sind überlappt angeordnet, damit Sie erkennen können, dass VB zur Ablage von Steuerelementen verschiedene *Schichten* verwendet. Man kann nur unverriegelte Steuerelemente in den Vordergrund rücken ... (s. *Menü Format/Reihenfolge*).

Bild 7.10:
Möglichkeiten der
ListBox ergründen

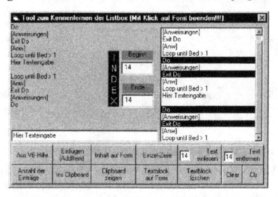

7.4.8
Lösung in:
*KP7_4_08\
MOUSE.VBP*

Mauszeiger (Arten, Eigene)

Das Programm zeigt die seinerzeit von VB 4.0 bereitgestellten Mauszeiger (**Bild 7.11**) einzeln oder alle. Ab VB 5.0 sind zusätzliche Mauszeiger (Nr. 13 → Pfeil + Sanduhr, Nr. 14 → Pfeil + ?) integriert.

Eine Erweiterung des Programms um diese Mauszeiger könnte eine gute Übung sein. Hotspots („Start" und „Test") lenken den Benutzer. Ein Klick auf die T-Taste (s. Maussymbol) blendet das Testfeld ein. Gehen Sie mit der Maus auf dieses Feld, so wechselt der Mauszeiger seine Gestalt, er wird zu einem Quadrat mit Diagonalen. So kann deutlich gezeigt werden, dass der *Mittelpunkt* der üblichen Icons sozusagen der *Kontaktpunkt* ist. Verlässt er nämlich das Testfeld, so wechselt der Mauszeiger sofort seine Gestalt (Pfeilsymbol). Nur beim Entwurf eigener Cursor-Symbole, die Sie auch mit dem Image-Editor

Bild 7.11:
Mauszeiger bei Vorgängerversion Visual Basic 4.0 (ab VB 5.0 auf 14 Symbole erweitert)

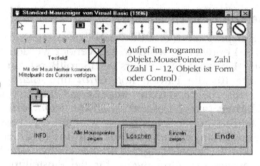

erstellen können, ist es möglich, einen anderen Punkt zum Kontaktpunkt zu machen. Mit INFO-Button wird rechts auf der Form ein Textfeld gezeigt, dem Sie den ProgrammierCode entnehmen können (Bild 7.11, „Aufruf...").

7.4.9 MessageBox (Fehler melden...)

Lösung in:
*KP7_4_09\
MSGHILF.VBP*

Da VB sehr viele Möglichkeiten für die Gestaltung und den Einsatz von MessageBoxen zulässt, man sich aber die Unmenge an Einstelkonstanten (interne VB-Konstanten) nicht merken kann, wird dem Programmierer dieses Hilfsprogramm nützlich sein. Rein visuell (vgl.

Bild 7.12:
Hilfsprogramm für MessageBoxen

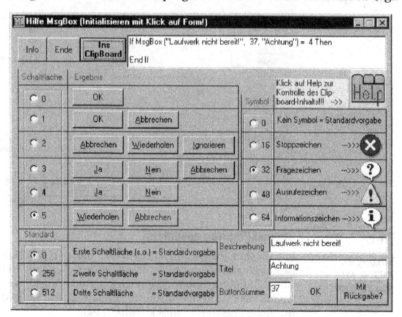

Bild 7.12) können Sie sich Ihre gewünschte MessageBox zusammenstellen, den Text eingeben und den ProgrammCode ins Clipboard kopieren, von wo aus er dann in Programme übernommen werden kann. Durch Anklicken von *OK* wird die MessageBox angezeigt und die ButtonSumme eingefügt. Rückgabewerte können berücksichtigt werden. Wie Sie eigene MessageBoxen mit anderen CommandButton einrichten können, wurde in Kapitel 5.3.4 erklärt. Ein Klick auf die Form setzt die Oberfläche in den Ausgangszustand zurück (Initialisieren, für den Entwurf einer neuen MessageBox).

7.4.10

Lösung in:
*KP7_4_10\
SCROLL.VBP*

ScrollBar (zur Farbwahl nutzen)

Dieses Hilfsprogramm (s. **Bild 7.13**) ist aus einer Programm-Beigabe von VB 4.0 entwickelt worden. Verwendet werden 3 Verschiebebalken (hier Horizontal-ScrollBars = HScrollBars) zur Einstellung der RGB-Werte für die Farben *Rot*, *Grün* und *Blau*. Wichtige Eigenschaften für die ScrollBars sind **LargeChange** (auf 10 gesetzt), **SmallChange** (auf 1 gesetzt) und **Max** bzw. **Min**. Klickt man auf einen PfeilButton der ScrollBar, so wandert der bewegte Schaltknopf um 1 (SmallChange) weiter, klickt man ins Feld der ScrollBar, so ist der Schritt 10 (LargeChange). Die Max- bzw. Min-Werte geben die jeweils festgelegten Grenzwerte für die Einstellung von Zahlen an. Der festgelegte RGB-Wert kann ins Clipboard gegeben und somit in andere Programme integriert werden. Eine Kontrolle ist möglich.

Bild 7.13:
Hilfsprogramm für
Shapes (Figuren)

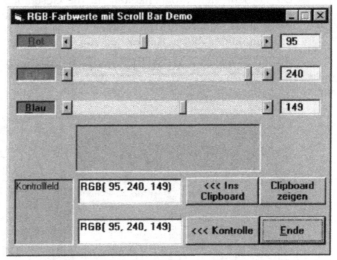

7.4.11

Lösung in:
*KP7_4_11\
SHAPE.VBP*

Shapes (Figuren gestalten)

Mit diesem Programm können Sie die von VB bereitgestellten Shapes anzeigen (ComboBox links unten). Zusätzlich lassen sich Farben (Rand, Hintergrund...), Linienarten und Füllstil festlegen und somit testen. Der CommandButton „Initialisieren" stellt das Formular auf die Ausgangswerte zurück (**Bild 7.14**).

Bild 7.14:
Hilfsprogramm für
Shapes (Figuren)

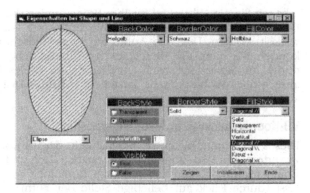

7.4.12

Lösung in:
*KP7_4_12\
TASTEN.VBP*

Tastatur (ANSI, Ascii, TastenCode)

Das Programm zeigt die Windows 95-Tastatur im Ausschnitt, wie sie sich zur Laufzeit ergibt. Wichtige Tasten können mittels OptionButton hervorgehoben werden. Dieser Bereich ist nur teilweise ausprogrammiert und kann erweitert werden. Außerdem können Hilfsformulare eingeblendet werden, so u.a. die ANSI–Tabelle, in der die Ascii-Codenummern sämtlicher Zeichen Ihrer Tastatur aufgeführt werden. Insoweit können Sie dieses Programm auch als Ergänzung zu Kapitel 4.4 (Tafeln/Tabellen) ansehen und nutzen. Ausgedruckt

ANSI-Tabelle (rot -> Tasten-Code, blau -> Ansi-Zeichen)

1 I	21 I	41)	61 =	81 Q	101 e	121 y	141 I	161 ¡	181 µ	201 É	221 Ý	241 ñ
2 I	22 I	42 *	62 >	82 R	102 f	122 z	142 I	162 ¢	182 ¶	202 Ê	222 Þ	242 ò
3 I	23 I	43 +	63 ?	83 S	103 g	123 {	143 I	163 £	183 ·	203 Ë	223 ß	243 ó
4 I	24 I	44 .	64 @	84 T	104 h	124 |	144 I	164 ¤	184 ‚	204 Ì	224 à	244 ô
5 I	25 I	45 -	65 A	85 U	105 i	125 }	145 '	165 ¥	185 '	205 Í	225 á	245 õ
6 I	26 I	46 .	66 B	86 V	106 j	126 ~	146 '	166 ¦	186 º	206 Î	226 â	246 ö
7 I	27 I	47 /	67 C	87 W	107 k	127 I	147 I	167 §	187 »	207 Ï	227 ã	247 ÷
0 I	28 I	48 0	68 D	88 X	108 l	128 I	148 I	168 ¨	188 ¼	208 Ð	228 ä	248 ø
9	29 I	49 1	69 E	89 Y	109 m	129 I	149 I	169 ©	189 ½	209 Ñ	229 å	249 ù
10 I	30 I	50 2	70 F	90 Z	110 n	130 I	150 I	170 ª	190 ¾	210 Ò	230 æ	250 ú
11 I	31 I	51 3	71 G	91 [	111 o	131 I	151 I	171 «	191 ¿	211 Ó	231 ç	251 û
12 I	32	52 4	72 H	92 \	112 p	132 I	152 I	172 ¬	192 À	212 Ô	232 è	252 ü
13	33 !	53 5	73 I	93]	113 q	133 I	153 I	173 -	193 Á	213 Õ	233 é	253 ý
14 I	34 "	54 6	74 J	94 ^	114 r	134 I	154 I	174 ®	194 Â	214 Ö	234 ê	254 þ
15 I	35 #	55 7	75 K	95 _	115 s	135 I	155 I	175 ¯	195 Ã	215 ×	235 ë	255 ÿ
16 I	36 $	56 8	76 L	96 `	116 t	136 I	156 I	176 °	196 Ä	216 Ø	236 ì	
17 I	37 %	57 9	77 M	97 a	117 u	137 I	157 I	177 ±	197 Å	217 Ù	237 í	
18 I	38 &	58 :	78 N	98 b	118 v	138 I	158 I	178 ²	198 Æ	218 Ú	238 î	
19 I	39 '	59 ;	79 O	99 c	119 w	139 I	159 I	179 ³	199 Ç	219 Û	239 ï	
20 I	40 (	60 <	80 P	100 d	120 x	140 I	160	180 ´	200 È	220 Ü	240 ð	

Info zu speziellen Tasten: 8 = BackSpace
9 = Tab
10 = SeiteVor
13 = Return
27 = ESC
32 = Space

Ende (auch mit ESC)

Hinweise zum Programm-Code:
>> Form1.Print Chr$(27) << erzeugt ESC

Bild 7.15: Oberfläche ANSI-Hilfsprogramm (ANSI-Tabelle)

erhalten Sie ein Hilfsmittel für Ihre Programmierarbeit.
Das Programm ist für eine Bildschirmauflösung von 800 * 600 entwickelt worden. Liegt die Auflösung Ihres Bildschirms darunter, so
können Sie nicht alle Bereiche der Tabelle sehen. Ein Anpassen
dürfte für Sie jedoch nach Durcharbeitung dieses Lehrgangs kein
allzu großes Problem mehr darstellen. In **Bild 7.15** ist diese Tabelle
abgebildet.

7.4.13

Lösung in:
KP7_4_13
VB_KOORD.VBP

VB-Koordinatensystem, Mauszeigerposition

Dieses Programm bietet die Möglichkeit, das VB-Koordinatensystem
zu erforschen. So können die Angaben *Left* und *Top* für einen
CommandButton, der sich auf dem Container Form1 positionieren
lässt (durch Klick auf beliebige Stelle der Form), verfolgt werden.
Die Angabe der Position (Left = x, Top = y) erfolgt auf dem Button
selbst (**Bild 7.16**). Die Maßangabe erfolgt hier in Twips. Streichen
Sie mit der Maus über die Button mit Caption „-X", „+X", „-Y", „+Y",
so ist langsames Verschieben möglich (MouseMove-Ereignis wird

Bild 7.16:
Hilfsprogramm zum
Experimentieren mit
dem VB-Koor-
dinatensystem

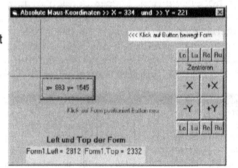

genutzt). Die obere But-
ton-Reihe (Lo → links
oben, Lu → links unten...)
setzt den Button jeweils in
die Eckbereiche der Form.
Auch eine Formbewegung
ist möglich (Untere Reihe
Lo → links oben...) bzw.
Klick auf den Command-
Button. In der Titelleiste
wird die absolute Mauspo-
sition in Pixel angegeben

(gilt für Mausbewegung auf dem gesamten Screen!). Wie dies alles
geht, können Sie selbst herausfinden (ProgrammCode-Analyse).

7.4.14

Lösung in:
KP7_4_14
CIRCLE.VBP

Circle-Methode (zur Figurendarstellung)

Im hier vorgestellten Programm wird mit der Circle-Methode expe-
rimentiert. Klicken Sie die CheckBox an, die sich links neben der
PictureBox befindet (sie ist angeklickt), dann sind sämtliche Button,
mit denen Sie die Anzeige beeinflussen können, sichtbar. Die integrierten Bilder der Button informieren darüber, welche Figur nach
Anklicken in der PictureBox angezeigt wird. Anzumerken ist, dass
die Butten keine CommandButton sind, sondern OptionButton. Bei
ihnen wurde die **Style**-Eigenschaft auf *1-Grafisch* gesetzt. Diese Einstellung hat, wie Sie während der Laufzeit wahrnehmen können,
den Vorteil, dass die Button den „gedrückten" Zustand auch beibehalten. Mit der Eigenschaft **Down-Picture** können Sie diesem Zustand eine andere Grafik (hier Hand, vgl. **Bild 7.17**) zuweisen. Über
die Picture-Eigenschaft wird dem OptionButton die Grafik für den
nicht gedrückten Zustand zugewiesen. Experimentieren Sie mit dem
Programm und analysieren Sie es.

Bild 7.17:
Figuren mittels
Circle-Methode
anzeigen

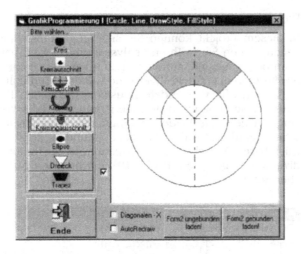

7.4.15 Bildbetrachter – ein Vielzweckwerkzeug

Lösung in:
*KP7_4_15\
BILDBETR.VBP*

Dieses Programm ist Ihnen bereits bekannt, denn Sie haben es evtl. benutzt, als Sie sich einen ersten Überblick über die auf der CD angebotenen Projekte verschafft haben. Das Programm kann von Ihnen selbst zu einem vielschichtig zu nutzenden Werkzeug weiterentwickelt werden. Stichworte: Projektbilder (*.BMP, *.JPG u.a. Formate) anschauen, Text-Dateien, VBP's und FRM's lesen, Visual Basic-Projekte in der Entwicklungsumgebung über die VBP direkt starten, EXE-Dateien starten, Infos zu den Projekten sammeln usw. Genug der Worte, hier nun die Oberfläche (**Bild 7.18**):

Bild 7.18:
Benutzerober-
fläche

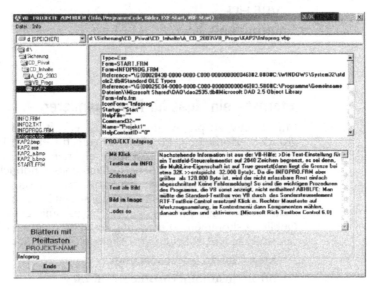

7.4.16

Lösung in:
KP7_4_16
BAUSTEIN.VBP

Projektbausteine sammeln

In diesem Projekt können Sie sich programmtechnische Besonderheiten, denen Sie in Ihren Analyseübungen bzw. bei Internetrecherchen begegnet sind, aufheben und übersichtlich sortieren. Dies kann die Programmierarbeit allein schon dadurch erheblich vereinfachen, weil Sie häufig verwendete Bausteine (Schleifen, IF ... Then, Select Case, Pause-Funktion usw.), die ja immer wieder vorkommen, ohne lange in den verschiedenen Programmen herumsuchen zu müssen, schnell griffbereit haben können. Gefunden, kopiert, integriert – ein fruchtbarer Dreischritt. Das Programm ist leicht auszubauen und individuell zu gestalten (**Bild 7.19**), ein bisschen Anpassungsarbeit ist aber nötig.

Bild 7.19:
Benutzeroberfläche

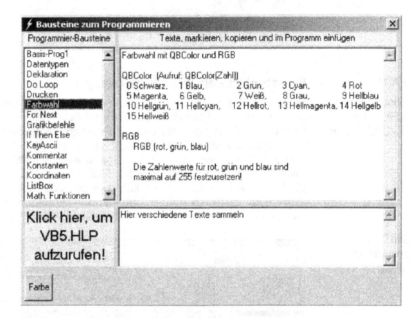

7.5

Internet – ein Muss für Programmierer

Um effektiv zu programmmieren, ist es oft aus Kosten- und Zeitgründen erforderlich, Problemlösungen für eigene Programme bzw. für Details in denselben aus „nicht eigenen Informationsquellen" zu beschaffen. Neben VB-Büchern, Microsoft-Handbüchern, speziellen Zeitschriften zu Visual Basic, Kontakt zu Newsgroups u.a. hat sich als besonders ergiebige Informationsquelle das *Internet* herausgestellt. Kaum ein professioneller Programmierer kann ohne diese Quelle auskommen. Die wichtigsten ersten „Anlaufstellen" im Internet sind die MSDN-Seiten von Microsoft selbst. Adressen:

http://msdn.microsoft.com

http://msdn.microsoft.com/library

Auf beiden Seiten finden Sie diverse Verzweigungen zu speziellen Fragestellungen, die Sie sichten sollten. Nachteil: Der Text ist meistens in Englisch. Nur selten wird Umschalten auf eine andere Sprache angeboten. Eine Ausnahme bildet nur die Microsoftseite
http://www.microsoft.com/germany
die Sie zum Kennenlernen auch besuchen sollten.

Ein Supportvertrag mit Microsoft kommt – allein wegen der Kosten – für den „Normalprogrammierer" nicht in Betracht. So bleibt im Allgemeinen keine andere Möglichkeit, als sich mit dem oben erwähnten Angebot (MSDN) abzufinden und anzufreunden. Zum Glück sind ja auch die meisten von uns nur Hobby- und Freizeitprogrammierer, die getrost auch mit weniger professionellen Angeboten auskommen können.

Ich selbst beschreite zunehmend mehr folgenden Weg:

Ich gebe in einer Suchmaschine (Goggle o.a.) ein mich interessierendes Stichwort zu Visual Basic ein und starte die Suche.

Wenn Sie dies auch versuchen, werden Sie erstaunt sein, welche Fülle an Angeboten Sie erhalten. Daraus können Sie dann probeweise einige auswählen. Bereits nach kurzer Zeit können Sie ja die Ergiebigkeit erkennen. Machen Sie einfach eine Probe, z.B. mit den Stichworten Floodfill, vb, newsgroups oder was Ihnen so einfällt. Das Ergebnis wird sich in jedem Falle sehen lassen können.

Ich bin auf diesem Weg zum Beispiel auf folgende VB-Internet-Adressen gestoßen, die ich hier allein schon deshalb hersetze, weil sie in Details wirklich ergiebige Angebote machen.

http://www.vbarchiv.net   (Tipps & Tricks, API...)

http://www.activevb.de

http://www.xpclean.de/visualbasic/index.htm

Eine ganz wichtige Seite für Programmierer, die - wie ich -Technik-Probleme im Visier haben, sei zum Schluss noch erwähnt. Es ist die Seite von Fachhochschulprofessor R. Hirte:

http://rhirte.de/vb/home.htm

Auf dieser Seite finden Sie einen sehr breit gefächerten Kurs für VB, mit sehr vielen Beispielen; aber keinesfalls mit niedrigem Anspruch. Es lohnt sich aber, so dass ich den Besuch wärmstens empfehlen kann. Auch können Sie das gesamte Kursmaterial als ZIP-Datei kostenfrei von der Seite downloaden.

Weitere Links zu ergiebigen Quellen über VB, HTML u.a. finden Sie auch auf meiner Homepage (**http://www.buch-radel.de**). Ich bemühe mich, die Aktualität zu sichern.

7.6 Literatur- und Quellenverzeichnis

Es sind nur die Bücher genannt, die ich häufiger benutze.

A) Mathematik / Technik

1. Böge, Alfred: Mechanik und Festigkeitslehre, Braunschweig/ Wiesbaden (1990), 21. Aufl.
2. Dubbel, H. (Hrsg.): Taschenbuch für den Maschinenbau. Berlin u.a.O. 1970. , 13. Aufl.
3. Eck, Bruno: Technische Strömungslehre. Berlin 1961. 6. Aufl.
4. Eck, Bruno: Ventilatoren. Berlin 1962. 4. Aufl.
5. Gellert, W. u.a. (Hrsg.): Kleine Enzyklopädie Mathematik. Basel 1965.
6. Kraemer, Otto: Mut zur Muße. Verband für Arbeitsstudien:Refa-Nachrichten, Darmstadt, 7 (8), 1955, Heft 4
7. Kraemer, Otto: Getriebelehre, Karlsruhe (1978). 7. Aufl.
8. Kraemer, Otto: Bau und Berechnung der Verbrennungsmotoren. Berlin u.a.O. 1963. 4. Aufl.
9. Rödel, Heinrich: Hydrodynamik. Braunschweig 1953. 5. Aufl.
10. Roloff/Matek: Maschinenelemente. Braunschweig, Wiesbaden.
11. Scheibe/Waschinger: Hilfsbuch für den Vorrichtungskonstrukteur und Werkzeugmacher. Braunschweig 1968.
12. Szabo, Istvan: Einführung in die Technische Mechanik. Berlin 1966. 7. Aufl.

B) Visual Basic

1. Visual Basic – Handbücher (alle Versionen).
2. Appleman, Dan: Visual Basic Programmers Guide to the Win32 Api. Indianapolis 1999.
3. Appleman, Dan: Dan Applemans Win32 Puzzle-Buch. Bonn 2000.
4. Doberenz/Kowalsky: Visual Basic 6, Kochbuch. Müchen 1999.
5. Kofler, Michael: Visual Basic 6. München 1999.
6. Maslo, Andreas: Visual Basic 5. Düsseldorf 1997.
7. Monadjemi, Peter: Visual Basic 5. Kompendium. Haar bei München 1997.

8

Schlag nach – Stichwortverzeichnis

Haupteintrag in
Fettdruck

f → und die
folgende Seite
ff → und die
folgenden Seiten

Bestseller aus dem Bereich IT erfolgreich lernen

Rainer Egewardt
Das PC-Wissen für IT-Berufe:
Hardware, Betriebssysteme, Netzwerktechnik

Kompaktes Praxiswissen für alle IT-Berufe in der Aus- und Weiter-
bildung, von der Hardware-Installation bis zum Netzwerkbetrieb
inklusive Windows NT/2000, Novell-Netware und Unix (Linux)
2., , überarb. u. erw. Auflage 2002. XVIII, 1112 S. mit 903 Abb. Br.
€ 49,90   ISBN 3-528-15739-9

Inhalt: Micro-Prozessor-Technik - Funktion von PC-Komponenten -
Installation von PC-Komponenten - Netzwerk-Technik - DOS - Windows
NT4 (inkl. Backoffice-Komponenten) - Windows 2000 - Novell Netware -
Unix/Linux - Zum Nachschlagen: PC-technische Informationen für die
Praxis

Die neue Auflage dieses Bestsellers, der sich in Ausbidlung und Praxis
bewährt hat, berücksichtigt auch die neuesten Hardware- und Netz-
werktechnologien. Die Erweiterungen umfassen darüber hinaus die
Optimierungen von Netzwerken sowie die Windows NT4 Backoffice-
Komponenten wie System-Management-Server, Proxy-Server, Exchange-
Server und WEB-Server Option-Pack. Die Grundidee des Buches blieb
von den Erweiterungen unberührt: Bisher musste man sich das kom-
plette für die Ausbildung oder Praxis relevante Wissen aus vielen
Büchern zusammensuchen. Egewardt bietet alles in einem: Hardware-
Technik, Betriebssystemwissen und Netzwerk-Praxis. Vorteil des
Buches ist die klare Verständlichkeit, unterstützt durch zahlreiche
Abbildungen. Darüber hinaus beschränkt sich der Band in seiner
Kompaktheit auf das Wesentliche: es geht um ein solides für die Praxis
relevantes Grundwissen, wie man es in Ausbildung und Beruf benötigt.

vieweg

Abraham-Lincoln-Straße 46
65189 Wiesbaden
Fax 0611.7878-400   Stand 1.3.2003. Änderungen vorbehalten.
www.vieweg.de   Erhältlich im Buchhandel oder im Verlag.

Bestseller aus dem Bereich IT erfolgreich gestalten

Martin Aupperle
Die Kunst der Programmierung mit C++
Exakte Grundlagen für die professionelle Softwareentwicklung
2., überarb. Aufl. 2002. XXXII, 1042 S. mit 10 Abb. Br. € 49,90

ISBN 3-528-15481-0

Inhalt: Die Rolle von C++ in der industriellen Softwareentwicklung
heute - Objektorientierte Programmierung - Andere Paradigmen:
Prozedurale und Funktionale Programmierung - Grundlagen der
Sprache - Die einzelnen Sprachelemente - Übungsaufgaben zu jedem
Themenbereich - Durchgängiges Beispielprojekt - C++ Online: Support
über das Internet

Dieses Buch ist das neue Standardwerk zur Programmierung in C++
für den ernsthaften Programmierer. Es ist ausgerichtet am ANSI/ISO-
Sprachstandard und eignet sich für alle aktuellen Entwicklungssys-
teme, einschliesslich Visual C++ .NET. Das Buch basiert auf der
Einsicht, dass professionelle Softwareentwicklung mehr ist als das
Ausfüllen von Wizzard-generierten Vorgaben.

Martin Aupperle ist als Geschäftsführer zweier Firmen mit Unterneh-
mensberatung und Softwareentwicklung befasst. Autor mehrerer,
z. T. preisgekrönter Aufsätze und Fachbücher zum Themengebiet
Objekt-orientierter Programmierung.

vieweg

Abraham-Lincoln-Straße 46
65189 Wiesbaden
Fax 0611.7878-400
www.vieweg.de

Stand 1.3.2003. Änderungen vorbehalten.
Erhältlich im Buchhandel oder im Verlag.